Dahinter. Dazwischen. Daneben.

Jonas
Engelmann

Dahinter. Dazwischen. Daneben.

Von kulturellen Außenseitern
und Sonderlingen

Jonas Engelmann ist studierter Literaturwissenschaftler, ungelernter Lektor und freier Journalist. Er hat über Gesellschaftsbilder im Comic promoviert, schreibt über Filme, Musik, Literatur, Feminismus, jüdische Identität und Luftmenschen für Jungle World, Neues Deutschland, konkret, Zonic, Missy Magazine und andere, lektoriert Bücher für den Ventil Verlag und gibt die »testcard« mit heraus.

Bildquellen Cover: Impulse! Records + ABC/Dunhill Records (Sun Ra), Reino Loppinen (Tove Jansson), Carl Van Vechten (Langston Hughes und Zora Neale Hurston), James Allen (Nella Larsen), Sara Facio (Julio Cortázar)

1. Auflage November 2021
ISBN 978-3-95575-143-2

Gestaltung und Satz: Oliver Schmitt
Druck und Bindung: maincontor GmbH

Ventil Verlag, Boppstraße 25, 55118 Mainz
www.ventil-verlag.de

Inhalt

Die Außenseiterbande

Meinen Eltern Karin und Reiner,
für's Sonderling sein dürfen

»Space is the place where I will go when I'm all alone
Nobody calls me on the phone and I feel alone
Meditating in the zone, all alone
Space is the place where I will go«
Sun Ra: Space is the Place

Dahinter. »Wie viele Stile, literarische Gattungen oder Bewegungen, auch ganz kleine, haben nur den einen Traum: eine sprachliche Großfunktion zu erfüllen, Dienste zu leisten als offizielle, als Staatssprache«, schreiben Gilles Deleuze und Félix Guatarri in ihrem Plädoyer »Für eine kleine Literatur«. »Doch es geht um den entgegengesetzten Traum: klein werden können, ein Klein-Werden schaffen.« Diesen Traum vom Klein-Werden haben viele der hier versammelten Künstlerinnen und Künstler gelebt, die nicht dazu gehören wollten zum Kanon bürgerlicher Kultur, stattdessen am Rande gestanden und als Zaungäste auf die Gesellschaft geblickt haben. Doch das »Klein-Werden« schließt selbstverständlich Größenwahn nicht aus, Träume vom Leben im Weltall, dem Ende der Kunst oder der Weltrevolution. »Groß und revolutionär ist nur das Kleine, das ›Mindere‹. Haß gegen alle Literatur der Herren«, heißt es weiter bei Deleuze und Guatarri. Die Konzepte, mit denen der »Kultur der Herren« der Kampf angesagt wurde, sind breit gefächert: Das Zusammendenken von politischem Kampf und der Zerschlagung bürgerlicher Kultur, wie es Franz Jung propagiert hat. Der radikale Bruch mit den Erwartungen an einen Musiker bzw. an Musik überhaupt, wie ihn Jandek und Mark Wynn konsequent vollzogen haben. Die Gegenwelt zur bürgerlichen Gesellschaft, wie sie Tove Jansson mit ihren Mumins entworfen hat. Die ernsthafte Überdrehtheit der literarischen Experimente von Julio Cortázar und Carol Dunlop, das Verstummen von Julie Doucet nach einem Jahrzehnt im Männerverein Comicszene oder der Hass auf die deutsche Nachkriegsgesellschaft, der aus jeder Zeile von Thomas Harlan spricht. Sie haben auf einen Kulturbetrieb reagiert, den sie als politischen Raum begriffen haben, der nur in seiner Wechselwirkung mit der Gesellschaft gesehen werden kann, und haben eine Kunst geschaffen, die politisch wirksam sein wollte, bzw. die Wirkungslosigkeit von Kunst angesichts gesellschaftlicher Abgründe demonstrieren sollte, seien es der Erste Weltkrieg, Homophobie, die Kulturindustrie, Sexismus oder die Unabwendbarkeit des Todes.

Dazwischen. Auch wenn die Strategien der Künstlerinnen und Künstler viele Gemeinsamkeiten aufweisen, ähnelt dieses Buch eher einem Spaziergang mit überraschenden Begegnungen als einer systematischen Aufarbeitung von Außenseiterfiguren der Kultur. Daher hat diese lose Sammlung von Porträts keineswegs den Anspruch, eine Kulturgeschichte des Sonderlings zu erzählen, sondern ist eine vollkommen subjektive Zusammenstellung von Menschen, die mich aus unterschiedlichen Gründen schon lange begleiten und über die ich in den letzten 15 Jahren Gelegenheit hatte zu schreiben.

Die Auswahl der etwa 50 hier versammelten Künstlerinnen und Künstler erzählt vermutlich ebensoviel über mich wie über die Porträtierten. Woher sie genau kommt, meine Sympathie für diejenigen, die nicht so richtig reinpassen wollen in Gemeinschaft und Gesellschaft, für die Traumweltherrscher und Schlemihls, die Luftmenschen und Dropouts, Käuze und Sonderlinge, kann ich nicht genau bestimmen und soll hier auch nicht Thema sein. Sich Zuschreibungen und Identifizierungen nicht unterordnen zu wollen, gesellschaftliche Erwartungen nicht erfüllen zu können, ist mir jedenfalls gleichermaßen sehr bekannt. Allerdings hatte ich meist die Wahl, mich aus freien Stücken als Außenseiter zu definieren, als Sonderling mit seltsamen Interessen. Die Mehrzahl der Menschen in diesem Buch hatte diese Wahl nicht, und zahlreiche von ihnen hätten vermutlich viel dafür gegeben, dazu zu gehören, selbstverständlicher Teil der Gesellschaft zu sein, in der sie gelebt haben. So etwa die Autorinnen der Harlem Renaissance, der zentralen afroamerikanischen künstlerischen Bewegung der 1920er-Jahre, die gegen den Rassismus der Mehrheitsgesellschaft kämpfen mussten, dagegen, sich wie Tiere im Zoo zu fühlen, wenn das weiße Publikum an den Wochenende in Harlem einfiel, um sich von der vermeintlichen Exotik und Wildheit des Jazz und der neuartigen Literatur verführen zu lassen. Oder die jüdischen Autoren Osteuropas im frühen 20. Jahrhundert, die der Ausgrenzung und den Pogromen Texte voller Humor, Außenseiter und Gangster entgegengesetzt haben. Sie alle haben ihren Außenseiterstatus weder freiwillig gewählt, noch konnten sie diese Rolle kreativ ausgestalten, wie es einige Jahrzehnte später der Beat Generation, den Yippies oder Punks möglich war. Vielmehr haben sie alle teuer dafür bezahlt, mit dem Vergessen, Verstummen oder sogar dem Tod.

Daneben. »Die Gegenkultur ist sich genau darüber im klaren, wo sie mit ihrem Zerstörungswerk anzusetzen hat«, beschrieb George Steiner 1972 in seinem Essay *In Blaubarts Burg* die Strategien der kulturellen Außenseiter der 1960er. »Der Aufrührer und der Freak-out haben das Gespräch mit einem kulturellen System abgebrochen, das sie verachten als einen grausamen, antiquierten Betrug. Sie wollen kein Wort mehr wechseln mit dergleichen. Akzeptiere auch nur für einen Moment die Konventionen gebildeten Wortaustausches, und du bist gefangen im Netz der alten Werte und damit einer Grammatik der Leutseligkeit oder Versklavung.« Die Ablehnung dieser »alten Werte« ist der gemeinsame Nenner der in diesem Buch versammelten Menschen, auch jener Künstler, bei denen eher die von ihnen geschaffenen Figuren und weniger sie selbst Höhepunkte in der Geschichte des Außenseiters im 20. Jahrhundert darstellen – aber sogar Gaston-Schöpfer André Franquin hat den Druck der Arbeitsverhältnisse der Gegenwart, an denen er selbst fast zerbrochen wäre, in Bilder gefasst, während *Calvin und Hobbes*-Erfinder Bill Watterson die ökonomischen Zwänge des Zeitungscomics unterlaufen und zerschlagen hat. Und auch Nobelpreisträgerinnen wie Elfriede Jelinek, Charts-Musikerinnern wie Björk oder kanonisierte Autoren wie Peter Weiss sind Außenseiter im Kulturbetrieb geblieben, da sie den »alten Werten« den Dialog verweigert haben.

Die Porträts sind thematisch zusammengefasst, die Klammern hätten aber auch anders gesetzt werden können, da es viele unterschiedliche Schnittmengen unter den Künstlerinnen und Künstlern gibt. Den Auftakt macht daher nicht ohne Grund ein »Manie, Konsequenz und gute Nachbarschaft« untertiteltes Kapitel, ist es doch dieses von Aby Warburg als Ordnungsprinzip seiner Bibliothek entworfene »Gesetz der guten Nachbarschaft«, nach dem das Buch strukturiert ist. Während hier vor allem solche Künstlerinnen und Künstler in den Blick genommen werden, die sich in Manie, Konsequenz und Freiheit dem selbstgewähten Außenseiterstatus widmen konnten, zeigt das darauffolgende Kapitel

»Space is the Place« Strategien afroamerikanischer Autorinnen, dem durch Rassismus und Ausgrenzung bestimmten Alltag zu enkommen, sei es durch solidarische künstlerische Zusammenschlüsse wie die Harlem Renaissance oder utopische Konzepte wie den Afrofuturismus. Die Reaktion von Dada auf den »Bankrott der Ideen« im Ersten Weltkrieg und die Auswirkungen dieser Zerschlagung der bürgerlichen Vorstellung von Kunst stehen danach im Zentrum, gefolgt von unterschiedlichen Blicken auf und aus Osturopa vom Rande der Gesellschaft, eine nicht frei gewählte Perspektive, sondern Folge von Ausgrenzungsmechanismen. Der Zivilisationsbruch der Shoah hat die Frage aufgeworfen, ob nicht »alle Kultur nach Auschwitz, samt der dringlichen Kritik daran, Müll« ist, wie Adorno in der *Negativen Dialektik* formuliert hat. Dennoch haben jüdische Künstler sich mit den Folgen von Auschwitz beschäftigt, was im Kapitel »Das lebt forever darling« am Beispiel von Literatur, bildender Kunst, Film und Musik aufgezeigt wird. Migration kann der Anfang oder das Ende eines Lebens als Außenseiter sein, die einen fliehen vor Hass und Verfolgung und werden heimisch, für die anderen beginnt in der Fremde die Zeit der Zuschreibungen und Ausgrenzungen. Beide Perspektiven kommen im Kapitel »Bei uns ist überall Ausland« zu Wort. An die Migration schließt sich die Frage an, was das eigentlich sein soll: Heimat. Die im Kapitel »irgendwie gehört er nicht dazu« behandelten Autorinnen und Filmemacher jedenfalls lassen kein gutes Haar an der Idee von heimatlicher Verwurzelung. Zuletzt bildet sich im letzen Kapitel ein »Club der Rebellen«, eine Außenseiterbande, da in einer solidarischen Gemeinschaft der Sonderlinge die besser zu ertragen ist. Meistens zumindest.

Die hier versammelten Autorinnen, Musiker, Künstlerinnen, Comiczeichnerinnen und Filmemacher waren alle irgendwo »dahinter, daneben, dazwischen« aktiv, wurden verdeckt, verfolgt, versteckt und vergessen. Sie standen selten im Fokus der Aufmerksamkeit, ihre kulturellen Konzepte schienen manches Mal völlig aus ihrer Zeit gefallen, befanden sich in Konflikt zum kulturellen oder politischen Konsens ihrer Lebenwelt oder waren schlicht zu seltsam, um ein breites Publikum zu finden. Hier finden sie sich in guter Nachbarschaft, wo sich ihre Konzepte und Ideen im Sinne von Aby Warburg gegenseitig befruchten können.

Ein herzlicher Dank an die Redakteurinnen und Redakteure, bei denen ich seit vielen Jahen meine Sympathie für Außenseiter ausleben kann, insbesondere Heike Runge (*Jungle World*), Dierk Saathof (*Jungle World*), Marit Hofmann (ehemals *Konkret*), Thomas Blum (ehemals *Neues Deutschland, konkret*) und Chistof Meueler (*Neues Deutschland*).

Wiesbaden, im August 2021

»Karneval meines Lebens« Manie, Konsequenz und gute Nachbarschaft

Aby Warburg

George Herriman

André Franquin

Jandek

Julie Doucet

Kimya Dawson

Adam Green

Mark Wynn

»I wanna live for today / I wanna roll in the hay /
But I'm floating away / I've got nothing to say«
The Moldy Peaches

»Gesetz der guten Nachbarschaft« Aby Warburg

»Verschiedene Systeme von Relationen, in die der Mensch eingestellt ist, kosmisch, irdisch, genealogisch«, erläuterte Aby Warburg die erste seiner Bildtafeln des *Mnemosyne Bildatlas*. »1) Orientierung; 2) Austausch; 3) soziale Einordnung«. Zu sehen sind auf der ersten von etwa 80 Tafeln im zwischen 1924 und 1929 entstandenen Werk ein Kupferstich der Himmelsdarstellung der Sternbilder von 1684, eine »Wanderstrassenkarte« vom Europa des Frühmittelalters und der Stammbaum der Familien Medici und Tornabuoni. Obwohl es sich um drei unterschiedliche Ordnungssysteme handelt – Sternkarte, Landkarte, Stammbaum – und mit Astronomie, Geographie und Genealogie um drei verschiedene Disziplinen, ähneln sich die Illustrationen in ihrer Struktur. Diese Erkenntnis ist die Essenz der Forschungen des 1866 in Hamburg geborenen Kunsthistorikers Aby Warburg. Der Mensch schafft sich über Bilder eine Ordnung, eine Struktur im Chaos der Welt, an der sich seit der Antike nichts wesentliches geändert hat. Bilder dienen der Orientierung, einem zwischenmenschlichen Austausch und einer sozialen Einordnung, und unser kollektives Gedächtnis greift immer wieder auf den gleichen Bildervorrat zurück, der sich aus dem mythischen Denken der Antike speist und in ein Verhältnis zur Gegenwart gesetzt wird – »Eisenbahnunglück bei Düren: ein Sterbender erhält das letzte Sakrament«, lautet die Erläuterung des letzten in den Atlas aufgenommen Bildes, ein Zeitungsausschnitt vom 27. August 1929, zwei Monate vor dem Tod Warburgs am 26. Oktober. Diese »Dialektik der Aufklärung«, der Rückschlag der Aufklärung in Mythologie, wie Adorno und Horkheimer es 20 Jahre später formuliert haben, hat Warburg in seinem *Mnemosyne Bildatlas* an unzähligen Beispielen durchgespielt, wobei der Schwerpunkt auf der Kunst der Renaissance liegt. Doch ebenso hat er Toilettenpapierreklame der Firma *Haussee*, Briefmarken oder den Sommerfahrplan der *Hapag*-Schiffsgesellschaft herangezogen. Bereits an diesem Nebeneinander von Hoch-, Massen- und Alltagskultur wird deutlich, dass Warburg bei seiner Auseinandersetzung mit der Kunstgeschichte andere Ziele verfolgt hat als die Mehrzahl seiner Kollegen – und als Denker vor der Zäsur Auschwitz war es ihm auch möglich, weniger pessimistisch zu argumentieren als Horkheimer und Adorno in den 1940ern.

Warburg ging es nicht um die simple Analyse von Bildern, sondern ihre Einbettung in eine gesellschaftliche Praxis. Mit dieser Herangehensweise blieb er bis zu seinem Tod ein Außenseiter im wissenschaftlichen Betrieb, in den er sich aber auch gar nicht einordnen wollte. Im Gegenteil: die »grenzpolizeiliche Befangenheit« wissenschaftlicher Disziplinen war ihm zuwider, seine Forschungen, die sich weniger in Texten als vielmehr in Sammlungen wie den Bildern des *Mnemosyne Bildatlas* bündelten, rissen diese Grenzen zwischen Kunstgeschichte, Philosophie, Literatur, Ethnologie und Mythologie ein. Ernst Cassirer entwickelte schließlich im Austausch mit Warburg und unter intensiver Nutzung seiner Kulturhistorischen Bibliothek in *Philosophie der symbolischen Form* die Ideen von Warburg für die Wissenschaft weiter und untersuchte die Gestaltung der Wirklichkeit durch den Menschen.

Aby Warburg war der älteste Sohn des Hamburger Bankiers Moritz Warburg und eigentlich dafür vorgesehen, das traditionsreiche, 1798 gegründete Hamburger Bankhaus *M. M. Warburg & Co.* weiterzuführen. Aber er weigerte sich bereits als Jugendlicher, die von der Familie verlangten Traditionen zu akzeptieren: weder interessierten ihn die jüdischen religiösen Rituale, die bei den Warburgs streng befolgt wurden, noch beeindruckten ihn die Berufe, die seine Familie für ihn vorgesehen hatte. Angeblich hat er mit 13 Jahren sein Erstgeborenenrecht an seinen jüngeren Bruder Max abgetreten, der als Erwachsener tatsächlich die Bankgeschäfte seines Vaters bei *M. M. Warburg & Co.* übernahm – und die Strukturen der Bank nutzte, um bis 1938 75.000 Juden die Ausreise aus Deutschland zu ermöglichen und ihr Vermögen ins Ausland zu schaffen. Ohne Gegenleistung erhielt Max das Erstgeborenenrecht von Aby jedoch nicht: »Er verlangte von mir eine Zusage, daß ich ihm immer alle Bücher kaufen würde, die er brauchte«, erinnerte sich Max Warburg später. »Hiermit erklärte ich mich nach sehr kurzer Überlegung einverstanden. Ich sagte mir, daß schließlich Schiller, Goethe, Lessing, vielleicht auch noch Klopstock von mir, wenn ich im Geschäft wäre, doch immer bezahlt werden könnten, und gab ihm ahnungslos diesen, wie ich heute zugeben muß, sehr großen Blankokredit.« Die Bibliothek Aby Warburgs bestand, als er 1929 verstarb, aus 60.000 Büchern und 15.000 Fotografien, seine Familie hatte Aby Warburg tatsächlich bis zu seinem Tod seine Forschungen und Anschaffungen finanziert. Statt also Bankier zu werden studierte Warburg ab 1886 Kunstgeschichte, Geschichte und Archäologie in Bonn, wo ein interdisziplinäres Verständnis von Kunst vorherrschte und auch naturwissenschaftliche Kontexte der Kunstgeschichte diskutiert wurden, etwa menschliche Ängste als Teil eines entwicklungspsychologischen Prozesses der Menschheit zu verstehen, die durch die Kunst reflektiert werden. Im Anschluss an sein Studium in Bonn war seine nächste Station, nach einem kurzen Abstecher nach München, das kunsthistorische Institut in Florenz, wo er auch seine spätere Ehefrau, die Malerin und Bildhauerin Mary Hertz kennenlernte, die er 1897 gegen den Willen seiner Familie heiratete – sie war Mitglied der evangelisch-lutherischen Kirche in Hamburg. In Straßburg promovierte sich Warburg schließlich und entwickelte in seiner Dissertation über Botticelli erste Ansätze seiner künftigen Forschungsperspektive, indem er historische, psychologische und kunstgeschichtliche Aspekte zusammenbrachte und versuchte, das Verhältnis des individuellen künstlerischen Ausdrucks Botticellis und der Normen seiner Zeit herauszuarbeiten. Von 1895 bis 1896 unternahm er eine für ihn wichtige Reise in die USA, wo er unter anderem die Rituale der Pueblo-Indianer erforschte, diese anders als die Ethnologen seiner Zeit jedoch nicht mit einer Faszination für vermeintlich primitive Formen von Kultur betrachtete, sondern vielmehr zu dem Schluss kam, »daß der Zusammenhang zwischen heidnisch-religiösen Vorstellungen und künstlerischer Tätigkeit nirgends besser erkennbar ist, als bei den Pueblo Indianern, nur daß man in ihrer Kultur reiches Material zum Studium der Frage nach der Entstehung symbolischer Kunst finden kann«, wie er 1897 in einem Vortrag erklärte. Kunst kann irrationale Kräfte im Zaum halten und »das Bedürfnis nach Entgrenzung befriedigen«, wie Martin Büsser ausgeführt hat: »Künstlerische Qualität macht sich für Warburg nicht in der seinerzeit kleinbürgerlich erträumten Entfesselung, sondern im Wechselspiel von Leidenschaft und Mäßigung fest.« Die Aufgabe von Kunst lag für Warburg in der Verlagerung des Irrationalen in die Welt der Bilder, in der Bändigung des Mythos.

Nach seiner Rückkehr aus Amerika heiratete Warburg Mary Hertz, lebte mit ihr in Florenz und arbeitete weiter an seinen Projekten. Allerdings zeigte sich in dieser Zeit auch seine »Sorgenkralle«, wie er in seinem Tagebuch notierte, und er entwickelte starke Depressionen: »Zwei Tage aus dem Karneval meines Lebens – einer fröhlich, dann einer Fieberanfall, Hang zum Tagträumen.« Seine psychische Labilität begleitete ihn bis an sein Lebensende und machte es ihm über Jahre hinweg unmöglich zu arbeiten. Zunächst zog er jedoch mit seiner Frau und drei Kindern zurück nach Hamburg, wo er ab 1904 begann, das Versprechen seines Bruders Max, ihm jedes Buch zu kaufen, einzulösen und die »Kulturwissenschaftliche Bibliothek Warburg K.B.W.« aufzubauen, in der viele sein eigentliches Hauptwerk sehen.

In einem Nachruf auf Warburg hat Fritz Saxl, der wichtigste Mitarbeiter beim Aufbau der Bibliothek, der auch half, sie 1933 vor den Nazis zu retten und nach Großbritannien zu schaffen, geschrieben: »Über die Türe seiner Bibliothek hat er das Wort ›Mnemosyne‹ gesetzt. Er hat sein Leben darangegeben, den Akt zu erfassen, in dem die pathetischen Gewalten geformt, dargestellt und damit ›entgiftet‹ werden. Warburg hat die Bibliothek errichtet, um allen Gefährten in diesem Befreiungskampf des menschlichen Bewusstseins, ein treuer Freund und Helfer zu bleiben.« Dieser »Befreiungskampf des menschlichen Bewusstseins« umfasste mehrere Ebenen: Auf der theoretischen Ebene sollte die Bibliothek das Material bereitstellen, die »Entgiftung« der »pathetischen Gewalten« – der irrationalen Kräfte und Ängste – zu ermöglichen, auf einer praktischen Ebene sollte dazu das Ordnungskonzept der Bibliothek beitragen. Entgegen der starren Ordnung wissenschaftlicher Bibliotheken strukturierte Warburg unter Mithilfe von Saxl und ab 1921 auch seiner Mitarbeiterin Gertrud Bing seine Bibliothek nach dem Konzept der »guten Nachbarschaft«, die seine auch später im *Mnemosyne Bildatlas* fortgeführte Methode vorwegnahm: Werke der Mythologie standen neben solchen der Philosophie, Literatur neben ethnologischen Schriften, Politik neben kunstgeschichtlichen Büchern. Mit dieser über die Grenzen der wissenschaftlichen Disziplinen weisenden Ordnung mit dem Ziel der gegenseitigen Erhellung hat Warburg demonstriert, dass man auch zum wissenschaftlichen Pionier werden kann, ohne ein Hauptwerk zu veröffentlichen, ja ohne überhaupt viele ausformulierte Gedanken zu hinterlassen.

Der Aufbau der Bibliothek wurde immer wieder durch psychische Zusammenbrüche Warburgs unterbrochen, insbesondere nach Ende des Ersten Weltkriegs. Psychotische Schübe vermischten sich mit einer Angst vor dem Zusammenbruch der Monarchie, die für die jüdische Familie Warburg zumindest eine relative Sicherheit geboten hatte. Schon seit seinen Studienjahren in Straßburg hatte sich Warburg immer wieder mit antisemitischen Anfeindungen konfrontiert gesehen, von denen er nun befürchtete, dass sie zunehmen würden; in seiner Bibliothek legte er eine Sammlung von Zeitungsartikeln über Pogrome gegen Juden an. Er sei ein »Futurist, zwischen den Stühlen des Zionismus und des assimilierten Judentums sitzend«, hat er sein Verhältnis zum Judentum einmal beschrieben, nun fühlte er sich als assimilierter Jude bedroht.

Die Unsicherheit, wie sich die Situation für die deutschen Juden und ihn persönlich entwickeln würde, führte unter anderem zu einem psychischen Zusammenbruch, Aby Warburg wurde gewalttätig gegenüber seiner Familie, fühlte sich verfolgt und versuchte sich mehrfach das Leben zu nehmen. Von 1918 bis 1924 verbrachte er die meiste Zeit in psychiatrischen Heilanstalten, während Fritz Saxl und Gertrud Bing weiter an der Bibliothek arbeiteten und Warburg langsam wieder an seine Forschungen heranführten, ab 1923 begann er wieder Vorträge zu halten.

Nach seiner Entlassung begann Warburg mit der Arbeit an seinem Bildatlas, der mit vollständigem Titel *Mnemosyne. Bilderreihe zur Untersuchung der Funktion vorgeprägter antiker Ausdruckswerte bei der Darstellung bewegten Lebens in der Kunst der europäischen Renaissance* heißen sollte, den er jedoch niemals vollenden konnte. Er pinnte dazu Bilder auf schwarze Leinwände, sodass er sie stets neu gruppieren und anordnen konnte, um Zusammenhänge neu zu sehen. In seiner Einleitung zum *Bildatlas* erklärte Warburg: »Mag wer will sich mit einer Flora der wohlriechenden und schönsten Pflanzen begnügen, eine Planzenphysiologie des Kreislaufs und Säftesteigens kann sich aus ihr nicht entwickeln, denn diese erschließt sich nur dem, der das Leben im unterirdischen Wurzelwerk untersucht.« Statt ein Bild zu analysieren, muss man sich auf Konstellationen einlassen, auf Kontexte jenseits der Kunst, und Bilder als Ausdruck und Zusammenhänge gesellschaftlicher Praxen verstehen.

Die Bildtafeln, die sich zu verschiedenen Themenfeldern gruppieren, sollten, so Warburg im Vorwort, in ihrer »bildmateriellen Grundlage«

zunächst nichts anderes sein, als »ein Inventar der nachweisbaren Vorprägungen«. Warburg wollte zeigen, dass Bilder und Symbole Produkte von Auseinandersetzungsprozessen sind, die europäische Kultur als »Auseinandersetzungserzeugnis« verstanden werden muss, die sich in gegenseitiger Aneignung, Abgrenzung und grenzüberschreitenden Einflüssen auf den gleichen Bildervorrat bezieht, der ins kollektive Gedächtnis eingebrannt ist.

Als Gertrud Bing 1936 den Kunsthistoriker Ernst Gombrich beauftragte, den Bilderatlas in seiner letzten Fassung für eine Publikation vorzubereiten, scheiterte dieser und erklärte, Warburgs Denken sei zu unorganisiert und unstrukturiert gewesen, um es in Buchform zu überführen. Diese Einschätzung prägte die spätere Rezeption Warburgs über viele Jahre und ließ ihn zunehmend in Vergessenheit geraten; so erschien etwa 1990 ein für die Kulturwissenschaft wichtiger Sammelband von Aleida Assmann unter dem Titel *Mnemosyne. Formen und Funktionen der kulturellen Erinnerung*, in dem auf Warburg nicht ein einziges Mal Bezug genommen wird. Erst im Jahr 2000 erschien innerhalb einer Werkausgabe der *Bilderatlas Mnemosyne* und läutete eine Renaissance des Vordenkers der Kunst- und Kulturwissenschaft ein. Die Werkausgabe präsentierte die von Warburg und seinen Mitarbeitern angefertigten Schwarzweißfotos der Bildtafeln, die danach wieder archiviert wurden. Die Einzelbilder der Tafeln wanderten in die Karteikästen und Mappen der Bibliothek und verschwanden zwischen zehntausenden weiteren Fotos, Zeitungsausschnitten und Drucken. Für die Ausstellung »Aby Warburg: Bilderatlas Mnemosyne« im Berliner Haus der Kulturen der Welt 2020 haben die Kuratoren Roberto Ohrt und Axel Heil die Bildtafeln aus dem originalen Material aus Warburgs Archiv rekonstruiert, der begleitende Katalog zeigt somit erstmals den Bildatlas in der gleichen Weise, wie Warburg ihn angelegt hatte, mit vielfarbigen Reproduktionen von Renaissancegemälden neben schwarzweißen Ausschnitten aus Büchern. »Das ist Warburg für uns heute: ein Nachlebender von dringender Notwendigkeit für die Kunstgeschichte. Unser Dibbuk. Das Gespenst unseres Fachgebiets«, hat Georges Didi-Huberman in einem Buch über Warburg geschrieben, und in der Tat hat sich sein Denken unterhalb des Radars der Wissenschaft als nachhaltig erwiesen.

»Lidding a dubbil life«
George Herriman und Krazy Kat

»Krazy Kat ist wie kein anderer Comic-Strip davor oder danach«, hat Bill Watterson erklärt. »Obwohl er vor über einem halben Jahrhundert gezeichnet wurde, ist er nach wie vor komplexer als das meiste, was Cartoonisten heute machen.« Mit dieser Einschätzung steht der Schöpfer von *Calvin & Hobbes* nicht alleine. Schon Zeitgenossen des Zeichners von *Krazy Kat* bewunderten George Herriman für die Konsequenz, mit der er Humor und Kunst, Hochkultur und Pop, Politik und Persönliches in seinen Comic-Strips miteinander verbunden hat. Pablo Picasso, F. Scott Fitzgerald, Charlie Chaplin, Gertrude Stein und viele andere waren Fans, der Lyriker E.E. Cummings sah in den Strips ein Gleichnis für die Beziehung zwischen Gesellschaft und Individuum, andere erkannten eine Frühform des Surrealismus, und der Kulturwissenschaftler Gilbert Seldes bezeichnete 1924 in einem Essay *Krazy Kat* als den lustigsten und fantastischsten Beitrag zur amerikanischen Gegenwartskunst. Viel Ehre für einen Zeitungscomic, der seine Leserschaft zunehmend überfordert hat – nur noch 35 US-amerikanische Zeitungen druckten 1944 *Krazy Kat* regelmäßig, im Vergleich etwa zu *Popeye* von Elzie Crisler Segar, der parallel in 500 Zeitungen erschien. Nur die schützende Hand des Verlegers William Randolph Hearst bewahrte Herriman vor dem Ende seines Strips.

Für Hearst hatte Herriman verschiedene Strip-Formate entwickelt, so auch den täglichen Zeitungscomic *The Dingbat Family*, der von 1910 bis 1916 erschienen ist. Darin erzählte Herriman Tag für Tag von den Problemen einer Familie mit ihren Nachbarn, deren Lärm und Rücksichtslosigkeit den Dingbats den letzten Nerv rauben. Aus der Nebenfigur der Katze der Dingbats und ihren Konflikten mit einer kleinen Maus entwickelte sich dann eine zunehmend raumgreifende Handlung, die ab 1913 in einen eigenen täglichen Strip überführt wurde, ab 1916 bis zu Herrimans Tod 1944 ergänzt um einen ganzseitigen Sonntagscomic. Dass dieser

Strip im Laufe der Jahre um seine Leser zu kämpfen hatte, lag vor allem daran, dass im Gegensatz zu den meisten anderen Comics für ein Massenpublikum die Form über den Inhalt dominierte. Denn dieser Inhalt ist schnell zusammengefasst: Eine Katze liebt eine Maus, bedingungslos und obsessiv, die Maus dagegen pfeffert der Katze wieder und wieder Ziegelsteine an den Kopf, »sein ganzes Sinnen und Streben gilt dem Wunsch, der Katze Schmerzen zuzufügen«, wie es Alexander Braun zusammenfasst. Das schwierige Verhältnis zwischen Krazy Kat und Ignatz Mouse wird ausbalanciert durch Offica Pupp, einen naiven Hund im Rang eines Polizeioffiziers, der Zuneigung zur Katze verspürt und sich zum Ziel gesetzt hat, sie vor der Maus zu schützen. »Von Amts wegen ist Pupp für die Aufrechterhaltung der öffentlichen Ordnung zuständig«, so Alexander Braun weiter über die Figurenkonstellation, »privat ist er der Katze emotional zugeneigt, erkennt aber, dass Krazys Herz allein Ignatz Mouse gehört. So entscheidet er sich für eine uneigennützige Mischung aus Pflichtbewusstsein und Liebesdienst, indem er Ignatz in schöner Regelmäßigkeit in das kleine Wüstengefängnis steckt, möglichst bevor dieser den Ziegel werfen kann.« So die simple, von 1913 bis 1944 immer wieder aufs neue variierte Ausgangssituation von *Krazy Kat*. Herriman hat mit seinem Strip die Grundidee des Zeitungscomics auf die Spitze getrieben: täglich beginnt die Story um die drei ungleichen Tiere bei Null, darf die Katze erneut auf die Liebe der Maus hoffen, nur um am Ende enttäuscht und von einem Stein getroffen zu werden. Es gibt keine Entwicklung, kein Fortkommen, keinen Ausweg. Und auch keinen Beginn der unglücklichen Liebesgeschichte, keinen Ursprung, kein Altern und kein Happy End.

Gefangen zwischen Begehren und Enttäuschung seufzt Krazy Kat in einem Strip aus dem Jahr 1925 in seinem eigentümlichen, verspielten Englisch: »Oy, it's awful for be lidding a dubbil life.« Eine Anspielung, die weit über die *Krazy Kat*-Reihe hinausweist: Erst 1971, knapp 30 Jahre nach seinem Tod, stellte sich heraus, dass der 1880 in New Orleans geborene Herriman einen afroamerikanischen Familienhintergrund besaß, seine Eltern waren, als er zehn Jahre alt war, dem Rassismus der Südstaaten entflohen und nach Los Angeles gezogen. Dort hatte die relativ hellhäutige Familie die Möglichkeit, ein Leben als Weiße zu führen, und schickte George und seinen Bruder auf eine katholische Schule. Das »Passing« in die weiße Gesellschaft gelang, und George Herriman konnte im Jahr

1900 in New York in die Welt der Zeitungscomics einsteigen, was ihm mit einem sichtbaren afroamerikanischen Hintergrund vermutlich verwehrt geblieben wäre – in New York wurde er bei einer Volkszählung als in Louisiana geborener Weißer mit französischen Vorfahren registriert. Mit dem Wissen um seinen familiären Background, seine Erfahrungen mit Alltagsrassismus und dem Zwang, sich als jemand anderes ausgeben zu müssen, bekommen die Stories um Krazy Kat, Ignatz Mouse und Offica Pupp eine weitere Dimension. Sie bilden auch den Versuch der Protagonisten ab, den Zuschreibungen und Erwartungen zu entkommen, die mit Hund, Katze oder Maus verbunden sind, doch geraten sie dadurch in neue Zwangsverhältnisse, aus denen es ebenso wenig ein Entkommen gibt wie aus Herrimans Performance als weißer Amerikaner.

Herriman spielt mit dem erwarteten Steinwurf, den daraus folgenden Konsequenzen, lässt den Lesern durch die Variation des Immergleichen jedoch auch die Möglichkeit, sich auf Nebenaspekte zu konzentrieren: Die Landschaft, den Himmel, die Sprache. Coconino County heißt die vom Monument Valley inspirierte Wüstenlandschaft, in der die Tiere leben, und die zunehmend als eigenständiger Charakter auftritt, sich verändert, surreale Formen annimmt. Während die Tiere nicht aus ihren zwanghaften Handlungen treten können, verändert sich die Landschaft stets, sogar von einem Panel zum nächsten. Vor allem auf den farbigen Sonntagsseiten lässt sich die Kunst Herrimans nachvollziehen. Herriman löst – für die damalige Zeit revolutionär – die starre Seiteneinteilung auf, lässt Panel kippen, die Figuren die Leser ansprechen, und zitiert sich durch die Kulturgeschichte. »I am, indeed, an artist«, sagt Ignatz Mouse einmal und zeichnet einen Stein. Als Officer Pup ihn mit »No Bricks« unterbricht, antwortet die Maus: »This is only a drawing of a brick, I can't toss it« – um ihn dann schließlich doch der Katze an den Kopf zu pfeffern. Kein Wunder, dass in Artikeln zu George Herriman immer wieder die Nähe zu künstlerischen Entwicklungen jener Jahre betont wird; René Magritte hat mit seinem Bild »Verwirrung der Bilder«, der berühmten gemalten Pfeife, ähnliche Fragen nach dem Verhältnis von Abbild und Wirklichkeit gestellt. Auch Herriman stört gerne die Illusion der Comicseite, lässt die Leser verwirrt zurück.

In einem Strip von 1918 erklärt Krazy Kat: »lenguage is, that we may mi-unda-stand each udda«. Herrimans Comics leben von diesen Missverständnissen: jeder der Protagonisten glaubt die Intentionen der anderen zu kennen, liegt aber völlig daneben – der Steinwurf durch Igantz Mouse ist kein Liebesbeweis, Krazy Kat will von Offica Pupp nicht beschützt werden … Erneut wird deutlich, dass im Mittelpunkt der Figurenkonstellation ein Nachdenken über das Verhältnis von gesellschaftlichen Konventionen, persönlichen Bedürfnissen und der performten Identität steht, eine Frage, die auch Herriman umgetrieben haben dürfte. Er hat zur Kompensation keine Steine geworfen, sondern mit *Krazy Kat* einen bis heute nicht wieder erreichten Höhepunkt der Comicgeschichte vorgelegt.

Ein Held ohne Beschäftigung
André Franquin und Gaston

»Ein Mensch der im Flow ist, geht voll in seiner Tätigkeit auf. Er vergisst, was um ihn herum geschieht. In diesem Zustand macht ihm eine Tätigkeit, zum Beispiel Arbeit, am meisten Spaß. Er lernt dann am schnellsten und ist am leistungsfähigsten«, beschreibt ein Unternehmensberater im Dokumentarfilm *Work Hard Play Hard* (2011) die Erwartungen an die Arbeitsverhältnisse der Gegenwart. Stets lern- und leistungsfähig zu sein bei gleichzeitigem Spaß an der Arbeit, im gläsernen Büro sitzend und gezwungen, den Chef zu duzen – das klingt nach einem Alptraum von Gaston Lagraffe. Aber seine Stelle als »Mädchen für alles in einer Comic-Redaktion« wäre in der Arbeitsrealität des neuen Jahrtausends ohnehin als erstes wegrationalisiert worden. Man kann sich den einzigen »Comic-Helden ohne Beschäftigung« in der gegenwärtigen Comic-Landschaft daher nur schwerlich vorstellen, zu anachronistisch wirkt sein Dasein als Chaos stiftender Bürobote. Während Gastons 40-jährigem Arbeitsleben vom ersten Auftritt 1957 bis zum letzten Comic-Strip 1997 reihte sich Bürotag an Bürotag, Gag an Gag und Chaos an Chaos, ein sich stets wiederholender Kreislauf des Immergleichen. Welch ein Glück! Zeigt es doch, dass André Franquin, der Schöpfer der Comicfigur Gaston Lagaffe, sich nicht vom Innovationswahn, der Lern- und Leistungsfähigkeit der neoliberalen Ideologie hat anstecken lassen. Stattdessen hat Franquin mit der Comicreihe ein Denkmal der Verweigerung erschaffen, dem man selbst die Gags verzeiht, die nicht so recht zünden wollen. Georg Seeßlen schwärmte: »Was ist schlimmer als eine Welt mit einem Gaston? Eine Welt ohne einen Gaston. Genau das macht uns den kleinen Prokrastinator so vertraut, dass er nicht nur die Welt der Angepassten, der Technikgläubigen, der Vernünftigen, der Duckmäuser, der Erzieher und Aufpasser stört, sondern auch eine kleine poetische Gegenwelt um sich herum aufbaut.«

Noch gänzlich ohne poetische Gegenwelt stand Gaston bei seinem ersten Auftritt im belgisch-französischen Comicmagazin *Spirou* am 28. Februar 1957 zunächst einfach nur in den Redaktionsräumen herum, begann in den folgenden Ausgaben, stets mit einer Zigarette im Mundwinkel und seinem zum Markenzeichen gewordenen Outfit aus Jeans, grünem Rollkragenpullover und ausgelatschten Schuhen, die Räumlichkeiten seines neuen Arbeitgebers zu erkunden, bis er durch eine Umfrage unter den Lesern von *Spirou* zu einem festen Bestandteil des Heftes wurde, und im Dezember des gleichen Jahres einen eigenen Strip erhielt. Der Redaktionschef Fantasio, bekannt aus der ebenfalls von André Franquin maßgeblich betreuten Comicreihe *Spirou und Fantasio*, ahnte Fürchterliches auf sich zukommen und warnte schon im Sommer 1957 – viele Jahre bevor er 1968 in den Außendienst wechselte und durch Demel ersetzt wurde: »Da hat man unserem ›arbeitslosen Helden‹ endlich einen Job in der Druckerei verschafft, und dieser Wahnsinnige hat nichts Besseres zu tun, als mit dem Finger in die Druckmaschine zu geraten! Dieser Typ ist wirklich zu nichts zu gebrauchen. Zu absolut nichts!« Gaston ist zumindest nicht zu gebrauchen im Sinne des Kapitalismus, seine Beschäftigung erbringt keinen Mehrwert, zumindest selten, und wenn, dann nicht zum Vorteil seiner Vorgesetzten. Gaston nutzt seine Zeit im Büro um zu musizieren, sich um seine diversen Tiere zu kümmern und an seinen Erfindungen zu feilen: Ansaugautomaten für Zigarettenstummel, Entspannungsstühle, Hängematten aus Expandern, Duftspender oder Einbruchsicherungen. Seine Erfindungen in den Räumen des Verlags *Dupuis* – in der deutschen Fassung *Carlsen Verlag* – sind durchaus ernstgemeinte Beiträge zum Büroalltag, denen jedoch in ihrer Absurdität das Chaos bereits eingeschrieben ist – Gaston gerät hier zu einer Parodie des Innovationswahns, Entspannungsstühle und Duftspender finden sich heute dagegen in jeder Werbeagentur. Christian Gasser schreibt über den Erfinder: »Gastons (unbewusstes) Ziel ist die Poetisierung seines banalen Alltags. Kraft seiner Verweigerung und seiner Kreativität verwandelt sich seine graue Umgebung in ein poetisches Individual-Utopia.«

Diese Poetisierung des Alltags ist jedoch nur die eine Seite des Charakters Gaston, das Unterlaufen gesellschaftlicher Erwartungen und die Übertretung der Norm die andere. Als Gaston 1957 auf der Bildfläche erschien, in Jeans und mit Zigarette im Mundwinkel, Rock 'n' Roll liebend, ständig im

Konflikt mit der Staatsmacht in Gestalt von Wachtmeister Knüsel, wurde er von den jugendlichen Lesern automatisch mit ihren Idolen der Rebellion wie dem 1955 verstorbenen James Dean assoziiert. Die Comicfigur war ein in jeglicher Hinsicht als Gegenentwurf zur Elterngeneration angelegter Charakter, der jedoch in den ersten zwanzig Jahren seiner Arbeit nicht explizit politisch Position bezog. Erst in den Siebzigern mischte sich Gaston in Debatten um Menschenrechtsverletzungen, Folter und den Tierschutz ein, und wurde als Stimme – erstaunlicherweise – wahrgenommen. Georg Seeßlen weist darauf hin, dass Gaston insbesondere in den 1970er-Jahren »ein Symbol des Widerstands gegen ökologische und ökonomische Arroganz, gegen Menschen- und Bürgerrechtsverletzungen, gegen die Ideologie von Wachstum und Machbarkeit« wurde. All dies ereignete sich jedoch weitab deutscher Jugendzimmer, denn nur in Frankreich behielt Gaston seinen anarchischen Humor über die Jahre hinweg, hierzulande wurden die Strips lange Zeit vom *Kauka Verlag* lizensiert und erschienen in hanebüchenen Übersetzungen in *Fix und Foxi*. Gaston hieß dort Jo-Jo, stotterte, und war auch sonst als reine Witzfigur angelegt. Erst in den Achtzigern wurde im *Carlsen Verlag* eine an den französischen Originalen orientierte Neuübersetzung in Angriff genommen.

Die Ernsthaftigkeit, mit der Gaston jegliche Form von fremdbestimmter Arbeit von sich weist, ging in der ersten deutschen Fassung des Comics verloren. Georg Seeßlen vergleicht Gaston aufgrund seiner Gesten der Verweigerung mit Bartleby. Allerdings weist Gaston jegliche Anweisung im Gegensatz zu Melvilles Figur nicht mit einem »I prefer not to« von sich, sondern mit einer Rieseninsektenvernichtungsbombe für Großbüros oder einem Song auf seinem ohrenbetäubend lauten, selbst konstruierten Gastophon. Eine produktive Verweigerung und eine ansteckende Verweigerung: in Ruhe arbeiten kann im Büro dank Gaston niemand mehr. Verträge werden nicht unterzeichnet – ein Running Gag der Comicreihe –, das Büro regelmäßig verwüstet, gesprengt oder geflutet, zum Zoo, Proberaum oder zur Bowlingbahn umfunktioniert. Gaston ist rastlos in seinen Strategien, nicht zu arbeiten, und bleibt dabei Gefangener seines ganz persönlichen Wahns: aus Angst, arbeiten zu müssen, erprobt er über Hunderte von Strips und Gags hinweg Methoden ihr zu entgehen, findet ebenso wie seine Kollegen kaum einen Moment der Ruhe. Gaston verstrickt sich so immer tiefer in den Mühlen des Kapitalismus, auch wenn er alles tut, die

Leser glauben zu machen, er sei davon weit entfernt. In dieser Perspektive ist Gaston auch als eine Reflexion der Tretmühlen des Kapitalismus zu lesen, wo selbst die Arbeitsverweigerung anstrengend wird. Ein düsteres Bild der Gesellschaft, verborgen hinter bunten Bildern, die zu produzieren dem Zeichner André Franquin oftmals vorgekommen sein muss, wie Gastons Kampf mit Fantasio, Demel oder Bruchmüller.

André Franquin hat einmal gesagt, er habe in Gaston vor allem sich selbst gesehen, und in der Tat gibt es viele Parallelen, von den Berichten über skurrile Erfindungen des Zeichners bis hin zu seinem eigenen Stress beim Arbeiten in der Redaktion des auch real existierenden Magazins *Spirou*. Terminstress und Chaos im Büro, der Druck, permanent etwas leisten zu müssen, all das findet seinen Spiegel im Comic, aber auch die Angst, von anderen begutachtet und bewertet zu werden, die eigene Produktivität nicht mehr im Griff zu haben. Franquin hatte Zeit seines Lebens mit Depressionen zu kämpfen, bis er im Dezember 1961 einen Zusammenbruch erlitt und erst 1963 mit der Arbeit am unterbrochenen *Spirou und Fantasio*-Band *QRN ruft Bretzelburg* fortfahren konnte, 1968 gab er die Serie komplett ab. *Gaston* betreute er auch in diesen düsteren Phasen seines Lebens und mit diesem Wissen im Hinterkopf lesen sich einige der Episoden deprimierender als die vordergründigen Gags um Arbeitsmoral und Verweigerung vermuten lassen. Aus dem Jahr 1962 stammt ein Strip, in dem Fantasio Gaston zu motivieren versucht: »Die Arbeit ist doch mit das Schönste im Leben! Man muss nur positiv denken und an den Erfolg glauben! Du weißt doch, Gaston: Der Glaube versetzt Berge.« Gaston dagegen sieht nur den Berg unbeantworteter Leserbriefe, dessen Last ihn schier zu erdrücken scheint. Parallel zur Arbeit an *Gaston* begann Franquin 1977 mit einer Comicreihe, die seiner depressiven Stimmung noch stärker Ausdruck verleihen konnte: *Schwarze Gedanken*, geprägt von einem düsteren Humor, Ängsten und Zweifeln. Aber dieser Schwarz-Weiß-Comic richtete sich ohnehin an ein erwachsenes Lesepublikum. *Gaston* dagegen schmuggelte über Jahrzehnte hinweg subversives Gedankengut in Kinder- und Jugendzimmer, die Ahnung, dass Verweigerung etwas Positives sein kann und Arbeit, anders als die Elterngeneration predigt, alles andere als befriedigend, sondern ermüdend, anstrengend und nur mit auf dem Gastophon gespieltem Rock'n' Roll und einer Zigarette im Mund zu ertragen.

»I got a vision« Jandek

Wer zur Hölle ist Jandek? Seit 1978 hat der Mensch hinter diesem Pseudonym über 70 Alben veröffentlicht, zählt Musikerkollegen wie Sonic Youth, Will Oldham, Calvin Johnson, Bright Eyes, The Mountain Goats, Yo La Tengo oder Low zu seinen Fans und das Magazin *Spin* nannte ihn 1990 einen der zehn wichtigsten Musiker der vergangenen fünf Jahre – neben Madonna oder Prince. Jandek war der mit Abstand unbekannteste in der Liste von *Spin* und daran hat sich seit 1990 nicht viel geändert: Songstrukturen zerstörende, mit Traditionen brechende Musik hat es beim Massenpublikum naturgemäß schwer. Hinzu kam Jandeks Verweigerung gegenüber der Außenwelt – Jandek gab keine Interviews, er spielte nicht live, und seine Biographie lag im Dunkeln. Ähnlich wie bei Thomas Pynchon, der immer wieder als Vergleichsmoment in den spärlichen Artikeln über Jandek herhalten musste, haben die fehlenden Information über die Jahre zahlreiche Gerüchte um den Menschen mit dieser seltsamen Musik entstehen lassen: mal ist sie die Therapie eines Psychiatrieinsassen, mal das Projekt eines Vinylpresswerks-Mitarbeiters in Texas oder auch ein geheimes Seitenprojekt von Thurston Moore.

Und gerade zu dem Zeitpunkt, als der Mythos um das Rätsel Jandek am größten war, als sich Fanzirkel mit der Entschlüsselung seiner Texte und Plattencover beschäftigten und mit *Jandek on Corwood* (2003) sogar ein Film über die Suche nach Spuren des Künstler in die Kinos kam, die große Sensation: Jandek trat plötzlich vors Publikum, als sei nichts dabei. Nach 40 Alben in der Anonymität stand Jandek unangekündigt beim »Instal-Festival« 2004 in Glasgow auf der Bühne und vermied dort jeden Blickkontakt mit dem Publikum: die große Verweigerung, diesmal allerdings öffentlich! Noch nicht einmal ein Mythos um das im verborgenen wirkende Künstlergenie durfte sich erhalten. Seitdem trat er regelmäßig live auf, mal alleine, mal mit Kollegen wie John McEntire von Tortoise,

Sam Coomes von Quasi oder eben Thurston Moore – womit das Gerücht, Thurston Moore *sei* Jandek, wohl widerlegt ist.

Aber vielleicht beginnt man besser mit dem Anfang. 1978 erschien das Album *Ready for the House*, noch unter dem Bandnamen The Units, auf dem Label *Corwood Industries*, und niemand bekam es mit. Der erste Song »Naked in the Afternoon« beginnt mit einer unmotiviert gespielten, verstimmten Gitarre, dann setzt eine ebenso verstimmte Stimme ein: »I got a vision, a teenage daughter / Who's growing up naked in the afternoon / I know a brother close to his mother / Who stays out late in the evening time / I keep repeating, it takes a beating / To grow up naked in the afternoon / You are a cowboy if you wear those boots«. So klingt der Anfang einer in der Musikgeschichte wahrscheinlich einzigartigen Karriere: »I got a vision«. Noch wichtiger vielleicht der Satz »I keep repeating«, denn seitdem hat Jandek eine LP nach der anderen aufgenommen, die bis weit in die 1980er alle ähnlich unverkäuflich das Lager von *Corwood Industries* füllten: bis Ende der 1980er konnte man direkt beim Label 25 LPs nach freier Wahl für 75 US-Dollar bestellen. Den hohen Output an Tonträgern hat Jandek zwar beibehalten, wenn nicht sogar noch erhöht, da eine große Zahl seiner Live-Auftritte aufgenommen und veröffentlicht wurde, doch scheinen sich die Alben mittlerweile etwas besser zu verkaufen.

Mit dem Label ist ein weiteres der vielen Rätsel um Jandek verbunden. Die auf jeder Albumrückseite abgedruckte Label-Adresse lautet: Corwood Industries, P.O. Box 15375, Houston, TX, 77220. Schreibt man an diese Adresse, erhält man eine Antwort von Sterling R. Smith, einem Repräsentanten von *Corwood Industries*. Vor dem »Outing« 2004 gaben die wenigen Menschen, die am Telefon mit Smith gesprochen haben, an, seine Stimme ähnele jener Stimme auf den Alben Jandeks. Scheinbar also waren *Corwood Industries*, Sterling R. Smith und Jandek identisch. Oder aber handelte es sich um ein Spiel mit Identitäten, den Versuch einer Trennung von Künstler-Ego und den marktwirtschaftlichen Aspekten? Ein postmodernes Experiment? Oder waren alle drei Thurston Moore?

Die Cover-Ästhetik der Jandek-Alben war ebenso Ausdruck eines konsequent durchgehaltenen Konzepts des Künstlers. Seit dem ersten Album 1978 zierten die Cover auf der Vorderseite mehr oder weniger verschwommene Fotos von Details aus Wohnräumen oder der immer gleichen Person. Auf dem Backcover folgt in stets identischem Layout der Schriftzug

JANDEK und der Albumtitel, darunter die nummerierten Songtitel mit sekundengenauen Längenangaben. Der verschwommene Mensch auf den Covern der Jandek-Alben scheint tatsächlich der Musiker zu sein, wie seit 2004 durch die Live-Auftritte bewiesen ist, wenn sich auch noch immer Theorien halten, der Mensch auf der Bühne sei vielleicht lediglich ein »Repräsentant« Jandeks oder *Corwood Industries.*

Jandeks musikalisches Konzept ist der Bruch mit allen Erwartungen an einen Singer/Songwriter, vorgebracht mit einer selten gehörten Konsequenz. Keine Strukturen, kein Rhythmus, das Mäandern ins Nirgendwo: Jandek spielt Folk – ohne sich wie der klassische Folk an die »Folks«, die Menschen, zu richten –, und gespenstischen Blues, zu dem er Texte von Tod, Krankheit und Gott in seinem mehr gemurmelten als gesungenen Stil vorträgt: »Oh Lord, help me to understand what's going on in this world.« Jandek spielt Gitarre, manchmal auch Klavier, hat Alben im Alleingang aufgenommen, reine Vokalalben, andere mit Gastmusikern, denen er viel Raum zum Experiment lässt. Die verrätselten Texte erinnern mal an Kindergebete, pubertäre Liebesgedichte, dann jedoch wieder an hochartifizielle hermetische Lyrik oder Dadaistische Poesie. Die in den Songtexten entworfene Welt speist sich hauptsächlich aus gegenseitigen Bezügen: Songtitel verweisen auf andere Songs, viele Themen tauchen im Verlauf der Jahrzehnte in immer neuen Kontexten wieder auf, die Coverfotos verweisen aufeinander, ebenso wie Songs immer wieder neu interpretiert werden.

Auf *Maze of the Phantom*, seinem ca. 52. regulären Album, die unzähligen Livealben einmal beiseite gelassen, wurde dann wieder alles anders: was sich bereits beim 2011er-Album *Where Do You Go From Here?* andgedeutet hatte, wurde hier konsequent weitergedacht. Jandek brach mit den ohnehin gebrochenen Blues- und Folk-Variationen und lieferte ein experimentelles Elektroakustik-(Free-)Jazz-Album ab, das in seinen besten Momenten an die besten Momente einer Alice Coltrane erinnerte. Harfen und wortloser Frauengesang hallten zu elektronischen Sounds, hin und wieder tauchten aus dem Nichts eine Gitarre oder ein Cello auf, gar nichts erinnerte mehr an die Anfänge als Singer/Songwriter, an das Spiel mit der Selbstbezüglichkeit des Textuniversums oder die Experimente mit Funk-Elementen der Nullerjahre. Jandek hatte schon wieder eine neue Welt erfunden.

Doch was fängt man nun damit an, dass Jandek mit den Alben jener Jahre die Jazz-Geschichte an ihren experimentellen Rändern besucht hat? Dass er zuvor musikalische Traditionen – Folk, Blues, Americana – aufrief, um mit ihnen ebenso zu brechen, wie nun mit seiner eigenen musikalischen Vergangenheit, dass er Motivketten in seinen Texten miteinander verwoben hat, bis ihr Sinngehalt in der gleichen Leere verschwunden ist, in die auch seine mäandernden Songs sich oft verlieren? Vielleicht ist der Vergleich mit Thomas Pynchon doch gar nicht so abwegig, schließlich greift auch Pynchon Stoffe und Motive der amerikanischen und westeuropäischen Moderne auf, um sie in irrwitzigen Verknüpfungen ins Absurde kippen zu lassen. In diesen Irrwegen erweist sich Jandek als einer der interessantesten Unbekannten der Musikgeschichte. Vielleicht doch ein Kunstprojekt von Thurston Moore? Wahrscheinlicher jedoch ein noch zu entdeckendes Gesamtkunstwerk, für das man Geduld braucht, das manchmal an den Nerven zehrt, das aber vor allem auch gehört werden will: »Do you want me?«, hält er im ersten Song seines 38. Albums »The Door Behind« dem Hörer entgegen: »Well, do you want me? / Here I am«.

»Please don't stop« Julie Doucet

»Billy Tipton, Julie Doucet, Eileen Myles – Please don't stop«, haben Le Tigre 1999 in ihrer popfeministischen Hymne »Hot Topic« gesungen. Die 1965 geborene Kanadierin Doucet ist als einzige Comiczeichnerin in die lange Aufzählung feministischer Role Models aufgenommen worden. Doch trotz der Bitte von Le Tigre, weiterzumachen, beendete Doucet im gleichen Jahr ihre Karriere als Comiczeichnern nach etwas mehr als einem Jahrzehnt. »Ich hatte das Gefühl, alles gesagt zu haben. Ich fühlte mich gefangen in den Comicseiten«, erklärte sie später in einem Interview. »Und außerdem war ich es leid, ständig nur mit Männern zu tun zu haben.«

1985 hatte Doucet in Montreal ein Kunststudium begonnen, 1988 die erste, damals noch selbstkopierte, Ausgabe ihres Magazins *Dirty Plotte* veröffentlicht, drei Jahre später übernahm der damals neu gegründete kanadische Verlag *Drawn & Quarterly* das Heft in sein Programm. Doucet war in jenen Jahren eine der wenigen Zeichnerinnen in einer Comicszene, die sich bis weit in die Nullerjahre noch fest in Männerhand befand. 1991 erhielt sie den Harvey Award als »Best New Talent«, zog nach New York, von dort nach Seattle, dann nach Berlin und schließlich zurück nach Montreal. Die Erfahrungen an den unterschiedlichen Orten gingen stets in ihre Stories in der Tradition des amerikanischen Comic-Underground der 1960er- und 1970er-Jahre ein, ebenso wie ihre Alltagserfahrungen als Frau: so offensiv wie Doucet hat kaum eine Comiczeichnerin die eigene Weiblichkeit zum Thema gemacht. »Wisst ihr, Plotte ist ein sehr schmutziges Wort«, erklärte Julie Doucet ihren Lesern 1991 gleich in der ersten professionell verlegten Ausgabe von *Dirty Plotte*. Das Slangwort aus der kanadischen Provinz Québec ist die franko-kanadische Entsprechung von »cunt«, und mit ein Grund, warum einige Händler den Verkauf der Hefte boykottierten. Um dem Publikum von Vornherein offenzulegen, was es zu erwarten hätte, erklärte sie auf der ersten Seite nicht nur die Herkunft des Magazin-Titels inklusive einer Karte von Québec, sondern fügte auch eine medizinische »Karte« der weiblichen Genitalien hinzu. Denn der Körper der Frau, der von anderen beschrieben, kartographiert und mit Zuschreibungen belegt wird, ist ein zentrales Themen im Werk der Künstlerin, »Hey Mann, schau dir die Plotte an, nicht schlecht«, sagt im Strip ein Mann mit gierigem Blick zu seinem Kumpel. Doucet hat ihre Comics als ein Gegenmittel genutzt, die Gewalt solcher Zuschreibungen abzubilden und sie gleichzeitig selbstbestimmt zu zerschlagen – was nicht immer gut ankam. In einem Interview erinnert sich Doucet, dass eine feministische Buchhandlung in Montreal ihre Comics boykottiert habe, da sie angeblich zu viel Gewalt gegen Frauen zeigen. Explizite Gewalt gegen Frauen gibt es jedoch selten zu sehen, vielmehr ist es die Protagonistin selbst, die wiederholt Städte zertrümmert oder Männer kastriert. Eine Protagonistin im Übrigen, die zwar mit ihrer Schöpferin Julie Doucet viele Charaktereigenschaften und Lebensumstände teilt, jedoch nicht mit ihr identisch ist. Doucet inszeniert in ihren Arbeiten die »Hauptperson« Julie Doucet mal als Sexobjekt, mal als Mann, mal als Tier, die Inszenierung autobiografischer Elemente in ihren Comics ist auch eine Strategie gegen die kulturelle Zurichtung ihres Körpers. »Es schien mir ganz natürlich, mich selbst als Charakter zu benutzen, um die Stories zu erzählen. Und so wurden es Stories über meinen Alltag, meine Ängste und Enttäuschungen«, erklärt sie im Interview. Die Alltagsstories, insbesondere der ersten Jahren von *Dirty Plotte*, weisen jedoch weit über diesen Alltag hinaus in surreale Welten: Der übervolle Tampon von Julie kann das Blut nicht mehr zurückhalten, wodurch ganze Städte überflutet werden, sie hat sexuelle Fantasien, in denen die Rüssel von Elefanten eine zentrale Rolle spielen, oder erschlägt, kastriert und zerlegt Liebhaber. Dennoch hat man selten das Gefühl, dass eine reale Gefahr von der Protagonistin ausgeht, vielmehr wirkt sie selbst, die so freimütig all ihre Träume, Sehsüchte und Fantasien offenlegt, permanent gefährdet – Doucets Arbeiten pendeln zwischen der Aggressivität, die aus den Bildern spricht, und der Vereinzelung und Entfremdung, von der die Geschichten erzählen, der Verletzlichkeit, die ihre Offenheit mit sich bringt. Daneben sind die Comics von Doucet durchzogen von einer unterschwelligen Bedrohlichkeit, die sich gegen die Hauptfigur richtet, nicht nur in Form von sexualisierten Männerblicken und Zuschreibungen, sondern auch eingefangen durch einen Zeichenstil, der ihr zunehmend den Raum streitig macht, so vollgestopft und überladen wirken die Bilder auf den ersten Blick. Konzentriert man sich auf die Details, wird der Gesamteindruck der Bedrohlichkeit durch die abgebildeten Gegenstände noch verstärkt: es finden sich Scheren, Messer, zerbrochene Flaschen, Müll. »Hass«, »Auf sie«, »Da bist du ja, Schlampe« und »Angriff« drohen Messer, Flaschen und anderer Hausrat in einem Comic-Strip der Protagonistin. Insbesondere in ihrem Schlüsselwerk, dem zunächst in mehreren Teilen in *Dirty Plotte* erschienenen *My New York Diary*, hat sie diese Ästhetik perfektioniert.

Doucet war in den Neunzigern wegen einer Beziehung nach New York gezogen und beschreibt in dem Comic-Tagebuch ihre Begegnung mit der Großstadt – und ihre Überforderung. Bereits am ersten Tag in New York wird indirekt erwähnt, dass Doucet unter einer schweren Krankheit leidet, die sich im Laufe des Comics als Epilepsie entpuppt. Diese Erkrankung hat für sie zur Folge, sich in der Öffentlichkeit unbehaglich zu fühlen, aus Angst, dort einen epileptischen Anfall zu erleiden; die Außenwelt betritt Doucet fast nur in Begleitung ihres Partners. Daher spielt sich die Handlung des Comics hauptsächlich im Inneren der Wohnung ab, die wie oben beschrieben zunehmend bedrohliche Züge annimmt.

Doucet lässt die Bilder in ihrem Comic eine andere Geschichte erzählen als die Dialoge suggerieren: Während sie in den Tagebucheinträgen eine Normalität aufrecht zu erhalten versucht, ist die Bildebene von Anfang an eine bedrohliche. Die Beziehung zu ihrem Partner entwickelt sich von einer gleichberechtigten Partnerschaft hin zu einem Kontrollsystem, das sich verschärft, je erfolgreicher Julie als Comiczeichnerin wird. Parallel zu dieser Entwicklung nehmen auch die Anfälle zu. Während die Krankheit Julies Körper mehr und mehr kontrolliert, übt ihr Freund eine soziale Kontrolle aus; er, der Doucet in die New Yorker Comicszene eingeführt hat, sieht sich plötzlich von ihrem Erfolg bedroht. In der Konsequenz wird der weibliche Körper in doppelter Weise unter Druck gesetzt: einerseits über die mit der Krankheit verbundenen Ängste und zum anderen über die Kontrolle durch den Partner. Diesen Strukturen kann die Protagonistin nur entkommen, indem sie ihr New Yorker Leben hinter sich lässt.

Vielleicht hatte sie mit diesem 1998 beendeten Comic tatsachlich alles gesagt: über ihr Leben als Comiczeichnerin und über Männer, die ihr den

Erfolg nicht gönnen, sie ausnutzen und kontrollieren, weswegen sie im Jahr darauf mit der Welt des Comics gebrochen hat. Sie verlegte sich auf Lithografien, Siebdrucke, Collagen und Gedichte, die sie aus vorgefundenem Material zusammenbastelt. Ihr Verlag *Drawn & Quarterly*, der 1998 mit ihr als erster Künstlerin gestartet war, ist mittlerweile eines der größten unabhängigen Verlagshäuser für Comics in den USA und Kanada. Wohl um die Bitte von Le Tigre, niemals aufzuhören, zu unterstreichen, ist im Herbst 2017 das Gesamtwerk ihrer Comics, ergänzt um Interviews, Grafiken und Texte befreundeter Zeichner in zwei opulenten Bänden im Schuber erschienen. Please don't Stop!

Lazy Confessions
Kimya Dawson und Adam Green

»Man kann die ganze Entwicklung der musikalischen Avantgarde seit den 1950ern an der Lower East Side festmachen«, erklärte kurz nach der Jahrtausendwende der 1975 in New York geborene Musiker Jeffrey Lewis in einem Interview, »all das konnte sich dort entwickeln, weil die Mieten billig waren und das Zentrum von New York ein Paralleluniversum neben der bürgerlichen Kultur ausgebildet hatte.« Doch irgendwann in den Neunzigern hat dieses von Charlie Parker über die Fugs, Velvet Underground, Patti Smith und Richard Hell bis zu Sonic Youth reichende Paralleluniversum Risse bekommen, Manhattan entwickelte sich binnen weniger Jahre zu einem der teuersten Orte der Welt und die Künstler-Boheme wurde aus ihrem angestammten Viertel vertrieben. »All those hookers in their fucking cars / Twelve steppin' hippies hangin' out at the bar / Suckers and fuckers and stupid retards / New York City's like a graveyard«, fassten The Moldy Peaches ihren Frust über die Entwicklung der Stadt auf ihrem am 11. September 2001 veröffentlichten Debütalbum zusammen. Im Zuge der Ereignisse dieses Tages wurden Song wie auch Album fast zwangsläufig als Stimmungsbild von New York nach den Anschlägen rezipiert. Die Band um Kimya Dawson und Adam Green erzählte in ihren intimen, reduzierten Songs von Tod, Außenseitern und eigenen Unsicherheiten und formulierte eine Weigerung, sich an die Erwartungen der Gesellschaft anzupassen. Martin Büsser beschrieb die zur Schau gestellte Furcht, Ohnmacht und Desorientierung der Songs als »eine humanistisch gefärbte Gegenhaltung zur vollmundigen Kriegsrhetorik«. Die Welt ist seitdem nicht weniger bedrohlich geworden und so kommt die Wiederveröffentlichung des Albums zwanzig Jahre später womöglich zur rechten Zeit, um an ästhetische Gegenstrategien zu erinnern, die, da sie so leise, introvertiert und selbstironisch daherkamen, schnell in Vergessenheit geraten.

»I don't know who is the enemy anymore. I don't know who to believe anymore. I believe in being nice«, hat Kimya Dawson dieses Gefühl in einem Tourtagebuch zusammengefasst. Nett zu sein in einer Welt voller Lieblosigkeit war bereits vor dem 11. September 2001 die Strategie der Band gewesen. Die Moldy Peaches waren politisch, ohne Parolen zu brüllen und schufen gemeinsam mit ihrem musikalischen Umfeld ein solidarisches, kreatives Netzwerk. Antifolk nannte sich die Szene, ein Begriff, der bereits in New York kursierte, seit in den Achtzigern der Songwriter Lach wutentbrannt gebrüllt hatte: »Wenn das Folk ist, dann mache ich Antifolk!« Während Punk und New Wave gerade die Musikwelt revolutionierten war der Folksound der Stadt zu dieser Zeit geprägt von einem konservierenden Blick in die Sechziger, auf Joan Baez und Phil Ochs. Für Lachs vom Punk beeinflussten Folk gab es keinen Ort und so eröffnete er selbst eine Bar, die nach diversen Umzügen seit Mitte der Neunziger mit dem Sidewalk Café zum zentralen Knotenpunkt der Antifolk-Szene wurde. Der Netzwerker Lach stellte Bühne und Kontakte zur Verfügung und so etablierte sich im Laufe der Neunziger eine neue Gegenkultur, die an die linke Boheme-Tradition der Stadt anknüpfte, an The Velvet Underground, The Fugs, Godz, The Holy Modal Rounders und Jonathan Richman. Insbesondere der eingangs zitierte Jeffrey Lewis versteht sich als Archivar und Bewahrer dieses musikalischen Aufeinandertreffens von Boheme-Szene und linker Politik jenseits von Folkgemütlicheit. Das Anti im Antifolk zielte vor allem auf das Bewusstsein der Musiker, dass deren Utopien gescheitert sind, ebenso wie die musikalische Provokation von Punk. Vom Folk nahmen sie die musikalischen Strukturen, vom Punk die provokative Ironie und den Versuch, sich Strukturen und Netzwerke jenseits der Musikindustrie aufzubauen. Es entstanden eigene Plattenlabel und Fanzines, immer neue Künstler und Bandprojekte nutzten die offene Bühne des Sidewalk Café, darunter auch die Moldy Peaches.

1994 waren der 13-jährige Adam Green und die neun Jahre ältere Kimya Dawson in einem Plattenladen in Mount Kisco, 50 Kilometer nördlich von New York, aufeinandergetroffen und hatten kurz darauf begonnen, erste Songs zu schreiben. Einige Jahre später landeten beide in New York und setzten ihr musikalisches Konzept auch live um, in dem ebenso wie auf dem einzigen Album der Band eine Weigerung erkennbar ist, sich in den Kulturbetrieb einzufügen, wenn Fehler ebenso wie Telefonklingeln oder Lachen nicht getilgt sondern offensiv zu Schau gestellt werden. »Wir versuchen nicht, nicht lustig zu sein. Alle anderen versuchen dagegen, nicht lustig zu sein. Wie diese Songwriter mit ihren durchgängig tieftraurigen Stücken. Wenn man sie trifft und sie reißen dann doch einen Witz, kommt man sich fast schon betrogen vor«, hat Adam Green 2002 in einem Gespräch mit der *Jungle World* erklärt. »Who mistook this crap for genius? / Who is gonna stroke my penis? / We're not those kids, sitting on the couch«, singen sie dagegen in »Steaks for Chicken« selbstironisch. Martin Büsser nannte die dargebotene Mischung aus Folk, Kinderliedmelodien und abgründigen Texten über Drogenmissbrauch und Straßenstrich einmal »urbanen Slapstick«. Anhand der Soloalben von Dawson und Green, die nach der Auflösung der Moldy Peaches entstanden sind, wird ersichtlich, wie die Arbeitsteilung in der Band funktionierte: Während die Sängerin mit gebrochener Stimme von den eigenen Unsicherheiten sang, war Adam Green für die ironisch-absurden Aspekte der Songs zuständig, die er auch in seinem Fanzine pflegte, das 2005 sogar in deutscher Übersetzung im *Suhrkamp Verlag* erschien. In seinen literarischen Texten kombinierte er, wie auch in den Songs der Moldy Peaches, Vorgefundenes mit Eigenem, collagierte Phrasen und Ideen, immer mit dem Ziel, der Idee des Authentischen zu entkommen. Green, der in Interviews gerne damit kokettierte, dass seine Urgroßmutter Felice Bauer, die Verlobte Kafkas, gewesen sei, brachte einen jüdischen Humor in die Musik ein, die Distanz des Außenseiters der Gesellschaft, dem die Idee einer klar umrissenen Identität suspekt ist. Die Moldy Peaches machen keine Identifikationsangebote, im Gegenteil: »I wanna live for today / I wanna roll in the hay / But I'm floating away / I got nothing to say«, singen sie in »Lazy Confessions«. Die Moldy Peaches sind nicht angetreten, um bessere Vorschläge zu machen, sondern um im infantilen Humor und dem Versprechen, nett zu sein, die Verkommenheit und Lieblosigkeit der Welt bloßzustellen.

Die Antifolk-Szene, die sich schon zu ihren Hochzeiten nicht auf einen Nenner bringen ließ und aus zahlreichen Einzelkämpfern mit unterschiedlichen musikalischen Ansätzen bestand, gibt es heute nicht mehr. Jeffrey Lewis ist permanent auf Tour und bleibt dennoch unter dem Radar, andere haben sich in Familie, Beruf oder Karriere gestürzt. Adam Green hat sich einige Jahre als singender Entertainer versucht, dem jedoch trotz gleichbleibender Textalbernheiten musikalisch sein Gegenüber in Gestalt von Kimya Dawson fehlte, die wiederum das Antifolk-Erbe auf zahlreichen Alben weiterführte. Die Wucht, die das Debüt der Moldy Peaches gerade in seiner Reduziertheit bis heute ausstrahlt, bleibt jedoch im Solowerk der beiden unerreicht.

Dirty Work
Mark Wynn

Als Mark Wynn im Januar 2015 vom britischen *NME* zu einem der 50 Musiker »to watch in 2015« gekürt wurde, das Magazin von »UK's next great street poet« schrieb und ihn mit Mark E. Smith verglich, zog Wynn daraus seine Konsequenzen: Er kündigte an, die Musik an den Nagel zu hängen und von York nach Schottland zu ziehen, noch weiter an den Rand der Aufmerksamkeit britischer Medien. Im April 2015 erschien zwar noch das Album *Skivvy: A Much More Noble Occupation* als CD-Beilage der zwölften Ausgabe seines Fanzines *Dirty Work*, doch die Manie, mit der Wynn seit 2012 fast vierteljährlich Alben mit Titeln wie *James Dean Makes Me Insecure, Why Does He Have To Be So Shexy* oder *Last Of The Real Rock Stars Is A Stupid Phrase, I Am Way Fitter Than Billy Fury Ever Was And I Don't Care What Anyone Says* in die Welt geworfen hatte, war verflogen.

Formen der Verweigerung wie jene Absage an die Aufmerksamkeit der britischen Musikpresse ziehen sich durch die gesamte Musiker-Biografie Mark Wynns. Wenige Jahre zuvor hatte er bereits abrupt die eigene musikalische Vergangenheit hinter sich gelassen: bis etwa 2010 galt er als der beste Fingerpicking-Gitarrist in ganz York, war als Blues Interpret und Americana-Songwriter aufgetreten, bis er diese Karriere nach einer Epiphanie – wie er im Stricken an seiner eigenen Legende behauptet – gegen die Neuerfindung seiner Künstlerpersönlichkeit als »word noise blah artist«, als Lofi-Punk, Antifolk-Musiker und Alltags-Poet eintauschte. Die einengende Form des Bluesschemas hatte offensichtlich dem Mitteilungsdrang des rastlosen Mark Wynn nicht mehr gereicht. Die Offenheit der DIY-Punk-Ästhetik dagegen, die Genervtheit von Mark E. Smith gepaart mit der Albernheit von Antifolk-Acts wie den Moldy Peaches und Alltagsbeobachtungen, boten dem neuen Mark Wynn die Möglichkeit, in kleinen Songminiaturen, die selten die Zweiminutengrenze überschreiten, der Welt seine Sicht auf die Dinge auszubreiten. Die billig produzierten

Stücke sind immer exakt so lang, wie er eben braucht, um seine Geschichte zu erzählen. Es gibt keine unnötigen Intros, Solos oder ähnlichen Schnickschnack. Über ein bis zwei von ihm eingespielten Gitarrenspuren und sparsam eingesetztem Drumcomputer erzählt er Storys, die angesichts der Textmassen, die Wynn in kürzester Zeit loswerden muss, zu bersten scheinen. Was in den Songs keinen Platz findet, zieht sich handgeschrieben oder aus Zeitungsartikeln collagiert über die Albencover, Textbeilagen und zahlreichen selbstkopierten Ausgaben seines Fanzines *Dirty Work* in endlosen Gedankenströmen hin. Collagen, Satzfetzen, Selbstreflexionen und Liner Notes ergeben zusammen einen niemals endenden Stream of Conciousness, dem zu folgen einzig Wynn selbst gelingen dürfte. Als »wordy songs about stuff around me« hat Wynn seine Musik in einem Interview beschrieben. Dieser »Stuff« reicht von aufgeschnappten Dialogen über Begegnungen mit Freunden und Fremden bis hin zu eigenen Erlebnissen in dieser verwirrenden Welt, deren Verwirrung ungefiltert an die Hörer weitergegeben wird: »Just say anything that comes to mind, regardless of whether it's the right or wrong time«, singt er in »Skin Complaint«. Das erinnert an die produktivsten Phasen von Daniel Johnston, mit dem er auch die gnadenlose Offenheit teilt, in der Selbstzweifel und Abgründe der eigenen Psyche ganz selbstverständlich Teil des Gesamtwerks werden. In »A Man in the Supermarket Wiping Down the Fruit« erklärt er: »Do you know what I'm trying to say, baby? No? Me neither«. Diese Selbstüberforderung hält ihn jedoch nicht von dem Versuch ab, die Welt in immer neuen Songs zu fassen zu bekommen. Mark Wynn ist albern, sarkastisch, tanzbar, abgründig, bescheuert und genial und er ist all dies gleichzeitig. Aus seiner radikal subjektiven Perspektive interpretiert er den »Stuff« um ihn herum, vom Haarschnitt bis zur gescheiterten Liebe: »I'm in love with a girl – the girl is gone. I'm in love with the world – the world is wrong« (»Sedative«).

Solche Manie und Konsequenz bleiben nicht unbemerkt, und so konnte Steve Underwood, Labelbetreiber von *Harbinger Sound*, Wynn 2016 zur Veröffentlichung der Compilation *Singles – But They're Not Really Singles I Just Sent Them To The Screen And Said They Were Singles* überreden. Erklärend schreibt Wynn auf dem Cover des Albums über seinen Seelenzustand: »Steve the man who is paying for this toss said it would look better in black and white. Had it been two years ago I would have had something to say about this but time and age, anxiety, fear and depression have dulled me into a state of complete indifference about what the sleeve of the LP looks like.« Im gleichen Jahr ging Wynn zusammen mit den Sleaford Mods auf Tour, eine durchaus passende Kombination, wie auch Jason Williamson von den Sleaford Mods befand: »The same grey fucking cloud that followed me now hangs above him. He's got it.« In Sachen Rastlosigkeit steht Wynn den Stars aus Nottingham in nichts nach, seine Songs tragen allerdings etwas weniger Wut in sich. Viel eher sind sie Ausdruck der Untiefen des eigenen Lebens: »Favourite Colour: Black. It's an outward expression of an inner instability« (*Dirty Work*). Während die Sleaford Mods die Ursachen des kaputten Sozialstaats in Großbritannien benennen und der Feindbestimmung ihre Energie widmen, bleibt die Krise bei Wynn vor allem eine persönliche, in der sich gleichzeitig die ökonomische zeigt: *A Tenner? – I'll Do It Myself* heißt dann etwa eine Single, die einen unbezahlbaren Friseurbesuch thematisiert. In den Liner Notes zur Single schreibt Wynn: »Songs like this usually have something clever like a moral or something funny like that at the end, but I don't really have one, I only wrote this song because my friend Rob said he liked my acoustic songs more.« Erklärungen sind bei Wynn nicht zu finden, vielmehr Zustandsbeschreibungen, die in ihrer Gesamtheit viel über die Gegenwart Großbritanniens aussagen.

Die Weigerung, sich den Zwängen der Gesellschaft zu ergeben, machen aus dem Alltagspoeten Wynn eine durchaus politische Person. Die Absage an die Strukturen der Musikindustrie, die Überführung des DIY-Punk-Konzepts in die Gegenwart, vom selbstkopierten Fanzine über die billigen LoFi-Aufnahmen bis hin zu den selbst geschaffenen Vertriebsstrukturen ist selten in solcher Konsequenz zu finden wie bei Mark Wynn. Diese mit großer Geste vorgetragene Absage zeigt sich besonders deutlich in seinen Live-Performances, die diese Bezeichnung tatsächlich verdienen. Auf einer Wynn-Show kann alles passieren: dass er zum Playback seiner Songs strippt, irgendeine aktuelle Pop-CD einlegt und über die Songs »This is a cover« brüllt oder am Tisch sitzend Gedichte rezitiert. »Mark Wynn is a semi-nude performance artist renowned for his unsettling live shows and carefree attitude to professional recording standards«, weiß *Discogs* und fasst damit Wynns Schaffen treffend zusammen. Mittlerweile scheint Wynn die Musik vollständig an den Nagel gehängt zu haben. Konsequent bis zum Verstummen.

»Space is the Place« Von der Harlem Renaissance zum Afrofuturismus

Langston Hughes

Zora Neale Hurston

Nella Larsen

Fran Ross

Sun Ra

»Ich weiß, dass ich nicht von diesem Planeten bin. Ich muss von irgendwo anders in dieses Universum gekommen sein, weil ich ein totaler Außenseiter bin.«

Johnny Griffin

»Here's to Harlem« Langston Hughes

Der britische Regisseur Isaac Julien hat Langston Hughes in seinem Film *Looking for Langston* (1989) als einen Pionier der Schwulenbewegung inszeniert, der Fotograf Carl Van Vechten nannte ihn den Hofdichter der afroamerikanischen Literatur und in Schwarzen Literaturgeschichten des 20. Jahrhunderts wird er regelmäßig als eine der zentralen Figuren herausgestellt. Ob er tatsächlich als Schwulenikone taugt, ist fraglich, er selbst hielt sich Zeit seines Lebens bedeckt, was Fragen seiner sexuellen Orientierung betrifft, lediglich in einigen Gedichten machte er diesbezügliche Andeutungen, etwa in »Poem, or To F.S.«: I loved my friend. / He went away from me. / There's nothing more to say. / The poem ends / Soft as it began – / I loved my friend« – F.S. steht für den Seemann und Politaktivisten Ferdinand Smith, der 1951 als Kommunist und illegaler Einwanderer in sein Geburtsland Jamaika abgeschoben wurde. Umso eindeutiger ist die Bedeutung des 1901 in Joplin, Missouri, geborenen Hughes für die Literaturgeschichte und seine Rolle in der Harlem Renaissance als Mitgründer, Chronist wie auch Kritiker der ersten großen afroamerikanischen künstlerischen Bewegung des 20. Jahrhunderts. In *The Big Sea*, seiner 1940 publizierten ersten von insgesamt zwei Autobiographien – die zweite, *I Wonder as I Wander*, erschien 1956 – schrieb er rückblickend über die Harlem Renaissance, ihr Problem sei gewesen, dass sie sich nicht als flexibel genug erwiesen hätte, die Masse der Schwarzen in Amerika zu erreichen. Der durchschnittliche Afroamerikaner habe nichts von ihr mitbekommen, so Hughes, und falls doch, so habe die Bewegung auch nicht dazu beitragen könen, seinen Lohn zu erhöhen. Doch auch wenn sich die Situation der breiten Masse der Afroamerikaner durch diesen künstlerischen und intellektuellen Zusammenschluss nicht wirklich änderte, so hat sie doch den Grundstein für das gelegt, was mit der Schwarzen Bürgerrechtsbewegung in den 1960er-Jahren auf eine breitere Basis gehoben werden konnte.

Die Harlem Renaissance der 1920er entstand keinesfalls in einem kulturellen Nirgendwo. Bereits Ende des 19. Jahrhunderts waren erste afroamerikanische Autoren wie Paul Lawrence Dunbar oder Charles Waddel Chesnutt auch bei einer weißen Leserschaft erfolgreich, W.C. Handy hatte den Blues populär gemacht und der New Orleans Jazz erreichte ein immer größeres Publikum. Und mit W.E.B. Du Bois' *Die Seelen der Schwarzen* war bereits 1903 der »Urtext der afroamerikanischen Erfahrung« erschienen, wie Henry Louis Gates in seiner Einleitung zu dem Buch festhält. Das größte Problem des 20. Jahrhunderts sei das Problem der Rassentrennung, schrieb Du Bois und forderte: »Die Geschichte des amerikanischen Schwarzen ist die Geschichte dieses Kampfes – die Sehnsucht, ein selbstbewusstes Menschsein zu erlangen und das doppelte Selbst in einem besseren und wahreren Selbst zu vereinen, ohne dabei eines seiner früheren zu verlieren. Er hat nur den Wunsch, beides zu sein: Schwarzer und Amerikaner, ohne von seinen Mitbürgern verflucht und angespuckt zu werden.«

Dieses Einfordern einer Schwarzen Kultur durch afroamerikansiche Intellektuelle traf auf die nicht zuletzt durch den Ersten Weltkrieg einsetzenden sozialen und politischen Umwälzungen. Nach dem formellem Ende der Sklaverei 1865 waren viele Schwarze zunächst in die Städte des Südens der USA gezogen, der anhaltende Rassismus, Lynchmorde und die Gewalt in den Süstaaten ließen jedoch immer mehr Schwarze sich Richtung Norden orientieren. Bis in die ersten zwei Jahrzehnte des 20. Jahrhunderts übersiedelten viele in die Industriegebiete im Nordens der USA, vor allem nach New York, Philadelphia und Chicago: um 1920 lebte dort bereits etwa ein Viertel aller Schwarzen Amerikas. Der Eintritt der Vereinigten Staaten in den Ersten Weltkrieg hatte einen rapiden Anstieg des Bedarfs an Arbeitskräften zur Folge gehabt, für den die aus dem Süden eintreffenden Afroamerikaner gerade recht kamen.

Als zentraler Sammelpunkt für die Migranten aus den Südstaaten hatte sich bereits ab Anfang des 20. Jahrhunderts der ursprünglich von Niederländern bewohnte Stadtteil Harlem auf der New Yorker Insel Manhattan etabliert, wo sich zu dieser Zeit die Bevölkerungsstruktur völlig wandelte. Nachdem sich dort zunächst viele osteuropäische Juden angesiedelt hatten, begannen ab etwa 1904 die Immobilienmakler damit, die Wohnungen in Harlem auch an Afroamerikaner zu vermieten und bis 1920 hatte sich die Zahl der Schwarzen in Harlem vervierfacht. Diese Veränderungen gingen mit Problemen mit den noch immer ansässigen niederländischen Bewohnern einher. Sie hatten einige Jahrzehnte zuvor bereits erfolglos versucht, die Juden aus ihrem Viertel fern zu halten, nun folgten Konflikte mit den Afroamerikanern, die sich wiederum in Vereinigungen wie der National Urban League zu organisieren begannen. Die Konflikte nahmen nach dem Ersten Weltkrieg noch einmal an Schärfe zu, als die ehemaligen Soldaten in ihre nun von Schwarzen besetzten Jobs zurückkehren wollten und gleichzeitig die Black Community Amerikas ein neues Selbstbewusstsein durch die Tatsache verspürte, dass auch Schwarze Soldaten als Helden aus dem siegreichen Krieg zurückgekehrt waren. Diese Veränderung in der Selbstwahrnehmung thematisiert auch Langston Hughes' Roman *Simpel spricht sich aus*, wenn sich der Protagonist Jesse P. Semple, genannt »Simpel«, einen Krieg imaginiert, in dem Schwarze Kommandanten eine weiße Armee befehligen: »Ich seh mich schon im Dritten Weltkrieg, wie ich meine Mississippi-Truppen ins Gefecht führe. Wenn ich am nächsten Tag dann zu ihnen hinkomme, tät ich ihnen die Orden für Tapferkeit vor'm Feind verleihen. Dann wird 'n Foto von mir gemacht, mit meiner ganzen feinen weißen Truppen; ich – der erste schwarze amerikanische General, der Orden an weiße Soldaten aus Mississippi verleiht.« Die Geschichen um Simpel, wohl Hughes erfolgreichste literarische Figur, entstanden allerdings, zunächst als Kolumne im *Chicago Defender*, erst in den 1950ern, lange nach dem Ende der Harlem Renaissance.

Die Themen jedoch, mit denen sich Simpel herumschlagen muss, ähneln jenen, die bereits in den 1920ern das Leben der afroamerikanischen Bevölkerung belasteten und vor deren Hintergrund entstand, was erst retrospektiv Harlem Renaissance genannt wurde – damals sprach man eher vom »New Negro Movement«. Da der lose Zusammenschluss an Künstlern und Intellektuellen sich nicht als eine Bewegung verstand, gab es auch kein Manifest oder einen ausformulierten politischen oder ästhetischen Anspruch. Einige Schwarze Intellektuelle wollten eine Schwarze Hochkultur als Gegengewicht zur weißen etablieren, während vor allem jüngere Literaten und Musiker sich auf die existierenden Formen Schwarzer Kunst und Musik bezogen haben und Blues und Jazz in die Literatur überführen wollten. Langston Hughes hat mit seinem Essay »The Negro Artist and the Racial Mountain« einen der wenigen Texte verfasst, die zumindest für einen Teil des »New Negro Movement« so etwas wie Manifestcharakter hatte. Darin forderte er, Schwarze sollten aufhören, sich mit den Augen Weißer zu sehen und ausgehend davon Kunst anzufertigen, die sowohl Weißen wie auch Schwarzen gefallen solle. Vielmehr müsse es darum gehen, so Hughes, Hierarchien zu zertrümmern, und Schwarze Traditionen gleichberechtigt in die Kunst aufzunehmen: »Wenn es den Weißen gefällt, freuen wir uns. Wenn nicht, ist es auch egal. Wir wissen, dass wir wunderschön sind. Und auch hässlich. ... Wenn es Schwarzen gefällt, freuen wir uns. Wenn nicht, ist uns diese Ablehnung auch egal.« Doch mit solchen Forderungen blieb Hughes in der Minderheit.

Ab 1924 brachte Charles S. Johnson, ein Soziologe und der erste Schwarze Präsident der Fisk University, in seinem regelmäßigen Civic-Club-Treffen Schwarze Intellektuelle, weiße Publizisten und Kritiker sowie junge afroamerikanische Dichter zusammen und schuf so den Nährboden für das Interesse eines weißen Publikums an der Schwarzen Kultur in Harlem. Unter den von Johnson geladenen jungen Talenten war selbstverständlich auch Hughes, der 1921 19-jährige sein erstes Gedicht »The Negro Speaks of Rivers« in *Crisis*, der offiziellen Zeitschrift der NAACP, unterbringen konnte, das heute auch auf seinem Grabmal zitiert ist: »My soul has grown deep like the rivers«.

1926 veröffentlichte der später als Fotograf bekannt gewordene Carl Van Vechten das Buch *Nigger Heaven* – benannt nach den einzigen Theater-Logen in den obersten Rängen, in denen Schwarze zugelassen waren –, eine sehr detaillierte Beschreibung des Nachtlebens in Harlem, das in Amerika zum Bestseller wurde und immer mehr Weiße in die dortigen Jazzclubs lockte. Zu diesem Zeitpunkt blieben bereits viele der Clubs, in denen die neuen Stars der Szene wie Duke Ellington, Louis Armstrong oder Fletcher Henderson spielten, dem Schwarzen Publikum verschlossen. An jedem Wochenende strömten Weiße nach Harlem, um Teil zu haben am wilden Nachtleben, das sich ein Großteil der Anwohner gar nicht mehr leisten konnte. Während Teile der schwarzen Intellektuellen in der Aufmerksamkeit, die Schwarzer Kultur von Seiten der Weißen entgegengebracht wurde, einen Wendepunkt im Verhältnis von Schwarzen und Weißen in Amerika sahen, fühlte sich die Schwarze Bevölkerung von Harlem wie Tiere im Zoo. Hughes beschrieb in seiner Autobiografie, wie sich in der Konsequenz Partys in den Wohnungen etablierten, mit gepanschtem Whiskey und Live-Musik, weitab der hippen Clubs. Eine andere Reaktion auf diese Entwicklung war die Abkehr von der elitären Vorstellung von Kultur. Einige der jüngeren Literaten begannen mit der Konzeption einer Zeitschrift, die ihrem Unmut Raum geben und neue Themen etablieren sollte. Die einzige Ausgabe von *Fire!!* erschien 1926 und ließ die Herausgeber verschuldet zurück. Angeführt von Wallace Thurman und unter Mitarbeit von Hughes, Bruce Nugent, Zora Neale Hurston und anderen, wandten sich die Herausgeber explizit gegen die Formen der Ästhetik wie auch Politik, wie sie etwa Du Bois oder Alain LeRoi Locke, ein Philosoph und der Herausgeber der einflussreichen Anthologie *The New Negro*, einforderten. Diese hatten von Schwarzer Kunst Themen verlangt, die positive Bilder der Afroamerikaner entstehen lassen sollten, in der Hoffnung, dass dies auf die gesellschaftliche Situation zurückwirke. *Fire!!* machte das genaue Gegenteil und griff Themen wie Prostitution oder Homosexualität auf. Dies hatte nur noch wenig zu tun mit der Authentizität und Wildheit, die weiße Kunstsammler und Kritiker sich mit der afroamerikanischen Kunst zu kaufen erhofften. »When the Negro was in Vogue« hatte Hughes in seiner Autobiographie das Kapitel über die Blütezeit der Harlem Renaissance genannt. Irgendwann war »the Negro« dann nicht mehr en Vogue und die weißen Förderer der Kulturszene blieben aus, spätestens mit der Finanzkrise ab 1929. Danach war nicht nur weniger Geld für Kultur vorhanden, auch verlegten viele Schwarzenorganisationen ihren Schwerpunkt auf ökonomische Fragen, wodurch auch ihre Zeitschriften weniger Platz für Literatur, Essays und Gedichte hatten.

Langston Hughes hatte sich zu diesem Zeitpunkt bereits neu orientiert; 1932 ging er auf Reisen, zunächst in die Sowjetunion, später nach China und Japan und kehrte erst ein Jahr später in die Vereinigten Staaten zurück. 1937 reiste er wiederum nach Europa, diesmal dokumentierte er als Korrespondent für den *Baltimore Afro-American* und andere afroamerikanische Zeitungen den Spanischen Bürgerkrieg. Zurück in Amerika radikalisierte sich auch seine Lyrik; nicht mehr nur alltäglicher Rassismus wurde thematisiert, seine Gedichte wurden auch zunehmend antireligiös und antikapitalistisch. Gemeinsam mit Kurt Weill arbeitete er 1947 am Broadway-Musical *Street Scene* über das Leben und die Probleme von Mietshausbewohnern in New York, für das Hughes die Songtexte beisteuerte. Ohne jemals Mitglied der kommunistischen Partei zu werden – »Sie basierte auf strikter Disziplin und der Akzeptanz ihrer Richtlinien, was ich, als Schriftsteller, nicht akzeptieren konnte« –, engagierte sich Hughes seit den 1930ern in zahlreichen kommunistischen Organisationen, was ihn 1953 schließlich auch vor das Komitee für unamerikanische Aktivitäten brachte.

Als hätte er diesen Umstand geahnt, lässt er seinen Protagonisten Jesse B. Semple in *Simpel spricht sich aus* genau darüber sinnieren. »Ich wünsch mir fast, dass mich der alte Vorsitzende aus dem Süden dort hinzitiert. Dann erzähl ich ihm mehr, als ihm lieb ist.« Zum Beispiel: »›Ich weiß, dass sie ein roter Russe sind!‹, schreit der alte Vorsitzende. ›Sie wollen dieses Land ruinieren!‹ ›Eure Ehrwürdigkeit‹, sag ich, ›ich gestehe, ich möchte eine Hälfte davon zugrunde richten – den Süden von Virginia bis Mobile –, nur um sie dann neu aufzubauen. Und wenn ich sie neu aufgebaut hab, würd ich Sie in ’nen Jim-Crow-Zug stecken, statt mir.‹« Hughes selber hat sich gegenüber Senator McCarthy nicht so heldenhaft verhalten, sondern sich vor dem Ausschuss vielmehr vom Kommunismus distanziert, was in der radikalen Linken Amerikas, die ihm bislang wohlwollend gegenüber eingestellt war, einigen Unmut hervorgerufen hat.

Im Roman *Simpel spricht sich aus* war jedoch von dieser Abkehr von der Radikalität wenig zu spüren. Simpel, der vor »proletarischem Selbstbewusstsein« strotzt, wie Dietrich Kuhlbrodt im Nachwort zur deutschen Ausgabe schreibt, trifft in jeder Episode – meist in einer Kneipe – auf einen mit ihm befreundeten Schwarzen Akademiker, mit dem er sich über Politik, Musik und Frauen unterhält. In diesen Dialogen führte Langston Hughes seine Kritik am elitären Gestus der Harlem Renaissance weiter und rückte seine eigene Position als Schnittstelle zwischen High und Low Art in den Mittelpunkt. Die Gespräche haben so ziemlich jedes aktuelle Thema der Zeit gestreift – Schwarzen Nationalismus, die Jim-Crow-Gesetze, Panafrikanismus, Lynchmorde, Jazz und immer wieder den alltäglichen Rassismus. Hughes gelang es, gerade im Aufeinandertreffen von zwei Menschen mit unterschiedlichen sozialen Hintergründen ein bis heute unterhaltsam zu lesendes Bild von Harlem in den ersten Nachkriegsjahre zu zeichnen.

In seinen Gedichten wandte sich Langston Hughes nach seinem Konflikt mit dem Komitee für unamerikanische Aktivitäten von expliziten politischen Inhalten ab, 1967 starb er an den Folgen einer Prostatakrebs-Erkrankung. Seine Asche ist im »Arthur Schmoburg Center for Research in Black Culture« in Harlem beigesetzt, wo auch ein Hörsaal nach ihm benannt ist. Nach den Riots in Charlotte, North Carolina, 2016, nachdem der Afroamerikaner Keith Lamont Scott durch einen Polizisten erschossen worden war, druckte die New York Times ganzseitig Hughes Gedicht »I, Too«: »I, too, sing America. / I am the darker brother. / They send me to eat in den kitchen. / When company comes, / But I laugh, / And eat well, / And grow strong. / ... Besides, / They'll see how beautiful I am / And be ashamed / I, too, am America.«

»Ein Boheme-Leben ohne Beschränkungen« Zora Neale Hurston

»Zoras größter Ehrgeiz besteht darin, sich in Greenwich Village zu etablieren, wo sie Geschichten und Gedichte schreiben und ein Boheme-Leben ohne Beschränkungen führen kann«, lautete Anfang der 1920er ein Eintrag im Jahrbuch der Washingtoner Howard University über die damalige Studentin Zora Neale Hurston. Kurz darauf machte sie den ersten Schritt, dieser Wahrnehmung ihrer Kommilitonen gerecht zu werden: »So fand ich mich in der ersten Januarwoche des Jahres 1925 mit einem Dollar und fünfzig Cent in der Tasche, ohne Arbeit und ohne Freunde, aber mit einer Menge Zuversicht in New York wieder«, erinnerte sie sich 1942 in ihrer Autobiographie *Ich mag mich, wenn ich lache*. In New York fand die 1891 in Florida geborene Autorin tatsächlich das ersehnte Boheme-Leben und wurde Teil des afroamerikanischen künstlerischen Aufbruchs im »New Negro Movement«, das später als Harlem Renaissance bekannt wurde, in der sie schnell zu einer der zentralen Stimmen wurde. Sie gewann Literaturwettbewerbe und wurde zu einer der schillerndsten Persönlichkeiten des afroamerikanischen Partylebens in New York. Zora Neale Hurstons ehemaliger Philosophie-Dozent aus Washington, Alain Locke, gab 1925 die Anthologie *The New Negro* heraus, die die Bewegung über die Grenzen von Harlem hinaus bekannt machte, und zu der auch Hurston Texte beisteuerte. Der »New Negro« hatte in Alain Lockes Entwurf die alten Stereotype von Schwarzen gegen ein neues Selbstbewusstsein eingetauscht, das nicht nur die gleichen politischen Rechte einforderte, sondern auch eine zeitgenössische Idee afroamerikanischer Kunst formulierte: im Jazz, in einer afroamerikanischen bildenden Kunst und vor allem in einer neuen Form von Literatur, die Traditionen mit gegenwärtigen Lebensweisen zusammenführte. Es ging Alain Locke und anderen akademisch geprägten Vertretern der Harlem Renaissance darum, Afrika als Quelle von Stolz und nicht als erste Station eines Leidensweges neu zu definieren, afroamerikanische Heldenfiguren in die Literatur einzuführen und eine eigene Volkstradition aufzubauen. Zora Neale Hurston wie auch ihr Freund und Dichterkollege Langston Hughes kritisierten diesen Ansatz, über positive literarische Bilder von Schwarzen einen Einfluss auf die weiße Mehrheitsgesellschaft auszuüben, als zu elitär. Hurston wollte vielmehr eine Literatur erschaffen, die den afroamerikanischen Lebenswelten näher war, »mit runden Vokalen und ihrer eigenen dröhnenden Stimme, mit Kaspereien und Witzen, ekstatischen Gebeten und Arme-Leute-Essen«, wie Charles King im Buch *Schule der Rebellen* schreibt. In Kings Geschichte des Lebens von Franz Boas, dem Begründer der modernen Anthropologie, spielt Hurston eine wichtige Rolle, als einzige Schwarze Studentin am Barnard College, einem an die Columbia University angegliederten College für Frauen. Nachdem sie sich zunächst mit verschiedenen Nebenjobs von einer Ankleiderin beim Theater bis zur Kellnerin über Wasser gehalten hatte, schrieb sich Hurston Ende 1925 als Studentin ein und belegte unter anderem Kurse bei Boas, der sie in ihren Forschungen stark unterstützte. So etablierte sich Hurston in den folgenden Jahren auf der einen Seite als wichtige Stimme der afroamerikanischen Literatur und begab sich andererseits als Wissenschaftlerin auf die Suche nach dem verschütteten Erbe Schwarzer Geschichte in den USA. Dabei kam sie auch ihrer eigenen Biografie wieder näher, als sie ausgestattet mit einem Stipendium im Auftrag von Boas 1927 nach Florida reiste, wo sie geboren und aufgewachsen war, um dort ethnographisches Material innerhalb der Schwarzen Community zu sammeln.

In der Stadt Eatonville hatte Hurston ihr erstes Lebensjahrzehnt verbracht, ihr Vater war in dem »springlebendigen Vorposten der Zivilisation«, an dem Afroamerikaner das »Experiment der Selbstverwaltung« gewagt hatten, wie sie in ihrer Autobiografie schrieb, Bürgermeister und Baptistenprediger gewesen. Eatonville war eine der ersten Städte in den USA, die komplett von Afroamerikanern verwaltet wurde, weswegen Hurston als Kind auch nicht mit Alltagsrassismus konfrontiert gewesen war. Erst nach dem Tod ihrer Mutter als sie 13 war, änderte sich ihr Leben in dieser Hinsicht, sie ging fortan in Jacksonville zur Schule, in ihrer Autobiografie erinnerte sie sich: »Jacksonville brachte mir zum Bewusstsein, daß ich ein farbiges kleines Mädchen war. Überall in der Stadt gab es Dinge, die mich das spüren ließen. Straßenbahnen und Läden und auch

Gespräche, die ich in der Schule aufschnappte.« Als kurze Zeit später ihr Vater auch nicht mehr das Schulgeld aufbrachte, blieb ihr eine Fortsetzung der Bildungslaufbahn zunächst verschlossen, ihre Familie lebte in Armut, Zora kam zeitweise bei Verwandten unter. Erst mit 26 Jahren ging sie zurück zur Schule, um ein Anrecht auf kostenfreie Bildung zu haben, gab sie sich als zehn Jahre jünger aus, eine Korrektur, die sie nie wieder zurückgenommen hat. Nach ihrem High-School-Abschluss ging sie nach Washington zum Studium, von dort nach New York. Und 1927 kehrte sie zurück nach Florida, um denen eine Stimme zu geben, die oft genug überhört worden waren, unter ihnen der als Oluale Kossola in Westafrika geborene Cudjo Lewis, der letzte Überlebende des letzten Sklavenschiffes »Clotilda«, das 1860 heimlich an der amerikanischen Küste ankern musste, da bereits 1807 ein Gesetz in Kraft getreten war, das den transatlantischen Menschenhandel für illegal erklärte.

»Diejenigen, die das Halten von Sklaven aus den verschiedensten Gründen rechtfertigen, haben ihre Sicht der Dinge dargestellt«, schrieb Zora Neale Hurston in der Einleitung ihres als ethnographischer Forschungsbericht gestalteten *Barracoon*. »Darunter etliche Sklavenschlepper, die mit ihren Großtaten im Handel fleischlicher Konterbande geprahlt haben.« Auch die andere Seite, die Kritiker des Sklavenhandels, seien ausführlich zu Wort gekommen, so Hurston weiter, »aber kein einziges Wort von den Verkauften. Von den Königen und Kapitänen, deren Worte Schiffe bewegten. Aber kein einziges Wort von der Fracht. Die Gedanken des ›schwarzen Elfenbeins‹, der ›Währung Afrikas‹, hatten keinen Marktwert.« Einen Marktwert hatten diese Gedanken, die Worte der ehemaligen Sklaven, auch zu Hurstons Lebzeiten nicht: *Barracoon. Die Geschichte des letzten amerikanischen Sklaven* erschien erst 2018 in den USA, fast 60 Jahre nach dem Tod der Autorin. Im Buch erzählt Cudjo Lewis seine Geschichte »ohne interpretierende Einmischung«, wie die Autorin im Vorwort betonte. In einem Brief an ihre Geldgeberin schrieb Hurston 1931 von der Forderung eines Verlags, das Buch umzuschreiben, und den afroamerikanischen Südstaatendialekt, in dem Cudjo Lewis sein Leben erzählt, durch eine eingängigere Sprache zu ersetzen. Zu diesem Kompromiss ist sie nicht bereit gewesen und so verschwand das Manuskript für mehrere Jahrzehnte.

Aber auch jenseits der Form entsprach das Buch nicht dem, was die weiße Mehrheitsgesellschaft oder die Vertreter der Harlem Renaissance lesen wollten. Weder erzählt *Barracoon* eine Heldengeschichte, einen »Weg vorwärts in den amerikanischen Traum«, wie Herausgeberin Doborah G. Plant im Nachwort schreibt, noch erfüllt das Buch den Anspruch von Alain Lockes »New Negro«, positive Bilder der Afroamerikaner zu zeichnen. Im Gegenteil stellt *Barracoon* auch unangenehme Wahrheiten aus, wie etwa, dass Afrikaner auch Teil der Strukturen des Sklavenhandels gewesen sind oder die Nachkommen befreiter Sklaven in den USA diejenigen, die noch in Afrika geboren worden waren, als Wilde betrachteten. »Die Weißen hatten mein Volk hier in Amerika in der Sklaverei gehalten. Sie hatten uns gekauft und ausgebeutet. Aber die unleugbare Tatsache, die mir auf dem Magen lag, war diese: Mein Volk hatte mich in die Sklaverei verkauft und die Weißen hatten mich gekauft«, beschrieb Hurston in ihrer Autobiografie, was die Begegnung mit Cudjo Lewis' Geschichte in ihr ausgelöst hat: »Das machte dem Ammenmärchen ein Ende, mit dem ich aufgewachsen war – daß die Weißen nach Afrika gefahren seien, den Afrikanern mit einem roten Taschentuch zugewinkt und sie an Bord gelockt hätten und dann mit ihnen davongesegelt seien.«

Cudjo Lewis' Leben begann 1841 in der westafrikanischen Stadt Bante, mit 14 wurde der Angehörige der Isha-Yoruba zum Soldaten ausgebildet und wollte 1860 heiraten. Im gleichen Jahr wurde seine Stadt durch den König von Dahomey überfallen, alle arbeitsfähigen Frauen und Männer gefangen genommen, die anderen Bewohner brutal ermordet. Lewis landete in einem Barracoon, einem Gefängnis, in dem Menschen auf ihren Verkauf in die Sklaverei warten mussten: »Nach drei Wochen kommt ein weißer Mann in den Barracoon mit zwei Männern aus Dahomey. Alle müssen sich im Kreis aufstellen, so zehn Leute in jedem Kreis. Der weiße Mann guckt und guckt. Dann wählt er aus.« Den größten Teil seiner Erinnerungen machen Cudjo Lewis' Zeit in Afrika und die Überfahrt nach Amerika aus, Erinnerungen, nach denen ihn bisher niemand gefragt hatte. »Danke, Jesus!«, sagt er zu Hurston mit Tränen in den Augen, »dass jemand kommt und nach Cudjo fragt! Ich will jemand erzählen, wer ich bin, und eines Tages geht er vielleicht nach Afrikaland und sagt meinen Namen, und jemand da sagt: ›Ja, Kossula, den kenn ich.‹«

Es ist ein Leben, das vor allem geprägt war von unfreiwilligen Trennungen, von seiner Familie in Afrika, von den anderen Sklaven an Bord des Schiffes, und schließlich von seiner Frau und seinen sechs Kindern, die er alle überlebte. »Meine Augen weinen nicht, aber in mir drin laufen die Tränen immerzu«, fasst Cudjo Lewis seinen Zustand der permanenten Trauer einmal zusammen. Seinen Traum, nach Afrika zurückzukehren, nachdem mit dem Ende des Amerikanischen Bürgerkriegs 1865 aus seinem Sklavenleben befreit worden war, musste er bald begraben, da seine geringen Ersparnisse nicht für eine Überfahrt ausreichten. Mit anderen ehemaligen Sklaven, die noch in Afrika geboren worden und mit der »Clotilda« nach Amerika gekommen waren, gründete er 1866 in Alabama Africatown, wo die Traditionen, mit denen sie selbst aufgewachsen waren, weitergetragen werden sollten. »Mit Africatown demonstrierten sie der Welt, wer sie waren, und es war eine Zuflucht vor weißer Vorherrschaft und Ächtung durch schwarze Amerikaner«, schreibt Deborah G. Plant im Nachwort.

Diese Perspektive eines Mannes, der an den Traditionen der afrikanischen Herkunft festhielt und sich nicht scheute, die Brutalität »seiner Leute« zu betonen, musste fast hundert Jahre auf ihre Veröffentlichung warten. »Wenn man *Barracoon* liest, versteht man sofort, welches Problem viele Schwarze, vor allem schwarze Intellektuelle und politische Führer, vor Jahren damit hatten«, schreibt Alice Walker im Vorwort. Doch nicht nur diese Problematik kam einer Veröffentlichung in die Quere. Nach dem Börsencrash war auch das Engagement und vor allem die finanzielle Unterstützung von Hurstons Mäzenin geschwunden, ohnehin hatte die Wirtschaftskrise das Interesse der US-Gesellschaft an afroamerikanischer Kultur und Geschichte wieder abflauen lassen. Dennoch etablierte sich Zora Neale Hurston als Autorin, vor allem nach ihrem ebenfalls in Florida angesiedelten Roman *Their Eyes Were Watching God* von 1937 galt sie zeitweise als wichtigste afroamerikanische Autorin der Gegenwart. Nebenbei betrieb sie weiter ethnografische Studien, forschte zu Voodoo auf Haiti, reiste mit Alan Lomax durch Georgia, um afroamerikanische Songtraditionen aufzunehmen, und forschte in Honduras nach Ruinen von Mayatempeln. Dennoch befand sich nach Erscheinen ihrer Autobiografie 1942 die Karriere der ehemals erfolgreichen Autorin im Niedergang. Ihre Bücher spielten nicht die erhofften Honorare ein, Aufträge und Forschungsstipendien blieben aus und immer öfter musste sie Aushilfsjobs annehmen, in ihrem letzten Lebensjahrzehnt arbeitete sie als Dienstmädchen, Aushilfslehrerin und lebte schließlich von der Wohlfahrt. Bei ihrem Tod im Pflegeheim 1960 war sie verarmt und vergessen, ihre Nachbarn mussten für ihre Beerdigung sammeln, es kam jedoch nicht genug für einen Grabstein zusammen, weswegen sie in einem nicht markierten Grab beerdigt wurde. Auf ihrer Sterbeurkunde wurde ihr Name falsch geschrieben und ihre persönlichen Dokumente verbrannt – Briefe, Fotografien und Tagebücher. Auch ihre Bücher gerieten in Vergessenheit, bis Alice Walker 1973 ihr Grab suchte und über ihre Suche und die Bedeutung von Zora Neale Hurston für ihr eigenes Schreiben einen viel beachteten Artikel schrieb. Ohne diesen Essay von Walker wäre auch *Barracoon* wohl für immer unveröffentlicht geblieben und die Stimmen von Cudjo Lewis und Zora Neale Hurston für die afroamerikanische Geschichte verloren gegangen.

Vom Verschwinden
Nella Larsen

Nella Larsen galt 1930 als eines der größten Talente der afroamerikanischen Literatur, die Kritik feierte ihre beiden Romane *Quicksand* und *Passing* als herausragende Beiträge zur Kulturgeschichte des Schwarzen Amerika, sie erhielt als erste Schwarze ein Guggenheim-Stipendium für einen Europaaufenthalt und schrieb in den sechzehn Monaten, die sie dort verbrachte, zwei weitere Romane. Diese Romane aber blieben unveröffentlicht, nach ihrer Rückkehr und der Scheidung vom Physiker Elmer S. Imes 1933 zog sie sich aus dem öffentlichen Leben zurück, verschwand als Stimme der afroamerikanischen Literatur. Bis zu ihrem Tod 1964 blieb sie vergessen und war wieder herausgefallen aus der amerikanischen Literaturgeschichte.

In den 1990er-Jahren wurde Nella Larsen plötzlich Teil des Literaturkanon amerikanischer Universitäten, es erschienen Dissertationen zur Dekonstruktion der Vorstellung von *race* in ihrem literarischen Werk, Biographien rekonstruierten ihr Leben und Judith Butler feierte den Roman *Passing* in *Körper von Gewicht* als Vorwegnahme queerer Theoriebildung. Das Thema von *Passing*, auf Deutsch unter dem Titel *Seitenwechsel* erschienen, ist der Versuch und das Scheitern daran, unsichtbar zu werden, zu verschwinden – ein roter Faden, der sich durch Werk wie auch Leben von Nella Larsen zieht.

Ein Jahr nach ihrer Geburt in Chicago 1891 machte sich Larsens Vater Peter Walker aus dem Staub, ein afroamerikanischer Koch, der für den Rest ihres Lebens verschwunden blieb. Ihre Mutter Marie Hanson, eine dänische Migrantin, lebte mit ihr im Chicagoer Rotlichtviertel und heiratete einige Jahre darauf den Dänen Peter Larsen, mit dem sie eine zweite Tochter bekam. Die Familie versuchte, die Schwarze Identität ihrer älteren Tochter zu verheimlichen, um den Vorurteilen der weißen Mehrheitsgesellschaft zu entgehen. Als Nellas Schwarzer familiärer Background »enttarnt« und der gesellschaftliche Rechtfertigungsdruck zu groß wurde, ging Mary Larsen 1895 mit ihren Töchtern für einige Jahre nach Dänemark. 1898 kehrte die Familie zurück, zog in Chicago an die Grenze zwischen einem weißen und einem Schwarzen Wohnviertel und brachte die Töchter an unterschiedlichen Schulen unter. Als sich Nella Larsen 1907 an der Schwarzen Fisk University einschrieb um Lehrerin zu werden, zog ihre Familie gleichzeitig in ein rein weißes Wohngebiet und brach den Kontakt zu ihr ab – ihre Schwester Anna gab bis zum Ende ihres Lebens vor, ein Einzelkind zu sein. Nach diesem erzwungenen Bruch mit der weißen Gesellschaft Amerikas – ihre Familie sah Nella Larsen niemals wieder –, versuchte Larsen, Teil der Schwarzen Community zu werden und scheiterte auch dort: ihre Biographie unterschied sich in jeder Hinsicht von der ihrer Kommilitonen. Larsen war keine Nachfahrin ehemaliger Sklaven, sondern hatte nur eine dänische Migrationsbiographie vorzuweisen, darüber hinaus war ihr Religion zuwider. Und so verschwand sie erneut, zum ersten Mal selbstbestimmt, nach Dänemark, wo sie von 1908 bis 1912 bei Verwandten lebte und sich mit modernistischen Strömungen der skandinavischen Literatur auseinandersetzte. Nach ihrer Rückkehr zog Larsen nach New York, machte eine Ausbildung zur Krankenschwester und wurde, nach einigen Jahren in einem – vornehmlich von Weißen besuchten – Krankenhaus in der Bronx, 1918 Mitarbeiterin im »Bureau of Preventable Diseases«, wo sie zu einer Pionierin der Sexualaufklärung in Amerika avancierte, die bei Hausbesuchen jungen Frauen Wissen über ihre Sexualorgane und Verhütung nahebrachte. 1919 heiratete sie Elmer S. Imes, den zweiten Afroamerikaner, dem je einen Doktortitel in Physik verliehen wurde, begann literarische Salons von Autoren und Intellektuellen der Harlem Renaissance zu besuchen und wurde Teil dieses »New Negro Movement«. Im Zuge dieser Annäherung an die Schwarze New Yorker Boheme organisierte sie die erste Ausstellung afroamerikanischer Kunst mit, machte – als erste zugelassene Schwarze – eine Ausbildung zur Bibliothekarin und trat mit ersten literarischen Texten in Erscheinung. Doch obwohl ihre beiden Romane *Quicksand* (1928) und *Passing* (1929) sie in den Augen der Öffentlichkeit und des Feuilletons zu einer der zentralen Vertreterinnen – und eine der wenigen Frauen – der Harlem Renaissance machten, wurde sie von der Bewegung selbst nie wirklich angenommen, da ihr, als in einer weißen Familie der Mittelschicht im Chicagoer Rotlichtviertel aufgewachsenen Frau, von vielen kein Bewusstsein für die afroamerikanische Kulturgeschichte zugetraut wurde. Nachdem sie 1930 eine Plagiatsaffäre durchzustehen hatte, die sich letztendlich als nicht haltbar herausstellte – ihr wurde vorgeworfen für ihre Erzählung »Sanctuary« Elemente aus Sheila Kaye-Smiths 1919 publizierter Erzählung »Mrs. Adis« übernommen zu haben –, und sie nach ihrer Rückkehr vom Guggenheim-Stipendium aus Europa eine medial begleitete Scheidung von ihrem Ehemann erwartete, brach sie mit ihrem bisherigen Leben, schrieb nicht mehr und zog sich aus den Schwarzen Künstlerkreisen zurück. Sie arbeitete wieder als Krankenschwester, bis sie 1964, acht Monate nach ihrer Pensionierung, an einem Herzinfarkt starb – ihre Angehörigen weigerten sich, die Bestattung zu organisieren und so übernahm eine befreundete Krankenschwester diese Aufgabe.

Diese Verlorenheit und die Problematik, weder Teil der Schwarzen Community noch der weißen Mehrheitsgesellschaft zu sein und auch nicht sein zu können, griff Larsen auch in ihren beiden Romanen auf, die Außenseiter jenseits der Eindeutigkeit rassistischer Zuschreibungen porträtierten. *Quicksand* erzählt autobiografisch geprägt von der Suche der Protagonistin Helga Crane nach ihrer »Identität«, die sie weder in Dänemark noch im Schwarzen New Yorker Stadtteil Harlem finden kann – und auch nicht in der Religion. Larsens zweiter Roman *Passing* geht in seiner Beschreibung von Strategien, die durch die Hautfarbe gesetzten Grenzen zu unterwandern, aber auch an diesem Unterwandern zu scheitern, noch weiter als *Quicksand* – und beruft sich, obwohl Larsen immer wieder fehlendes Schwarzes Geschichtsbewusstsein vorgeworfen wurde, auf eine lange Tradition dieses Motivs des »Passing« in der afroamerikanischen Literatur.

»Das Problem des 20. Jahrhunderts ist das der Rassentrennung«, hat W.E.B. Du Bois 1003 einleitend in *Die Seelen der Schwarzen* von 1903 geschrieben. Diese Trennung, die sich auf vielen verschiedenen Ebenen manifestierte, zeigte sich auch geografisch an traditionell von Schwarzen bewohnten Stadtteilen wie Harlem, eine Tatsache, die sich die Harlem Renaissance in ein neues kulturelles Selbstbewusstsein umdeutete. Diese neue, selbstbewusste afroamerikanische Kultur wurde schnell von der weißen Mehrheitsgesellschaft vereinnahmt, die in den Jazzclubs nach dem

Neuen und Aufregenden suchte. Zwar wurden die Grenzen der Rassentrennung durchlässiger, aber nur in eine Richtung: Weiße konnten in die Welt der afroamerikanischen Kultur eintauchen, für einen Abend deren vermeintliche Wildheit genießen, oder sich andere Klischees bestätigen lassen. In die andere Richtung jedoch blieb Schwarzen ein »Seitenwechsel« in die weiße Kultur verwehrt. Brian, der Ehemann der Protagonistin und Erzählerin Irene Redfield in *Passing* beschreibt diese Entwicklung in den Jazzclubs im Jahr 1927 folgendermaßen: »Bald schon dürfen Farbige überhaupt nicht mehr rein, oder sie müssen nach den Jim-Crow-Gesetzen getrennt sitzen.« Die einzige Möglichkeit, die »Seiten zu wechseln« bestand für Afroamerikaner – und auch nur für solche mit einer hellen Hautfarbe – im »Passing«, dem Versuch, als Weißer »durchzugehen« und als solcher identifiziert zu werden, ein von den meisten Schwarzen eher mit Argwohn beobachtetes Phänomen. So erklärt Irene Redfield ihrem Mann: »Schon komisch, das mit dem ›Seiten wechseln‹. Wir missbilligen und entschuldigen es zugleich. Es weckt unsere Verachtung, und doch bewundern wir es eigentlich. Wir schrecken mit einer Art Abscheu davor zurück, decken es aber.« Ein »Passing« war genauso wie das Eintauchen Weißer in die Schwarze Kultur auch für einen kurzen Zeitraum möglich, wie Irene Redfield im Roman beschreibt: »Ich habe mich, glaube ich, niemals im Leben als Weiße ausgegeben, außer dem Komfort zuliebe wie in Restaurants, für Theaterkarten und so Sachen. Niemals gesellschaftlich.« Diese zweite von ihr erwähnte Möglichkeit des »Passing«, ein unumkehrbares, gesellschaftliches »Überlaufen«, hat dagegen die zweite Protagonistin des Romans, Clare Kendry, vollzogen. Sie hat einen Weißen geheiratet, der von ihrer Herkunft nichts ahnt, um den mit der weißen Hautfarbe verbundenen sozialen Status zu erreichen. Einzig die Geburt ihrer Tochter hätte sie verraten können: »Ich bin die ganzen neun Monate vor Margerys Geburt vor Angst fast gestorben, dass sie schwarz sein könnte. Gott sei Dank war alles in Ordnung mit ihr.«

In dieser Angst zeigt sich die Brüchigkeit der Strategie des »Passing«: einerseits kann das Übertreten der Grenzen von *race* auch als Kritik an sozialen Strukturen, die auf Segregation, weißen Privilegien und Schwarzer Unterordnung beruhen, gelesen werden, andererseits verlangt der Übertritt in die weiße Gesellschaft jedoch auch die Übernahme des rassistischen Denkens. Dies zeigt sich in *Passing* etwa, wenn beim gemeinsamen Tee Clares Ehemann John Bellew zu Clare und Irene stößt und sich in einer Hasstirade als Rassist entpuppt. Die beiden Protagonistinnen Clare und Irene kennen sich aus ihrer Jugend und sind kurz zuvor, nach Jahren ohne Kontakt, zufällig in Chicago wieder aufeinandergetroffen – bezeichnenderweise in einem für Schwarze verbotenen Restaurant, in dem beide als Weiße performten. John Bellew lässt die Damen beim Tee wissen: »Nicht, dass ich sie nicht mag, ich hasse sie. Die sind mir nicht geheuer. Die schwarzen Drecksteufel.« Eine Teerunde als Mikrokosmos des amerikanischen Rassismus in den 1920ern. Für Irene Grund genug, den Kontakt zu Clare zunächst wieder abzubrechen.

Zwei Jahre darauf meldet sich Clare erneut bei Irene, diesmal lebt die alte Freundschaft wieder auf, Clare besucht regelmäßig die Familie Redfield, die fest in der afroamerikanischen Community verankert ist, begleitet sie zu Veranstaltungen und nimmt, verborgen vor ihrem rassistischen Ehemann, wieder Teil am Schwarzen Kulturleben. »Würde man nicht denken, dass sie, wenn sie die eine Sache oder die Sachen erreicht haben, hinter denen sie her waren, und das mit solch einem Risiko – dass sie dann zufrieden wären? Oder Angst hätten?«, fragt Irene angesichts dieser Rückkehr Clares ihren Mann. Brian antwortet: »Ja, sollte man denken. Aber Tatsache ist, sie sind es nicht. Nicht zufrieden, meine ich. Ich glaube, die meiste Zeit, wenn sie dem Drang nachgeben, haben sie ziemlich viel Angst. Aber nicht so viel, dass sie es davon abhält.«

Nachdem die weiße Gesellschaft für Clare lange Zeit der Sehnsuchtsort war, dem sie sich durch ihr *Passing* annähern konnte, ist nun die eigene Herkunft zu diesem Sehnsuchtsort geworden. Vor dem Hintergrund dieser Beschreibungen von Begehren, Projektionen und Sehnsüchten entwirft Nella Larsen eine Geschichte der unterschiedlichsten Überschreitungen und verknüpft diese miteinander: der »Rassengrenzen«, der Klasse, der sexuellen Identität. Zwischen Clare und Irene entwickelt sich ein unausgesprochenes homosexuelles Begehren, gleichzeitig verdächtigt Irene ihre Freundin, ihren Mann verführen zu wollen. Schnell wird klar, dass das Buch auf die im Titel *Passing* ebenfalls angelegte Form der Überschreitung zusteuert, auf die Grenze zwischen Leben und Tod.

Clare, die sich weigert, sich für ein Leben als Weiße oder als Schwarze zu entscheiden, bleibt ein Weiterleben ohne diese eindeutige Zuordnung verwehrt. Clares Existenz, ihr Leben, ist Beweis für die soziale Konstruktion von Hautfarben, ihre Person, die problemlos als Weiße wie auch als Schwarze gelesen werden kann, stellt die Ordnung der weißen Welt eines John Bellews in Frage. Gleichzeitig aber auch die Schwarze Welt Irenes – die ebenfalls von ihrer Loyalität gegenüber ihrer »Rasse« spricht. In seiner Form destabilisiert *Passing* die Vorstellung von Identität und beschreibt stattdessen eine Durchlässigkeit zwischen den »Rassengrenzen«. Gleichzeitig lehnt der Roman ein soziales System ab, das auf Ausschluss und rassistischen Hierarchien besteht. Die Protagonisten aber halten trotz allem an der Idee einer essentialistischen, über die Hautfarbe markierten Identität fest und fühlen ich dieser verpflichtet. Die Erzählerin Irene denkt: »Sie konnte Clare nicht verraten. Sie hatte Clare Kendry gegenüber eine Pflicht. Sie war ihr durch ebendiese Bindung an die Rasse verpflichtet, die Clare zwar verworfen, aber nicht völlig hatte durchtrennen können.« Während jedoch die Personen im Buch an dieser Vorstellung von *race* trotz allem festhalten, arbeitet Larsen an deren Dekonstruktion: statt den Tod Clares zu erklären oder aufzuklären, beendet Larsen das Buch mit jener Ambivalenz, die die Person Clare Kendry ausgezeichnet hatte. Doppeldeutig steht am Ende von *Passing*: »Dann wurde alles schwarz.«

»I wanna be black«
Fran Ross

»Oj *gewalt*, was 'n das für 'ne verfickte Scheiße?« Zumindest sprachlich bewegt sich Christine Clark schon seit ihrer Kindheit zwischen den Kulturen: jiddische Schimpfworte zählt die in Philadelphia lebende junge Frau ebenso zu ihrem Wortschatz wie Schwarzen Straßenslang und den Südstaatenakzent ihrer Großmutter Louise Clark, der zäh war »wie Maisgrütze«. Aufgrund ihrer Identität als jüdische Afroamerikanerin wird Christine »Oreo« genannt, eine Bezeichnung für Schwarze, die »weiß« geworden sind und ihre Herkunft hinter sich gelassen haben. Sie ist die Protagonistin in Fran Ross' einzigem Roman, der 1974 erschien, allerdings schon kurz darauf schon wieder vergessen war: niemand interessierte sich Mitte der Siebziger für eine junge Frau, die mühelos die jüdischen und die afroamerikanischen Anteile ihrer Identität unter einen Hut bekam, mit Sarkasmus und schwarzem Humor den Essentialismus klarer Identitätskonzepte zerschlug und sich über afroamerikanische Klischees von Männlichkeit ebenso lustig machte wie über Stereotype jüdischer Kultur. Nachdem *Oreo* von Presse wie Publikum ignoriert worden war, hat die 1935 in Philadelphia geborene Fran Ross danach keinen weiteren Roman verfasst, 1985 starb sie in New York an Krebs. Mit ihrer Protagonistin teilt sie den Background einer jüdisch-afroamerikanischen Familie sowie den Aufbruch von Philadelphia nach New York, denn dorthin verschlägt es Oreo mit sechzehn, um ihren Vater aufzuspüren und dem Geheimnis ihrer Geburt auf die Spur zu kommen.

Oreo, die Tochter von Helen Clark Schwartz, einer Afroamerikanerin, und Samuel Schwartz, einem jüdischen Amerikaner, war gemeinsam mit ihrem Bruder Moische bei ihren Großeltern mütterlicherseits aufgewachsen, nachdem ihre Eltern sich getrennt hatten, ihr Vater – »der *schmock*« – ist nach New York abgehauen und ihre Mutter schlägt sich mit Gelegenheitsjobs an allen möglichen Orten der USA durch. Die kurze

Ehe von Helen und Samuel ist von beiden Familien nicht sonderlich gut aufgenommen worden: »Als Frieda Schwartz von ihrem Schmuel erfuhr, dass er ein schwarzes Mädchen heiraten würde, stieß sie ein Geschrei sondergleichen aus und erlag einem rassistischen/mein-Sohn-ein-Gammler-Herzinfarkt«, heißt es über die Familie Schwartz, während die mütterliche Seite mit Folgendem umzugehen hatte: »Als James Clark aus dem süßen Mund von Helen Clark erfuhr, dass sie einen Judenjungen heiraten und demnächst Helen Schwartz heißen werde, brachte er eben noch ein gekrächztes ›Goldberg!‹ hervor, bevor er auf der Stelle zu einem halben Hakenkreuz versteinerte.« In diesem Sound zerlegte Fran Ross all jene Ängste und Projektionen, mit denen sich Juden und Afroamerikaner gegenüberstehen, während Oreo beide Seiten problemlos in sich vereint: »›Mir saacht kein Nigger nich, was ich zu tun und zu lassen hab. Der kricht von mir so'n *klop* in'ie *kischkes*!‹ Bei Stress verfiel sie immer in die Rhetorik ihrer hellhäutigen schwarzen Großmutter und ihres (mutterbedingt) dunkelhäutigen weißen Großvaters gleichzeitig.«

Oreos Vater Samuel ist Schauspieler und Synchronsprecher, und spielt zum Zeitpunkt der Trennung von seiner Frau Helen gerade Aigeus, Vater des Theseus, einer der berühmtesten Helden der griechischen Mythologie. Von diesem Stoff inspiriert hinterlässt er seiner Tochter einen Zettel mit »einem Schwall *farchadetene* Anweisungen«, mit deren Hilfe Oreo ihn später einmal aufspüren soll. Und so ist der Roman auch eine Heldenerzählung, denn ebenso wie Theseus auf der Suche nach seinem Vater zahlreiche Abenteuer bestehen muss, begegnet auch Oreo auf ihrem Weg nach New York Gaunern, Tierquälern und Zuhältern und weist sie in ihre Schranken. Der Theseus-Mythos strukturiert den Roman, alle handelnden Figuren sind griechischen Vorbildern nachempfunden, allerdings angereichert mit jüdischen und afroamerikanischen Stereotypen und erzählt aus einer feministischen Perspektive. Die »einzige zwingende Formel« zur Unterdrückung der Frau, die ihre Mutter Helen definiert hat – »Männer können Frauen zu Klump prügeln« –, motiviert Oreo, dieses Verhältnis umzukehren. So trifft sie etwa auf den Schwarzen Zuhälter Parnell, den sie, als er eine seiner Prosituierten schlecht behandelt, mit einem Spazierstock verprügelt. Seine Rache besteht aus Kirk, einem debilen Afroamerikaner mit Riesenpenis, der Oreo vergewaltigen soll: »Kirks Gerätschaft stieg auf wie eine vom Erzengel Gabriel bei der letzten Party der Weltgeschichte herumgepustete Papierschwalbe.« Nachdem Kirk ausgeschaltet ist, muss auch Parnell selbst dran glauben: »sarkastische *Bumse* von *Kop* bis *Zeh*, ein hochironischer *Fuß* im Mund, spöttische Wort-*Kracks*, *trit*weiser Schlagabtausch, *pihk*weise Satire – kurz, die komplette Persiflage auf Parnell.« Es folgen eine Persiflage auf die afroamerikanische Männlichkeit, den griechischen Heldenmythos sowie den jüdischen Bildungsroman. So schlägt sich die Heldin bis zu ihrem Vater durch, um schließlich auch das Geheimnis ihrer Geburt zu lüften. Nur soviel sei an dieser Stelle verraten: Das Geheimnis hat, wie zu erwarten war, viel mit jüdischen kulturellen Klischees zu tun und mit Projektionen auf jüdische Männlichkeit.

Humor ist die zentrale Waffe von Fran Ross, mit der sie der Idee einer Essenz hinter »der afroamerikanischen Identität« oder »der jüdischen Identität« zu Leibe rückt. Ein Humor, mit dem einige Jahre später auch Lou Reed das Thema Identität anging: »I wanna be black, have natural rhythm«, hat Reed 1978 in seinem Song »I Wanna Be Black« gesungen, »Shoot twenty foot of jism too / And fuck up the jews«. Der 1942 als Lewis Allan Rabinowitz geborene Musiker hat sich in diesem Song unter anderem über die Identifikation vieler amerikanischer Juden seiner Generation mit der afroamerikanischen Community lustig gemacht. Die Sehnsucht danach, Schwarz zu sein, war eine Strategie, sich zumindest imaginär über die mit der eigenen Herkunft verbundenen Erwartungen und Zuschreibungen zu erheben. Hier ähneln sich die Strategien von Reed und Ross: Hinter dem Spiel mit Klischees allerdings steckt die Suche nach einem Weg hinaus aus einengenden Identitätskonzepten, gegen die eine Generation junger Juden ankämpfte. Ihre afroamerikanischen Zeitgenossen waren zu dieser Zeit aufgrund ihrer Geschichte stärker mit der Suche nach Wurzeln und einer eindeutigen Schwarzen Identität beschäftigt. Vermutlich deshalb fand das Buch in der afroamerikanischen Community keinen Nachhall, anders als das kurze Zeit später erschienene *Roots* von Alex Haley, das eine eindeutige Schwarze Identität konstruiert hat, und so ein klares Identifikationsmodell vorgab. *Oreo* dagegen überfordert die Leser, auch heute noch, nachdem das Buch 2015 in den USA wiederentdeckt und als wichtiger Beitrag zur afroamerikanischen wie auch amerikanisch-jüdischen Literaturgeschichte wiederveröffentlicht wurde. »*Oreo* ist ein großartiger Versuch, der Komplexität menschlicher Identitäten gerecht zu werden – kein identitätspolitisches Statement, sondern eine literarische Antwort auf die damals wie heute brennende Frage nach Verbindungen zwischen angeblichen Gegensätzen, die in den herrschenden Narrativen kaum vorkommen«, schreibt Max Czollek im Nachwort zur deutschen Ausgabe von *Oreo*. *Oreo* spiegelt diese Komplexität menschlicher Identitäten in seiner Form, die ebenso vielstimmig ist wie seine Protagonistin, die im Laufe des Buches zahlreiche Identitäten annimmt: eingestreut sind Diagramme, Rezepte, Aufzählungen, Werbeanzeigen, Briefe etc., es finden sich unterschiedliche Stimmen und Sprachen, Stile und literarische Anspielungen. Der jamaikanische Autor Marlon James hat *Oreo* daher mit der musikalischen Struktur von Jazz verglichen: »Die konstante dialektische Spannung des Romans erinnert an Jazz. Free Jazz, der willentlich mit Poesie und Kakophonie, Musik und Lärm, Bedeutung und Unsinn, schwarz und jüdisch spielt.«

Fran Ross hat gezeigt, dass schon die Frage danach, wie sich Oreo denn selbst definieren würde, ein Problem in sich birgt, denn bereits in diesem Blick auf die Protagonistin versucht man sie auf eine Essenz hinter dem Spiel mit Identitäten festzulegen. Eine Fixierung, die Oreo für sich überwunden hat: »Zwei Jahre nach dem Finale dieses Buches wird sie zum Idealbild sämtlicher sagen- und folkloreumwobenen Schönheiten gereift sein – egal welche Nationalität, welche ethnische Zugehörigkeit.«

»This Planet is Doomed« Sun Ra

»Ich landete auf einem Planeten, den ich als Saturn identifizierte«, hat Sun Ra sich einige Jahrzehnte später an eine Entführung durch Außerirdische Mitte der 1930er erinnert, »und sie wollten mit mir reden. Sie rieten mir, das College zu schmeißen, da es bald in den Schulen drunter und drüber gehen werde. Die ganze Welt würde im Chaos versinken. Ich aber könnte durch meine Musik sprechen und die Welt würde mir zuhören. Das haben sie mir gesagt.« In einem anderen Interview war er sicher: »Ich kam aus einem fernen Sonnensystem und landete in der Magic City – Birmingham, Alabama.« Und wiederum anderswo versicherte er: »Ich lebe seit dem Jahr 1955 oder so auf der Erde. Ich bin hier nicht einfach so angekommen, weißt du, ich bin schon eine ganze Weile da.« Es wäre ein leichtes, Herman Poole Blount einfach als Spinner abzutun, der sich mit einer Alien-Entführungsstory hervortun wollte. Allerdings sind diese Storys nur eine kleine Facette einer komplexen Künstlerpersönlichkeit, die unter dem Namen Sun Ra sein Alien-Dasein in dieser Welt zelebriert hat.

Geboren 1914 in Birmingham, Alabama, hat sich der Jazz-Pianist Herman Poole Blount 1952 seine Identität als außerirdischer ägyptischer Sonnengott zugelegt. In diese Zeit fiel auch die Gründung seines Arkestras, das immer mehr war, als lediglich eine begleitende Big Band, worauf bereits die Wortschöpfung im Bandnamen hinweist. Mehr Arche als Orchester haben die Musiker in einer Kommune zusammengelebt, als in exzentrische Kostüme gewandetes Kollektiv gearbeitet, und die Grenze zwischen Kunst und Leben eingerissen. Bis heute tourt das Arkestra, das seit Sun Ras Tod 1993 vom Saxophonisten Marshall Allen geleitet wird, durch die Welt und trägt mit seinem »Cosmic Jazz« die Weltraumutopie ihres Gründers weiter. Denn um eine Utopie, um den Vorschein einer besseren Welt für die afroamerikanische Bevölkerung, ging es Sun Ra mit seiner Musik, dessen Heimatstadt Birmingham Martin Luther King einmal die »Metropole der Rassentrennung« genannt hat.

Im Laufe der Vierziger hatte Sun Ra sich in der Jazzszene von Chicago einen Namen erspielt, zunächst mit Swing und Big-Band-Standards, ab seiner Neuerfindung als ägyptischer Sonnengott dann zunehmend mit neuen, experimentellen Sounds. Als »Mischung aus Gottheit und Despot, Alien und Cyborg« hat Tim Stüttgen in einem Text die neue Inszenierung des Musikers einmal zusammengefasst. Ab diesem Zeitpunkt war die auf unzähligen Tonträgern – über hundert Alben hat Sun Ra hinterlassen – veröffentlichte Musik immer schwerer zu fassen, zu sehr hatte sie sich, wie auch ihr Schöpfer, gegen die Jazz-Konventionen ihrer Zeit gestemmt: mal blubbernd, fiepend, mal klassischer Big-Band-Sound, dann wieder minutenlange Synthesizerexperimente oder spirituelle Texte über das Weltall und die Errettung der Seele. Klaus Theweleit, der selbst im von Sun Ra inspirierten Free-Jazz-Trio BST Saxophon und andere Instrumente spielt, hat in einem Gespräch versucht, das Besondere dieser Musik zu fassen: »Bei Sun Ras Bläsern passiert was, die setzen ihre Instrumente so vielstimmig ein, dass eine Art Jungle entsteht, eine körperliche Musik, die man weder komponieren noch diktieren kann.« Erschienen ist diese nicht komponierbare Musik neben klassischen Jazz-Labeln vor allem auf Sun Ras eigenem Label *Saturn Records*, was ihn ebenfalls von anderen Musikern seiner Zeit unterschieden hat, bei denen das Bewusstsein, die Kontrolle nicht nur über die Musik, sondern auch über Covergestaltung, Liner Notes, Produktion und Vertrieb zu behalten, weniger ausgeprägt war.

»Stranger from the Sky« lautet der Titel von einem der zahlreichen Gedichte des Musikers aus dieser Zeit, die Inszenierung als Gast aus dem Weltall war bei Sun Ra auch Ausdruck des Gefühls, sich als afroamerikanischer, homosexueller Künstler als Alien in einer rassistischen Umgebung zu fühlen, die für ihn lediglich den Ort des Entertainers für die weiße Mehrheitsgesellschaft bereithielt. »Über die Musik hinaus versuche ich einen anderen Sinn, eine andere Vernunft zu finden. Deshalb habe ich mich viel mit dem Potential der Menschheit beschäftigt. Aber nicht mit dem, was in der Vergangenheit liegt, denn das lässt nicht viel Raum für das, was ich vorhabe«, hat er seine Suche erläutert. Diese Suche hat konträr zu den Suchbewegungen vieler Afroamerikaner nach Wurzeln und einer verschütteten Vergangenheit gelegen, stattdessen blickte er nach vorne und vor allem nach oben. Sun Ra hat aus dem traumatischen Motiv der Vergangenheit der Sklaverei, dem Schiff, ein in die Zukunft weisendes, ermächtigendes Motiv gemacht: das Raumschiff. Einige Jahrzehnte später hat der britische Kulturwissenschaftler Mark Dery diesem Phänomen den Namen Afrofuturismus gegeben. »Der Afrofuturismus scheint ein Versuch zu sein, die traumatische Vergangenheit und die damit verbundenen Artikulationsformen, zum Beispiel die Lieder, die in der Sklaverei gesungen wurden, zu überwinden«, so Tim Stüttgen. Für einen Blick in die Zukunft ist auch eine neue Ästhetik notwendig, in der Wissenschaft und Kunst verschmelzen. Für Sun Ra ist das Raumschiff der Inbegriff dieser neuen Ästhetik, ein Raumschiff, das mit Musik angetrieben wird. Sun Ra war nicht der erste, der den »Space«, das Weltall, als Metapher für eine afroamerikanische Utopie benutzt hat, er war jedoch einer derjenigen, die dieses Konzept am konsequentesten umgesetzt haben, weswegen er neben George Clinton und Lee »Scratch« Perry als Erfinder des Afrofuturismus gilt. Aber die Idee, angesichts der in den USA real verweigerten Wurzeln in Richtung Weltall zu blicken und dort nach einem freieren Leben zu suchen, ist schon seit dem frühen 20. Jahrhundert durch die afroamerikanische Kulturgeschichte gegeistert. Sun Ras Biograph John Szewd erwähnt den baptistischen Priester Reverend A.W. Nix aus Sun Ras Geburtsort Birmingham, Alabama, von dem die Aufnahme »The White Flyer to Heaven« aus den Zwanzigern datiert, die Ra vermutlich als Kind live erlebt hat: »Höher und höher! Wir werden in den zweiten Himmel übergehen. Den leuchtenden großen Himmel, und sehen die fliegenden Sterne und stürzenden Meteoriten. Und dann lassen wir den Mars und Merkur hinter uns und den Jupiter und die Venus. Und den Saturn und den Uranus, und den Neptun mit seinen vier funkelnden Monden.« Afroamerikanische Autoren und Musiker wie Duke Ellington, Jean Toomer oder Johnny Griffin haben ebenfalls mit kosmischen Ideen gespielt, bevor Sun Ra sie zu einem Gesamtkunstwerk erhoben hat. »Ich weiß, dass ich nicht von diesem Planeten bin«, hat etwa der Saxophonist Johnny Griffin erklärt. »Ich muss von irgendwo anders in dieses Universum gekommen sein, weil ich ein totaler Außenseiter bin.«

Ganz ähnlich formulierte es Sun Ra im Film *Space is the Place* von 1974. Darin betritt Sun Ra, der sich selbst spielt, begleitet von zwei Wesen mit Masken der ägyptischen Gottheiten Anubis und Horus ein afroamerikanisches Jugendzentrum in Oakland, der Heimatstadt der Black Panther Party. Die Wände sind übersät mit Plakaten von Angela Davis, Eldrige Cleaver und anderen afroamerikanischen Ikonen, der Musiker wirkt in seinem bunten Gewand wie ein Fremdkörper im verrauchten Zentrum. Die Jugendlichen lachen ihn aus und fragen, ob er echt sei. »Ich bin nicht echt«, antwortet Sun Ra, »ich bin genau wie ihr. In dieser Gesellschaft existiert ihr nicht. Würdet ihr es, müssten eure Leute nicht für Gleichberechtigung kämpfen. Ihr seid nicht real. Also sind wir beide Mythen. Ich komme zu euch nicht als Realität, sondern ich komme zu euch als der Mythos, weil es das ist, was die Schwarzen sind: Mythen.« In dieser Schlüsselszene des Films wird deutlich, dass es Sun Ra anders als der Schwarzen Bürgerrechtsbewegung nicht um eine Integration in die US-amerikanische Gesellschaft ging, da ihm eine tatsächlich verwirklichte Integration utopischer erschienen ist, als im Weltall eine Schwarze Kolonie zu gründen. Er sei ein Mythos, erklärt er, ein neuer Mythos, der in die Zukunft weist, und in eine bessere Welt jenseits des Planeten Erde führen kann.

Space is the Place von Regisseur John Coney ist ein wilder Genremix aus Dokumentarfilm, Science-Fiction, biblischer Erlösungsstory und Blaxploitation. Wie auch in anderen Filmen dieses afroamerikanischen Genres werden in *Space is the Place* Menschen repräsentiert, die vorher keine Repräsentation im Kino erfahren haben: Schwarze Heldenfiguren. Blaxploitation war, entstanden in den späten 1960ern, eine afroamerikanische Selbstermächtigung im Film, der erzwungenen Passivität der Sklaverei wurden überzogen inszenierte Schwarze Protagonisten entgegengestellt, Drogenbosse und Gangster, Agenten und Draufgänger, konsequent gefilmt aus einer Schwarzen Perspektive. Die Low-Budget-Filme haben mit ihrer Ästhetik, dem Style ihrer meist männlichen, groben und potenten Protagonisten auch den Look von Bewegungen wie der Black Panther Party mit geprägt.

Doch auch hier hat sich Sun Ra quer zu den Erwartungen gestellt: Zwar steht der Film in der Tradition des Blaxploitation-Genres, allerdings haben die Drehbuchautoren Sun Ra und Joshua Smith gleichzeitig eine kritischen Auseinandersetzung mit den problematischen Aspekten dieser Kinofilme vor Augen gehabt. Die von Waffen, Geld und Frauen besessene Figur »The Overseer«, ein klassischer Blaxploitation-Charakter, wird in *Space is the Place* zum Antagonisten des positiven Helden Sun Ra. Gerade die Aspekte, die in Blaxploitation-Filmen den Helden definieren, werden hier problematisiert: Sexismus, Gewalt und Drogen. Sun Ra hat sogar darauf bestanden, dass der Film für das Kino auf eine 60-minütige Version gekürzt wird, da ihm das Ergebnis zu sexistisch war, erst nach seinem Tod erschien erstmals die in der Tat stellenweise sexistische und misogyne 80-minütige Schnittfassung des Films.

Vorausgegangen war dem Film der Kurs »The Black Man in the Cosmos«, den Sun Ra 1972 an der University of California in Berkeley gehalten hatte, sowie die Anfrage von John Coney, einen Dokumentarfilm über Sun Ra und sein Arkestra zu drehen. Dies erklärt den seltsamen Mix aus dokumentarischen Konzertaufnahmen, Space-Mythologie und Spielfilmelementen, denn Sun Ra ließ sich schnell überzeugen, zur Verbreitung seiner Ideen das Genre Film zu nutzen – allerdings in Form eines Science-Fiction- und keines Dokumentarfilms. Jede Einstellung, jede Szene des Films, ist mit Bedeutung aufgeladen, ist inszeniert im Sinne von Sun Ras Schwarzem Utopia im Weltall.

Nach einem kurzen Vorspiel im Weltall beginnt die Handlung in einem Jazzclub in Chicago 1943, in dem der Pianist Sonny Ray die Begleitmusik zu exotischen Tänzen leichtbekleideter Frauen spielt. Als sein Gegenspieler The Overseer den Laden betritt und den Manager auffordert, der Pianist solle sich gefälligst etwas zurückhalten und stattdessen mehr Mädchen auf die Bühne, eskaliert die Situation: Sonny Rays Pianospiel löst sich immer mehr in Lärm auf, der Gläser zerspringen lässt, Besucher verlassen schreiend den Raum und das Klavier explodiert. Schon hier zeigt sich ein zentraler Konflikt, der im Film ausgetragen wird: Was ist die Rolle von Kunst, von Musik, für die Schwarze Community? The Overseer sieht im Jazz reines Entertainment, den Soundtrack zu seiner persönlichen Unterhaltung, während Sonny Ray Musik als Beitrag zur Befreiung von den Zwängen der Gesellschaft, von Alltagsrassismus und Armut begreift.

Der Overseer fordert Sonny Ray zu einem Kartenspiel heraus, dessen Einsatz in der Zukunft der afroamerikanischen Community besteht. In einem surrealen menschenleeren Wüstensetting sitzen sich die beiden gegenüber, und während Sun Ra um die kosmische Emanzipation der Schwarzen spielt, für einen Gegenentwurf zur kapitalistischen US-amerikanischen Gesellschaft, sieht der Overseer die Zukunft in einer Schwarzen Emanzipation, die die weißen Macht- und Statussymbole übernimmt; er definiert sich vor allem über Frauen, Waffen, Geld und ausgefallene Autos. Nach diesem ersten Kartenduell springt die Handlung in die damalige Gegenwart, in der Sun Ra unter anderem die beschriebene Begegnung im Community Center hat, und danach eine Agentur für Zeitarbeit eröffnet, um unter den Bewerbern diejenigen zu wählen, die mit ihm ins All reisen können. Die einzigen Weißen, die auftreten, sind zwei sich als NASA-Mitarbeiter ausgebende FBI-Agenten, die mit Gewalt herausfinden sollen, mit welchem Treibstoff Sun Ras Raumschiff angetrieben wird. Nebenbei prügeln sie zwei Prostituierte krankenhausreif und versuchen Sun Ra unter Folter zur Preisgabe der gewünschten Informationen zu bewegen: gefesselt bekommt er über Kopfhörer Dixieland zu hören. Das weiße Amerika hat zumindest in diesem Film seit dem Ende der Sklaverei kaum Fortschritte gemacht, sie strafen mit körperlicher Gewalt und wenden Folter an, kein Wunder, dass Sun Ra nur Afroamerikaner auf sein Raumschiff beamt, als er im Finale des Films, einem Konzert des Arkestra, endlich Richtung All aufbricht. In letzter Sekunde, kurz nach dem Start des Raumschiffs explodiert die Erde.

Erst im All kann Sun Ra einen Ort finden, an dem er kein Alien mehr ist, denn im Weltall, so zeigt eine Szene im Film, sind die Grenzen zwischen Hautfarben, Geschlechtern und anderen trennenden Zuordnungen gefallen, alle Außenseiter, ob Mensch oder Alien, haben ihren Platz gefunden. »Die Musik ist hier anders. Die Vibrationen sind anders. Nicht wie Planet Erde. Planet Erde klingt nach Gewehren, Wut, Frust«, sagt Ra im Weltall. »Hier werden wir eine Kolonie für die Schwarzen errichten.« Er ist angekommen in der Gegenwart der Zukunft und vielleicht gibt es ja doch noch eine Hoffnung für die Menschheit. Die letzten Worte im Film jedenfalls lauten: »In a far out place, in space, we'll wait for you«.

»Anstoß nehmen«
Dada und den Folgen

Franz Jung

Hugo Ball

Emmy Hennings

Walter Serner

Emil Szittya

Kurt Schwitters

Raymond Queneau

François Le Lionnais

Georges Perec

»Warum suchst du Ruhe, wenn du zur Unruhe geboren bist?«

Thomas von Kempen

Der Torpedokäfer Franz Jung

»Das Ich im Reiben an den Wirrnisgeschehen dieser Welt solange opfern, laut herausschreien, ersaufen lassen, bis der Knoten sich löst, bis die Eiskruste völlig mürbe geworden ist. Darauf kommt es an!«, notierte Franz Jung 1915 im Festungsgefängnis von Spandau. Jung nutzte die Haftzeit zur Reflektion seines bisherigen politischen und literarischen Lebens und seiner Suche nach der Überwindung gesellschaftlicher Zwänge durch die Revolution des Ich, der Literatur und Kunst, von Beziehungen und Familie, der Politik und des Lebens. »Warum suchst du Ruhe, wenn du zur Unruhe geboren bist?«, stellte er viele Jahrzehnte später seiner 1961 erschienenen Autobiografie *Der Weg nach unten* voran, ein Zitat des mittelalterlichen geistlichen Schriftstellers und Mystikers Thomas von Kempen. Im Rückblick auf das eigene Leben stand diese Unruhe im Mittelpunkt, eine Suche, mit Irrwegen und doch klaren politischen Utopien. »Was zählt, ist das, was Gegenwart geblieben ist. Was sich in eine neue Gegenwart zurückrufen lässt, bunter und ständigem Wechsel unterworfen. Das was missverstanden worden ist oder überhaupt nicht verstanden. Das was so weh getan hat und plötzlich explodiert in einer Hochspannung von Glück.«

Franz Jung, 1888 in ein strenges, katholisches Elternhaus in Neiße geboren, stellte schon beim Studium in Leipzig – Jura und Nationalökonomie, zu Beginn auch Musik – 1907 fest: »Ich merkte sehr bald, dass ich ausgezogen war, nicht in die Gesellschaft hineinzuwachsen, sondern aus der Gesellschaft entfernt zu werden.« Konsequent verfolgte er diesen Weg weshalb ihn kurz darauf sein Vater aufgrund seines »unordentlichen Lebenswandels« enterbte –, heiratete die Tänzerin Margot Hader, zog mit ihr nach München, wurde zum ersten Mal Vater und schrieb eine – aufgrund formaler Mängel abgelehnte – Promotion uber die Auswirkungen der Produktionssteuer auf die Zündholzindustrie. Über die Freundschaft mit Erich Mühsam wurde er weiter politisiert, wurde Teil von dessen anarchistischer Gruppe »Tat«, und veröffentlicht 1912 *Das Trottelbuch*, sein erstes literarisches Werk, das mit bürgerlichen Vorstellungen von Literatur brach und von den Schriftstellern des Frühexpressionismus begeistert aufgenommen wird. Für Jung gehörten die Zerschlagung bürgerlicher Kultur und der politische Kampf zusammen und er verfolgte beide Stränge sein Leben lang konsequent. »Zeit seines Lebens war Franz Jung als Autor diesem Erneuerungswillen verbunden. In wiederholten Anläufen hat er der deutschsprachigen Literatur Neues hinzugefügt, das einen Bruch mit den literarischen Traditionen anzeigte: in seiner Sichtweise, seiner Technik, seinem Ton«, schrieb Lutz Schulenburg im Nachwort zur Neuausgabe des *Trottelbuches*.

1913 zog Jung mit Margot nach Berlin, lernte seine zweite Frau Cläre Otto kennen, zählte Else Lasker-Schüler zu seinen engen Freundinnen – sie hat ihm auch das Gedicht »Zebaoth« gewidmet – und begann für die Zeitschrift *Aktion* von Franz Pfemfert zu schreiben, wo er unter anderem mit dem literarischen Essay »Morenga« als erster deutscher Schriftsteller den Völkermord der deutschen Kolonisatoren an den Herero zum Thema machte. 1914 meldete er sich nach einem Beziehungsstreit, ohne später genauer erklären zu können, warum, freiwillig als Soldat im gerade ausgebrochenen Ersten Weltkrieg. Nach seiner Desertion im gleichen Jahr und der Haftzeit in Spandau – er simulierte Wahnsinn und wurde entlassen –, arbeitete er als Handelsjournalist und wurde Mitherausgeber der für die literarische Avantgarde wichtigen Zeitschrift *Freie Straße*. 1918 stellte er den politischen Arm des Berliner Dadaismus, publizierte weiter literarische wie auch politische Texte und intensivierte gleichzeitig seine Kontakte zu Mitgliedern des Spartakusbundes. Jung nahm aktiv an der Novemberrevolution teil und trat 1919 in die KPD ein, nur um 1920 auf dem Heidelberger Parteitag gemeinsam mit dem »utopistisch-linken« Flügel wieder ausgeschlossen zu werden. In der Konsequenz wurde er Mitgründer der KAPD, der Kommunistischen Arbeiter-Partei Deutschlands und bekam gemeinsam mit Jan Appel den Auftrag, nach Moskau zu reisen, um die Aufnahme in die Kommunistische Internationale zu beantragen. Weil durch den Krieg die Bahnstrecke noch nicht wieder funktionstüchtig war, entführten die beiden auf offener See den Fischkutter »Senator Schröder« auf seinem Weg nach Island und zwangen ihn zur

Weiterfahrt nach Murmansk, wo die Delegation im Verwaltungsgebäude mit einer Feier herzlich empfangen wurde, ein einschneidendes Erlebnis für Jung: »Es ist das große Erlebnis meines Lebens geworden. Das war es, was ich gesucht habe und wozu ich seit Kindheit ausgezogen bin: die Heimat, die Menschenheimat. Immer, wenn ich in den Jahren nachher mich vor die Niedertracht der Menschen gestellt sah, die abgrundtiefe Bosheit, Treulosigkeit und Verrat im Charakter des Menschen, brauchte ich nur diesen 1. Mai in Murmansk ins Gedächtnis zurückzurufen, um mein inneres Gleichgewicht wiederzufinden.« Die Begegnung mit den Funktionären dagegen fiel ernüchternder aus, dennoch reiste Jung 1921 erneut in die Sowjetunion, diesmal für zwei Jahre, und unterstützte unter anderem den Bau einer Zündholzfabrik, worüber er das Buch *Die Geschichte einer Fabrik* schrieb, neben unzähligen anderen Schriften zur russischen Politik und Gesellschaft. Zunächst war er jedoch nach seiner Rückkehr nach Deutschland 1920 zwischenzeitlich wegen der Kaperung des Schiffes zur Fahndung ausgeschrieben worden, was im September zu seiner Verhaftung führte. Davor hatte er auf zahlreichen politischen Veranstaltungen Reden gehalten, zunehmend frustriert von der Resistenz seiner Zuhörer gegenüber seinen revolutionären Hoffnungen. »Ich hatte da oben das Gefühl, ich hatte das dringende Bedürfnis, vom Podium herab da unten den Leuten einfach in die Fresse zu kotzen«, notierte er später in seiner Autobiografie. Im Gefängnis schrieb er mehrere proletarisch-revolutionäre Romane und Theaterstücke, kam im März 1921 frei, die Kaution stellte die Kommunistische Internationale, und ging nach Russland.

1923 kehrte er nach Berlin zurück, wo er unter dem falschen Namen Franz Larsz lebte, und schlug sich unter anderem als Kartoffel-, Kronkorken- und Getreide-Entmuffungsanlagen-Händler durch. Daneben arbeitete Jung als Journalist, schrieb weiter literarische Texte und wurde Anfang der 1930er Mitherausgeber der Zeitschrift *Gegner*, die sich gegen den heraufziehenden Faschismus positionierte. Nach der Machtergreifung wurde Jung Mitglied der Widerstandsgruppe »Rote Kämpfer«, die 1936 zerschlagen wurde. Die Gestapo verhaftete Jung, er konnte jedoch nach seiner Freilassung 1937 über Prag und Wien nach Budapest fliehen, wo er bis zum Herbst 1944 lebte und bei der Durchschleusung von Flüchtlingen half. Nach der Machtübernahme durch die ungarischen Faschisten wurde er verhaftet und zum Tode verurteilt, konnte aber erneut fliehen, bis er einige Monate später in Italien verhaftet und im KZ Bozen interniert wurde. Nach der Befreiung blieb er zunächst in Italien, übersiedelte 1948 in die USA und arbeitete als Wirtschaftsjournalist. Jung begann, seine Autobiografie zu schreiben und kehrte 1960, drei Jahre vor seinem Tod, nach Europa zurück.

»Torpedokäfer« hätte seine Autobiografie ursprünglich betitelt sein sollen, ein Insekt, in dessen Flug und Wucht beim Aufprall Jung sich selber wiedererkannte: »Anprall, Sturz, Kriechen am Boden, sich zurückbewegen zum Ausgangspunkt, zum Startplatz – mit Mühe und jedes Mal unter größeren Anstrengungen.« Jungs Leben und Werk waren bestimmt davon, beharrlich von neuem zu beginnen, zu stürzen, und aus dem Sturz neue Kraft zu gewinnen, ein beharrlicher »Weg nach unten«: vom gefeierten expressionistischen Autor zum verstörenden Revolutionär und schließlich zum von der Literaturgeschichtsschreibung Vergessenen – und zum Glück immer wieder neu zu Entdeckenden. »Und so beginnt der Torpedokäfer sich wieder zu regen. Er liegt noch am Boden, nachdem er sich mühsam zum alten Startplatz zurückgeschleppt hat. Er ist schon reichlich angeschlagen. Aber er hebt die Flügel. Er beginnt sich zu straffen und wieder aufzusteigen – trotzdem! Niemand kann ihn daran hindern. Auch Sie nicht.«

»Bankrott der Ideen«
Hugo Ball – Emmy Hennings – Walter Serner

»Da der Bankrott der Ideen das Menschenbild bis in die innersten Schichten zerblättert hat, treten in pathologischer Weise die Triebe und Hintergründe hervor. Da keinerlei Kunst, Politik oder Bekenntnis diesem Dammbruch gewachsen scheinen, bleibt nur die Blague und die blutige Pose«, hat Hugo Ball in seinen Aufzeichnungen *Flucht aus der Zeit* den Impuls zusammengefasst, mit Dada der Kunst und Politik den Kampf anzusagen. Den »Bankrott der Ideen« sah Ball im Ersten Weltkrieg manifestiert, der in »pathologischer Weise die Triebe« hervortreten lasse und der ihn, ebenso wie Emmy Hennings, Richard Huelsenbeck, Tristan Tzara und Marcel Janco, in die neutrale Schweiz verschlagen hatte. Ab Anfang Februar 1916 starteten sie von Zürich aus ihren eigenen Feldzug gegen die Verlogenheit der Kunst, die der aus den Fugen geratenen Welt nichts mehr entgegenzusetzen hatte. Kunst hatte ihre Funktion als Ort der kontemplativen Versenkung verspielt, die Dadaisten reagierten mit der »Entwürdigung des Materials«, wie Walter Benjamin in *Das Kunstwerk im Zeitalter seiner technischen Reproduzierbarkeit* geschrieben hat: Gedichte wurden zu Wortsalat, der Abfall der Sprache ging in die Lyrik ein. »Das durch den Dadaismus provozierte Verhalten ist: Anstoß nehmen«, heißt es weiter bei Benjamin. Dada machte Kunst zum Skandal, provozierte mit der Antikunst ein Publikum, das im Angesicht des Krieges am liebsten weiterhin kontemplativ in der Kunst versunken wäre. Hans Richter, der spätere Pionier des experimentellen Films, erinnerte sich so an seine Zeit in Zürich: »Klingeln, Trommeln, Kuhglocken, Schläge auf den Tisch oder auf leere Kisten belebten die wilde Forderung der neuen Sprache in der neuen Form und erregten, rein physisch, ein Publikum, das anfänglich völlig benommen hinter seinen Biergläsern saß.« Die Suche nach einer neuen Sprache schlug sich nieder in Lautgedichten, den Antikriegs-Chansons von Emmy Hennings, dem Geschrei und Lärm der Trommeln. »Ich will keine Worte, die andere erfunden haben. Alle Worte haben andere erfunden. Ich will meinen eigenen Unfug, und Vokale und Konsonanten dazu, die ihm entsprechen«, forderte Ball im Manifest des ersten Dada-Abends das Publikum heraus: »Mit diesen Tongedichten wollten wir verzichten auf eine Sprache, die verwüstet und unmöglich geworden ist durch den Journalismus. Wir müssen uns in die tiefste Alchimie des Wortes zurückziehen und selbst die Alchimie des Wortes verlassen, um so der Dichtung ihre heiligste Domäne zu bewahren.« Während sich hier schon subtil Balls spätere Hinwendung zum Katholizismus andeutete, war von Innerlichkeit in den Veranstaltungen der Dadaisten in Zürich 1916 noch nichts zu spüren.

Hugo Ball und Emmy Hennings hatten sich 1914 in München kennengelernt und ab 1915 »ein Beisammensein beschlossen«, wie Hennings den Beginn ihrer Beziehung in ihrem Tagebuch umschrieben hat. Gemeinsam mit Richard Huelsenbeck traten die beiden in Berlin bei Expressionismus-Abenden auf und gingen schließlich 1915 ins Zürcher Exil – ein Neubeginn für Hennings, die gerade mehrere Gefängnisaufenthalte wegen Diebstahls, Passfälschung und Beihilfe zur Fluchthilfe verbüßt und davon »einen Knacks, der sich nicht mehr rückgängig machen lässt« zurückbehalten hatte, wie sie im Text *Gefängnis* von 1919 schrieb. In Zürich gründeten Ball und Hennings im Februar 1916 in der Spiegelgasse das *Cabaret Voltaire*, als offene Bühne konzipiert, die sich aber zunächst nicht wesentlich vom klassischen Kabarett-Club unterschied. Hans Richter: »Emmy Hennings sang Chansons. Ball begleitete sie auf dem Klavier. Balls Persönlichkeit zog sofort eine Gruppe von Künstlern und Gleichgesinnten an.« Gemeinsam mit diesen Gleichgesinnten, mit Tzara, Janco, Huelsenbeck und später auch Hans Richter, Walter Serner, Hans Arp und Sophie Taeuber-Arp, begannen sich die Abende zu dem weiterzuentwickeln, was ab April 1916 dann schließlich Dada genannt wurde – mit halbem Ohr begleitet von einem, der im Jahr darauf Weltpolitik schreiben sollte: Schräg gegenüber des Cabaret Voltaire wohnte Lenin, der allerdings, wie Emmy Hennings 1934 schrieb, »natürlich keine Zeit hatte, unsere Vorstellung zu besuchen. Er muß die lauten, bruitistischen Konzerte wohl wahrgenommen haben, doch ließ er sich dadurch offenbar nicht stören.«

Was die Dadaisten neben dem Hass auf den Bankrott der Menschheit im Ersten Weltkrieg vereinte, war die Ablehnung einer bürgerlichen Idee von Kunst, die einerseits völlig von der Lebenspraxis entkoppelt war und anderseits, wie Herbert Marcuse später in Anlehnung an Marx formulieren sollte, eine reine Trostfunktion erfülle und letztendlich gesellschaftlich folgenlos blieb. »Die höchste Kunst wird diejenige sein, die in ihren Bewusstseinsinhalten die tausendfachen Probleme der Zeit präsentiert«, forderte daher Richard Huelsenbeck in seinem »Dadaistischen Manifest«. Die Grenze zwischen Kunstwerk und außerkünstlerischer Realität überschritten die Dadaisten neben ihren Dada-Soireen vor allem in ihren zahlreichen Manifesten, dem literarischen Medium, das sie wie keine andere künstlerische Bewegung vor ihnen nutzten. Die Manifeste waren ihre Waffe, das bürgerliche Publikum aus der Ruhe zu bringen, indem sie sich gegen die Tradition dieser Textgattung richteten und in ihren paradoxen Strukturen die Leser und Zuhörer in die völlige Orientierungslosigkeit stürzten. »Dada ist eine neue Kunstrichtung«, proklamierte etwa Hugo Ball in einem Manifest vom Sommer 1916, während Huelsenbeck in einem anderen Manifest darauf bestand: »Dada bedeutet nichts.« Dada verweigerte sich den Eindeutigkeiten, setzte auf Widersprüche und Verwirrung, verstand sich mal eine neue Kunst, mal Anti-Kunst, mal wurde der »neue Künstler« heraufbeschworen, und mal der politische Aktivismus der Kunst übergeordnet: »Der Dadaismus fordert die internationale revolutionäre Vereinigung aller schöpferischen und geistigen Menschen der ganzen Welt auf dem Boden des radikalen Kommunismus«, forderte das Manifest »Was ist der Dadaismus und was will er in Deutschland?« Es entstanden zwar Manifeste, die ähnlich anderen Avantgarden der Moderne positiv formulierte Forderungen vorbrachten, wichtiger wurden für Dada allerdings jene Manifeste, die sich selbst an die Stelle setzten, die zuvor das Kunstwerk innehatte. Sie knüpften lediglich an die Form des Manifestes an, transportieren die Inhalte aber nicht mehr so, dass Form und Inhalt zur Deckung zu bringen waren. Die widersprüchlichen Forderungen wurden zu einem Charakteristikum von Dada – »Dada ist das Leben ohne Pantoffeln und Parallelen; das für und gegen die Einheit ist und entschieden gegen die Zukunft«, trieb Tristan Tzara im »Manifest des Herrn Antipyrine« die Widersprüche auf die Spitze. Sein Manifest thematisierte das Schreiben eines Manifests, lehnte Theorien ebenso ab wie die Logik, blieb jedoch nicht bei dieser Ablehnung stehen, sondern war selbst a-logisch aufgebaut. Im Gegensatz zu Hugo Ball, der die Zerstörung der

Sprache zwar thematisierte, sie jedoch in den Manifesten auf herkömmliche Weise einsetzte, wurde bei Tzara das Ende der Logik der Sprache nicht mehr nur auf inhaltlicher Ebene vermittelt, das Ende der Logik war gleichzeitig auch sinnlich erfahrbar. Ihre Vollendung fand diese Überführung des Manifestes an die Stelle des Kunstwerks in *Letzte Lockerung* von Walter Serner, worin er forderte, Gesinnungen jeder Art seien abzulegen, und das beim ersten Vortrag 1918 während einer Dada-Soirée zu Tumulten im Publikum führte. »Weltanschauungen sind Vokabelmischungen« warf er den Zuhörern an den Kopf und schrie an gegen den Krieg, die Revolution, die Wahrheit der Sprache, gegen Metaphysik, Moral und Theorie. Und letztlich gegen Dada selbst: für die Buchveröffentlichung des immer weiter angewachsenen Textes 1927 hatte er sämtliche Bezüge zum Dadaismus gestrichen. Geblieben war ein Manifest für Hochstapler, Glücksritter und Dandys auf der Suche nach Zerstreuung, ein prä-situationistischer Text der totalen Entlarvung der Verkommenheit der Gesellschaft. Auch in der Biographie von Serner selbst zeigt sich eine Entwicklung, die von der großen revolutionären Geste hin zur kleinen Literatur der Aphorismen und schließlich ins künstlerische Verstummen führte: ab 1927 hat er nichts mehr publiziert. 1942 wurde der als Walter Seligmann geborene Serner zusammen mit seiner Frau Dorotea Herz nach Theresienstadt deportiert und ermordet.

Was die Manifeste einte, egal ob dies inhaltlich oder formal vorgebracht wurde, war ihr antibürgerlicher Gestus, die Zerschlagung der Kunst sowie der internationale Charakter der Bewegung. In der Tat wanderte Dada ausgehend von Zürich weltweit in die Kunstszenen der Metropolen ein, in New York und Paris, Köln und Hannover und vor allem in Berlin, wo eine politische Radikalisierung der Bewegung stattfand. Nach dem ersten großen Dada-Abend außerhalb des mittlerweile geschlossenen Cabaret Voltaire im Zunfthaus Zürich am 14. Juli 1916, symbolisch zum Jahrestag der Französischen Revolution, hatte sich die Gruppe weitestgehend aufgelöst. Ball und Hennings verließen im Herbst die Stadt, Huelsenbeck ging zum Medizinstudium zurück nach Berlin, einzig Tzara, Janco und Arp, später auch unterstützt von Walter Serner und Hans Richter, betrieben in Zürich weiter Galerien, planten Ausstellungen und Publikationen, bevor nach dem Ende des Ersten Weltkriegs auch dieser Zusammenschluss wieder zerfiel. Huelsenbeck nutzte die revolutionäre Nachkriegszeit in Berlin, um gemeinsam mit Franz Jung, Raoul Hausmann, George Grosz, Walter Mehring, John Heartfield und anderen die politische Ausformung von Dada weiter voranzutreiben. Das revolutionäre Russland wurde ebenso zum Vorbild wie das amerikanische Großstadtleben, Themen waren soziale und wirtschaftliche Realitäten und weiterhin der Bankrott der Ideen. Huelsenbeck formulierte im »Dadaistischen Manifest« vom April 1918: »Der Dadaismus steht zum ersten Mal dem Leben nicht mehr ästhetisch gegenüber, indem er alle Schlagworte von Ethik, Kultur und Innerlichkeit, die nur Mäntel für schwache Muskeln sind, in seine Bestandteile zerfetzt.«

Hinter dem Kriegsvokabular der Avantgardebewegungen – dem Zerschlagen und den Garden, dem Zerfetzen und In-Grund-und-Boden-Trommeln – und dem unbedingten Willen, die bürgerlichen Vorstellungen von Moral und Kunst aufzulösen, um den neuen Menschen zu erschaffen, zeigt sich bei genauerem Hinsehen, dass es weniger um einen neuen Menschen, als vielmehr um einen neuen Mann zu gehen schien – für Frauen waren weiterhin die klassischen Rollen vorgesehen. Statt auch die bürgerlichen Vorstellungen der Geschlechterrollen zu zerschlagen, wurden die gängigen konservativen Muster reproduziert und Frauen die Funktion der Anhängsel, Musen und Ehefrauen zugewiesen. »Die meisten männlichen Kollegen betrachteten uns lange Zeit als reizende, begabte Amateure, ohne uns je einen beruflichen Rang zuerkennen zu wollen«, erinnerte sich Hannah Höch einige Jahre später. Die Bedeutung von Frauen für die Geschichte von Dada wurde in den zahlreichen Autobiografien und Erinnerungsbüchern der Protagonisten ignoriert, geschmälert oder schlichtweg aus der Geschichte getilgt. »Sie war nie Mitglied des Clubs«, schrieb etwa Raoul Hausmann über seine Geliebte Höch, die dagegen seufzte: »Wenn ich nicht viel meiner Zeit dafür aufgewendet hätte, mich um ihn zu kümmern und ihn zu ermutigen, hätte ich selbst mehr erreicht.« Ina Boesch beschreibt in ihrem Buch *Die Dada*, das dieser Leerstelle Porträts unzähliger Künstlerinnen, Tänzerinnen, Galeristinnen, Verlegerinnen und Mäzeninnen, die Dada mit geformt haben, entgegensetzt, eine Begebenheit aus der Pariser Dada-Szene. Dort hatte die Autorin Céline Arnold mit »Ombrelle Dada« als eine von wenigen Frauen ein Manifest zum überschäumenden Output der Männer beigetragen und 1920 die Avantgardezeitschrift *Projecteur* gestartet, für die unter anderem Paul Eluard, Francis

Picabia, Tristan Tzara, Philippe Soupault, André Breton und Louis Aragon Beiträge verfassten. Dennoch sucht man nach dem Namen Céline Arnold in Tzaras Dada-Geschichtsschreibung vergeblich. Warum er sie vergessen habe, wo er doch sogar »sehr großzügig gegenüber seinen Feinden« gewesen sei, wollte Arnold in einem Brief von ihm wissen – und bekam keine Antwort. »Wie konnte er ihre Existenz in Dada ignorieren, wenn sie doch von Anbeginn in der Pariser Szene prägend gewesen war und regelmäßig in den vielen Dada-Zeitschriften veröffentlicht hatte?«, fragt Boesch, und fährt fort: »Mit der euphemistischen Wortwahl ›vergessen‹ deutete Arnold an, dass sie hinter ihrer Verbannung aus dem Olymp der Pariser Dadaisten einen bewussten Akt und nicht lediglich ein Versehen vermutete.« Die Dada-Erinnerungsbücher der Hauptvertreter der (Anti-)Kunstrichtung waren von Streitereien über die korrekte Definition von Dada, die Namensfindung der Bewegung und das Betonen der eigenen zentralen Rolle geprägt, die Beiträge der Frauen interessierten sie dagegen wenig. Dabei hatten sich Künstlerinnen durchaus Räume innerhalb von Dada erkämpft und hinter den Kulissen für dessen Verbreitung gesorgt, nur um wenige Jahre später wieder unter den Teppich gekehrt zu werden. »Die meisten Bewegungen haben feste Konzepte, zu denen sie sich hinbewegen, wir bewegen uns von allen Konzepten fort, um vorwärts zu kommen«, hatte Mina Loy noch hoffnungsvoll in ihrem Manifest »Internationale Psycho-Demokratie« verkündet. Dada hatte Frauen einen Raum geboten, Teil der Kunstszene zu werden, mit eigenen Programmen die offenen Abende mit zu gestalten, ihre Kunst auszustellen, Möglichkeiten, die Frauen in der elitären Kunstszene dieser Zeit sonst verwehrt blieben. In dem Moment jedoch, in dem Dada selbst zu einem Erfolgsrezept wurde, ins Museum drängte und mit den Erinnerungsbüchern der Kampf um die Definitionsmacht der Bewegung eröffnet war, schlossen sich diese Räume sogleich wieder. Emmy Hennings etwa fand für die ebenfalls die Gefängnis-Thematik behandelnden autobiografischen Bücher *Das graue Haus* und *Das Haus im Schatten* keinen Verleger mehr. Dada wollte das Leben durch die Kunst revolutionieren, und revolutionierte dabei die Kunst. Statt das revolutionäre Potential auszuschöpfen, neue Role Models zu etablieren und den Strukturen des Kunstmarktes tatsächlich eine neue Lebenspraxis entgegenzusetzen, blieb der Männerverein Dada auf halbem Wege in den eigenen bürgerlichen Strukturen stecken. Dieser Ignoranz war Mina Loy schon 1914 mit ihrem »Feminist Manifesto« entgegengetreten und hatte alle Künstlerinnen aufgefordert: »Hört auf, euch mit Männern zu vergleichen, um zu wissen, was ihr nicht seid. Bemüht euch, in euch selbst herauszufinden, was ihr seid.«

Herr Außerhalb
Emil Szittya

»Ich sammelte nicht nur auf der Landstraße, unter den Anarchisten, sondern auch unter den Aktivisten und Literaten Dokumente, um meine Zeit zu registrieren«, hat Emil Szittya in einem Brief an Franz Jung geschrieben, der ihm nicht nur politisch und künstlerisch nahestand, sondern der ebenfalls sein Leben der sozialen wie künstlerischen Revolution gewidmet hat. Franz Jung gilt heute als ein Außenseiter der Kunst- und Literaturgeschichte des 20. Jahrhunderts, Emil Szittya dagegen ist fast vollständig vergessen. Der im August 1886 in Budapest als Adolf Schenk – den Namen Emil Szittya gab er sich mit der Veröffentlichung seiner ersten Werkes selbst und benutzte ihn bis an sein Lebensende – geborene Journalist und Schriftsteller, Vagabund und Revolutionär, Résistance-Kämpfer und Dadaist hat auf Ungarisch, Deutsch und Französisch publiziert, Künstlerbiografien und Erzählungen, Kurzromane und Zeitungsartikel verfasst und über zwei Dutzend Bücher hinterlassen, und doch ist der Name selbst Literaturwissenschaftlern selten ein Begriff. Kaum eines der Bücher Szittyas hat sich nennenswert verkauft, viele Texte sind an entlegenen Orten erschienen und sein bekanntestes Werk, *Das Kuriositäten-Kabinett*, war zeitweise verboten. Auch maß er selbst seinen Texten keine hohe Qualität bei, was er in einem autobiografischen Fragment bekennt: »Ich glaube nicht an das ›verkannte Genie‹. Es ist kein Zufall, dass meine Bücher keinen Erfolg haben. Ich arbeitete zwischen 2 großen Kriegen und war ungeschickt im Schreiben.« Liest man in der Szittya-Textsammlung *Herr Außerhalb illustriert die Welt*, kann man die Texte eines rastlosen Suchenden entdecken, eines Autoren, der genau das sein wollte, was er im zitierten Brief an Franz Jung beschrieb: Ein Sammler und Sucher, ein Dokumentarist seiner Zeit. »Er geht und geht. – Die Straßen sind grau. Es liegt Wahnsinn in seinem Gehen. – Er weiß nicht was er sucht.« Das Suchende und Fragmentarische, Gehetzte und Unabgeschlossene kann man wie er selbst als mangelnde literarische Qualität deuten, oder aber man entdeckt darin eine ganz eigene Ästhetik, eine literarische Form, die dem Ruhelosen seiner Zeit angemessen ist – selbst die als »Roman« bezeichneten Texte sind oftmals nur wenige Seiten lang. Szittya hat beide Weltkriege erlebt, den Dadaismus ebenso mitgeprägt wie antifaschistische Zeitschriften gegründet, der Ermordung seiner jüdischen Freunde hilflos gegenübergestanden und in der Résistance gekämpft. »Mein ganzes Leben bestand nur aus Fragen und Hören«, schrieb er 1944 in einem Text, der die Stimmung im von den Nazis befreiten Paris einfing. Fragen und Hören, Rast- und Hilflosigkeit, und der Wille, Zeuge der zentralen Ereignissen seiner Zeit zu sein: All dies findet sich in der Ästhetik seiner Texte wieder.

Bereits früh hatte sich Szittya auf seine Suche begeben und lebte als Vagabund ohne festen Wohnsitz, ein Traum, den er auch dem kindlichen Protagonisten René seines autobiografischen Textes »Und das ist der Roman eines Menschen, der nur gelitten hat«, in den Mund legte: »Ich möchte Dichter, Theaterspieler und Vagabund sein.« 1911 lebte er kurzzeitig in Paris, wo er mit Blaise Cendrars zwei Ausgaben der Zeitschrift *Les Hommes Nouveaux* herausgab, die sich in ihren Beiträgen dem Anarchismus und den frühen Avantgardebewegungen annahm. Geprägt von diesen beiden Einflüssen, Anarchismus und Avantgarde, suchte sich Szittya eine Position zwischen den Sprachen, Ländern und literarischen Gattungen. Seine Sympathie galt immer den Randgebieten der Kultur, den Übersehenen und Vergessenen der Kulturgeschichte, wie der Untertitel seines 1923 erschienenen *Kuriositäten-Kabinett* verrät: »Begegnungen mit seltsamen Begebenheiten, Landstreichern, Verbrechern, Artisten, religiös Wahnsinnigen, sexuellen Merkwürdigkeiten, Sozialdemokraten, Syndikalisten, Kommunisten, Anarchisten, Politikern und Künstlern«. Aber auch eine Kulturgeschichte des Selbstmords veröffentlichte er 1925, sowie Künstlerporträts und erfundene Dichterbiografien. Sein Leben als Vagabund außerhalb der Gesellschaft prägte auch sein literarisches Schaffen: immer wieder spielt die Idee des Unterwegsseins eine Rolle, etwa in der Figur des Ahasver, des wandernden Juden, die durch Szittyas Werk spukt, wie auch in Herrn Außerhalb, den er entwickelte, um seine Sicht auf die Gesellschaft zu unterstreichen: »Der Außerhalbstehende ist der Dichter, Musiker, Maler, Bildhauer und Wissenschaftler, der die Mission hat, die Zeit, ohne Partei zu ergreifen, zu überschauen und zu lenken.« Diese Rolle als Außenseiter, als Kritiker der Gesellschaft und der sozialen Ordnung war bewusst gewählt und nicht ungefährlich, wie Szittya in dem 1933 erschienenen Text »Der Außerhalbstehende« beschrieb: »Es kommt gerade heute auf eine anständige machtgegnerische Gesinnung an. Jeder schöpferische Mensch muss sich diesmal gegen die Massenpsychosen für ein ›Nein!‹ entscheiden, wenn das auch nach allen Seiten hin gefährlich ist.« Auf politischer wie künstlerischer Ebene hatte Szittya diese Position sein Leben lang beibehalten und stets Verbündete am Rande der Gesellschaft gesucht.

Einer dieser Verbündeten war Hugo Ball, den er während des Ersten Weltkriegs in Zürich kennenlernte. Ball schrieb später in *Flucht aus der Zeit* über Szittya: »Er ist ein Greis mit einem Jungensgesicht; ein Bettler, der die Finesse der letzten Systeme in sich bekämpft. Ein rührender, lächelnder, zerbrochener Tänzer unserer lieben Frau, der unter Tränen seine unorthographischen Gebete hermault.« Nach Zürich war Szittya gekommen, da er dort auf Gleichgesinnte zu treffen hoffte: »Diese kleinbürgerliche Käsegeruchstadt ... hatte während des Krieges eine Atmosphäre, die das Atmen ermöglichte, und in der man mit klarem Verstand über die blutigen Dinge denken konnte, die sich jenseits der Grenze abspielten ...« Im Text »Spaziergang in sich« beschrieb er seine Überzeugung, dass Deutschland den Krieg verschuldet habe und er daher von der Schweiz aus nun »an der Propaganda gegen das kaiserliche Deutschland« teilnehmen wolle. Die Plattform dieser Propaganda war unter anderem die von ihm und Hugo Kersten 1915 gegründete Zeitschrift *Der Mistral*, an der auch der Dadaist Walter Serner mitarbeitete. *Der Mistral*, eine »Literarische Kriegszeitschrift«, so der Untertitel, publizierte unter anderem Texte von Appolinaire, Marinetti oder Max Herman-Neiße und galt als Sprachrohr des Dadaismus, mit dessen zentralen Protagonisten Szittya bekannt war, wenn er auch die Bezeichnung Dadaist für sich ablehnte.

Mit den Dadaisten teilte Szittya die Verachtung der Bürgerlichkeit, des Spießertums, für das er nur Spott übrig hatte: »Der Bürger hasst alles, was sich aufberstet. Er hat gegen Aufberstende vor seinen Häusern Wach- und Schließgesellschaften geschaffen. Er hat Angst vor Stürmen. Alles, was sich nicht einreiht, ist für ihn nur Ausbund. Er liebt nicht das Aufjauchzen, sondern nur den Aufmarsch und die Ausflickung.« »Der Bürger«, so der Titel dieses Textes aus den Zehnerjahren, war Objekt des Spottes und der Kritik, aus den Texten Szittyas sprach auch der Ekel vor dem Bankrott der Ideen, wie es Hugo Ball stellvertretend für den Dadaismus angesichts des Ersten Weltkrieges formuliert hatte.

Auch mit der Weltpolitik machte Szittya in Zürich Bekanntschaft: »Na, immer noch Anarchist«, soll Lenin ihn bei einer Begegnung begrüßt haben; eines von mehreren Treffen, bei denen über Kommunismus und den Ersten Weltkrieg diskutiert wurde – wenn man Szittyas autobiografischen Texten glauben kann, nicht ohne Grund schrieb er: »Es ist schön, sich wie ein Glühwürmchen durch die Welt zu lügen.«

Nach dem Krieg gründete Szittya 1918 in Budapest die Zeitschrift *Horizont-Hefte*, die sich mit der ungarischen Innenpolitik beschäftigte und nach drei Ausgaben auf Ungarisch ab 1919 auf Deutsch in Wien erschien; zu den Co-Herausgebern zählte unter anderem der Dadaist und Avantgarde-Filmer Hans Richter. Weiterhin pendelte Szittya zwischen den Ländern Europas, hielt sich viel in Berlin auf, obwohl er von der ausbleibenden Revolution enttäuscht war, und arbeitete dort hauptsächlich als Journalist; diese Jahre waren aber auch seine literarisch produktivsten, er veröffentlichte mehrere Textsammlungen und Romane mit Titeln wie *Klaps oder wie sich Ahasver als Saint Germain entpuppt* oder *Gebete über die Tragik Gottes*. 1927 schließlich zog er nach Paris, wo er mit Unterbrechungen bis zu seinem Tod lebte und mit Erika Drägert eine Familie gründete. Seiner Tochter Jeanne gab er in einem Text mit auf den Weg: »Diese Romane verlangen nach Lesern, verlangen nach Vernichtung der Eseleien, die Idioten über mich erzählen. Draußen regnet es wieder. Ich möchte, dass meine Tochter und alle Kinder erfahren, dass ich etwas, wenn auch nur wenig, zu unserer neuen Zeit beitrug.« Bis 1933 publizierte Szittya acht Bücher zu kunsthistorischen Themen und gründete nach der Machtergreifung der Nationalsozialisten erneut eine Zeitschrift: *Die Zone*, ein antifaschistisches Periodikum als »Querschnitt durch die deutsche Politik, Kultur, Wissenschaft, Kunst, Theater, Musik, Rundfunk«. Bis 1934 erschienen acht Ausgaben der *Zone*, während er gleichzeitig seine journalistische Arbeit für deutsche Zeitungen einstellte. In einem Bittbrief an eine Galeristin schrieb er daher: »Sie wissen, ich bin Schriftsteller, ich bin Antifaschist und seit dem Hitlertum habe ich aufgehört für Deutschland zu arbeiten. Sie wissen, ich habe Frau und Kind. Seit 4 Jahren verdiene ich nichts mehr. Uns geht es sehr schlecht. Wir hungern. Wir können keine Miete bezahlen.« Armut wurde zum Leitmotiv seines Lebens, doch niemals hätte er für ein sicheres Leben seine Überzeugungen eingetauscht.

Als die Deutschen in Paris einmarschierten, war Szittya mit seiner Familie bereits in den unbesetzten Süden Frankreichs geflohen. Zwischen 1940 und 1944 war er Mitglied der Résistance, weswegen er nach der Befreiung von Paris als einer der ersten, mit einem Passierschein ausgestattet, dorthin zurückkehren konnte. Sein Text über das »Wiedersehen mit Paris« ist einer der Eindrucksvollsten seines Oeuvres, in dem er seine Eindrücke ungefiltert an die Leser weitergab: »Nachts sehen die Steine von Paris gespenstisch aus, besonders, wenn in der Ferne amerikanische Militärautos ihr Licht wie ein Aushängeschild über die immer noch verdunkelt Stadt werfen. – Warum ist man so alleine und in Wut? – Der Himmel und die Landschaft sehen traurig und bedrohend von Schatten aus. – Seit Tagen regnet es.«

Kaum zurück, begann er an einem »Buch gegen den Antisemitismus« zu arbeiten, wie er in einem Brief vom November 1944 schrieb, das leider nie erschienen ist. Nach dem Krieg veröffentlichte er noch einige kunsthistorische Bücher, unter anderem über Pablo Picasso und Chaim Soutine, kümmerte sich um den sowjetisch-französischen Künstleraustausch und hatte sich vom Anarchisten zum Kommunisten gewandelt. Dies änderte allerdings nichts an seinem Verständnis des Künstlers als Dokumentarist seiner Zeit: »Ich bin Marxist. Ich bezwecke mit diesen Notizen meine Teilnahme an den Geschehnissen meiner Zeit zu bezeugen«, notierte er in diesen Jahren. In einem seiner letzten Texte schrieb Szittya: »Ich habe viele Opfer für mein Werk gebracht. Es kostete mich viel Mühe und Energie, in den entsetzlichen Hungerperioden die Reportage-Notizen festzuhalten. Ich bin sehr müde.« Trotz der Müdigkeit hat er an einem Leben für die Kunst und die Revolution festgehalten, am 26.11.1964 starb er in Paris. Bis zuletzt blieb er »der beste Traumreiter der Welt«, wie er sich selbst 1920 in »Mein eigenes Porträt« beschrieb.

»Kaspar David Friedrich der dadaistischen Revolution« Kurt Schwitters

»So wie der Dadaist Kurt Schwitters Kunst aus Objekten schuf, die er von der Straße aufgelesen hat, mache ich Sounds aus dem Dreck, der mein Leben umgibt«, erklärte der Japaner Masami Akita sein Noise-Projekt Merzbow, das nicht nur seinen Namen, sondern auch sein Konzept der vom Hannoveraner Künstler geschaffenen Merzkunst verdankt. Akita ist nicht der einzige Künstler, der sich auf Schwitters als geistigen Vater berufen hat, neben Lautpoeten wie Ernst Jandl oder Franz Mon sah auch die Performance Art seit den 1960ern in Schwitters Idee der Merzbühne als Aufhebung der Grenze zwischen Schauspielern und Publikum einen Vorläufer. Und einen Aspekt der Pop Art hat Schwitters ebenfalls vorweggenommen: das Einebnen der Differenz von Hoch- und Popkultur etwa durch die Integration von Comic-Panels in seine späten Collagen. 2013 hat sich Schwitters selbst in eine Comicfigur verwandelt und ist vom Norweger Lars Fiske in der Comic-Biographie *Kurt Schwitters – Jetzt nenne ich mich selbst Merz. Herr Merz* liebevoll porträtiert worden.

Dass ausgerechnet ein Norweger das Leben des bürgerlichsten deutschen Dadaisten, des »Kaspar David Friedrich der dadaistischen Revolution«, wie Richard Huelsenbeck ihn einmal nannte, aufgreift, ist nicht verwunderlich, hatte Schwitters doch Zeit seines Lebens eine besondere Beziehung zu dem Land. Schon vor seiner Flucht aus Deutschland Anfang 1937 hatte er, angetan von Hannah Höchs Schwärmereien für das Land, einige Sommerurlaube dort verbracht und 1932 auf der Insel Hjertøy für 99 Jahre eine alte Schmiede gemietet. Am 2. Januar 1937 verließ er schließlich gemeinsam mit seinem Sohn Ernst Deutschland in Richtung Norwegen, um nie wieder zurückzukehren. Im gleichen Jahr wurden seine Freunde Christof und Luise Spengemann wegen antifaschistischer Aktivitäten verhaftet und er selbst von der Gestapo in Hannover gesucht, nachdem seine Merzkunst in der Ausstellung »Entartete Kunst« gezeigt worden war. Im begleitenden Führer zur Ausstellung hieß es zu Schwitters: »Dieser Abteilung kann man nur die Überschrift ›vollendeter Wahnsinn‹ geben. Auf den Bildern und Zeichnungen dieses Schauerkabinetts ist meistens überhaupt nicht mehr zu erkennen, was den kranken Geistern vorschwebte. Der eine ›malte‹ schließlich nur noch mit dem Inhalt von Mülleimern.«

Das »Land des Irrsinns«, wie Schwitters es in einer Textsammlung umschrieb, hatte er noch rechtzeitig verlassen, während seine Frau Helma immer wieder zurückkehrte, um sich um die Hannoveraner Wohnungen zu kümmern und die Kunstwerke ihres Mannes, soweit möglich, außer Landes zu schaffen. Im Comic wird der Aufstieg des Nationalsozialismus von Fiske im Stil der verhassten Avantgarde-Kunstformen des Kubismus, Expressionismus, Dadaismus oder der Karikaturen von George Grosz illustriert. Diese Traditionslinie war für Schwitters nach der Machtergreifung der einzige Zufluchtsort, sein Merzbau – eine über mehrere Stockwerke sich erstreckende Skulptur in seiner Wohnung in Hannover – wurde zum Ort seiner inneren Emigration. Schwitters hatte sich nie als politischer Künstler verstanden, eine der wenigen radikalen Gesten, die von ihm bekannt ist, spielte sich bei einem Empfang des Futuristen und Ministers des faschistischen Italien F.T. Marinetti in Berlin 1934 ab, bei dem Schwitters, »eingeklemmt zwischen dem Leiter der nationalsozialistischen Organisation für Volkskultur und dem Leiter von ›Kraft durch Freude‹«, wie die ebenfalls anwesende Sibyl Moholy-Nagy berichtete, angetrunken zu einem Monolog anhob: »Ich liebe Sie, Sie Kulturvolk und Freude. Ehrlich, ich liebe Sie. Sie glauben, ich sei es nicht wert, Ihre Kammer zu teilen, Ihre Kunstkammer für Kraft und Volk, he? Auch ich bin ein Idiot, und ich kann es beweisen.« Später intonierte er lautstark sein Gedicht »Anna Blume«, »den Lärm protestierender Stimmen und scharrender Stühle übertönend«, klammerte sich schreiend an seine Kunst, die er als Gegenmittel zur Uniformiertheit der Nationalsozialisten verstand. 1931 hatte er in einer der zahlreichen von ihm herausgegebenen Zeitschriften geschrieben: »Ihr aber, Ihr politischen Menschen, wenn Ihr eines Tages mal die Politik recht satt habt, so kommt zur Kunst, zur reinen unpolitischen Kunst, die ohne Tendenz ist, nicht sozial, nicht national, nicht zeitlich gebunden, nicht modisch.«

Gerade die Widersprüchlichkeiten der Person Schwitters faszinieren Fiske, was sich in den unterschiedlichsten verwendeten Zeichenstilen zeigt, die verschiedene Einflüsse und Schaffensperioden von Schwitters, aber auch seine Unsicherheiten, sich zu politischen Fragen zu verhalten, spiegeln. Auf der einen Seite zeigte Schwitters während eines Treffens deutscher Maler Bilder von Hitler und Goebbels mit den Worten herum: »Gut, hier sind sie, Leute, wollen wir sie aufhängen oder an die Wand stellen?«, und musste als »entarteter Künstler« verfemt aus Deutschland fliehen, während er gleichzeitig auf der Autonomie der Kunst beharrte und dieser jeglichen politischen Anspruch absprach: »Die Gazelle zittert, weil der Löwe brüllt, die Hyäne wittert. Doch die Kunst erfüllt.« Politische Positionierungen verachtete Schwitters, was ihn schon in den Zwanzigern der Häme des politischen Berliner Zweiges des Dadaismus aussetzte. Huelsenbeck nannte ihn einen »hochbegabten Kleinbürger« und lediglich Hannah Höch und Raoul Hausmann aus dem Umfeld der Berliner Dadaszene schätzten ihn – vermutlich ebenfalls gerade aufgrund seiner Widersprüchlichkeiten.

Fiske zeigt sehr schön die verstörende Wirkung, die der bürgerlich auftretende und in bürgerlichen Verhältnissen lebende Schwitters einerseits in Hannover erzeugte, wo er als Bürgerschreck verschrien war, lange bevor die Nationalsozialisten seine Kunst stigmatisierten, und andererseits bei den Vertretern der künstlerischen Avantgarde seiner Zeit. Zwar sah sich Schwitters auch als Dadaist, allerdings war seine Form von Dada, die er Merz nannte, eine konstruktive, die sich ganz explizit als Kunst und eben nicht als dadaistische Antikunst verstand. Womöglich liegt einer der Gründe für diese grundlegende Differenz in der Erfahrung des Ersten Weltkrieges, die für die Entstehung von Dada in Zürich prägend war. Denn die Wahrnehmung aus dem Zürcher Exil heraus war fundamental verschieden von jener Schwitters', der während des Krieges zwar 1917 als Soldat eingezogen, aber wegen seines labilen Gesundheitszustandes nach wenigen Wochen als untauglich entlassen worden war, und seine Zeit als zwangsverpflichteter Werkstattzeichner im Eisenwerk Wüfel sogar als positive Erfahrung wertete: »Seit dieser Zeit liebe ich die Zusammenfassung von abstrakter Malerei und Maschine zum Gesamtkunstwerk.« Die Suche nach diesem Gesamtkunstwerk trieb Schwitters Zeit seines Lebens um: »Mein letztes Streben ist die Vereinigung von Kunst und Nichtkunst zum Merz-Gesamtweltbilde.« Merz sollte Kunst und Leben, Dichtung und Malerei, Theater und Werbung, Müll und Dadaismus in sich vereinen, und auf diese Weise das Leben der Menschen von den sie umgebenden Zwängen befreien: eine Kunst, die sich gegen die vertrauten Wert- und Kunstvorstellungen richtet. Enttäuscht von den Berliner Dadaisten, die dieses Vertrauen in die Kunst nicht teilen wollten, suchte sich Schwitters andere Verbündete, etwa den niederländischen Konstruktivisten Theo van Doesburg, mit dem er 1923 eine Dada-Tournee durch Holland veranstaltete.

Im Mittelpunkt von Schwitters Leben stand jedoch der Merzbau, der immer neue Wege und Formen suchte, zunächst in seinem Wohnhaus in Hannover von Stockwerk zu Stockwerk wuchs, Säule um Säule und Collage um Collage, dann in einem zweiten Anlauf im Norwegischen Exil, sowie zuletzt in Großbritannien, wohin Schwitters nach der deutschen Besatzung Norwegens fliehen musste. Der Angriff der Deutschen auf Norwegen ist von Fiske ähnlich gezeichnet wie jener von den Dadaisten angesichts des Ersten Weltkriegs empfundenen Zusammenbruch aller Werte: die Panelgrenzen verschwimmen, die Erzählung ist fragmentiert, die Bedrohung des Lebens angesichts von Luftangriffen der Deutschen schlägt sich in der Kunst nieder.

Und vielleicht ist dies eine der interessantesten Erkenntnisse aus der Comicbiografie, die zwangsläufig nur Schlaglichter auf Leben, Werk und Theorie des in allen Kunstsparten aktiven Schwitters legen kann: sie dokumentiert den Weg eines sich als unpolitisch verstehenden, »entarteten Künstlers« ins Exil, über Norwegen nach England; ein Weg, der aus dem bürgerlichen Künstler aus Hannover einen Weltbürger gemacht hat, einen Wurzellosen, der verwundert auf eine Anfrage des deutschen Kulturbundes antwortete: »Ich arbeite meine Bilder und Skulpturen und meine Gedichte für jeden, der sehen und fühlen kann, ganz gleich, ob er Deutscher, Russe oder Japaner ist. … Meine Kunstwerke gehören nicht zu einem typisch deutschen Kulturkreis. Seien Sie mir nicht böse, aber ich versuche weit mehr jetzt, da ich mich in England wohl fühle, englisches Fühlen und englisches Wesen zu verstehen, als das deutsche, das ich von Geburt her kenne.«

Werkstatt für Literatur Raymond Queneau – François Le Lionnais – Georges Perec

»Haben Sie nicht auch, unter dem Schock eines vollkommen geglückten Verses, das traurige Gefühl, dass man sich seiner leider nur ein einziges Mal bedient hat?«, fragte François Le Lionnais im Nachwort zu Raymond Queneaus Werk *Hunderttausendmilliarden Gedichte*. Eine Rettung für solche »vollkommen geglückten Verse« sah der Mathematiker Le Lionnais in dieser von Queneau 1961 entworfenen »Maschine zur Herstellung von Gedichten« von, bestehend aus zwölf Sonetten, deren Verse frei kombinierbar waren und so tatsächlich die im Titel angekündigte Anzahl von hunderttausend Milliarden Variationen eines Gedichtes zuließen – Lesestoff für 95 Millionen Jahre.

Im Jahr zuvor hatten Queneau und Le Lionnais das theoretische Fundament dieser Art von Literatur entworfen und das »Séminaire de Littérature Expérimentale« gegründet. Ähnlich wie die Vertreter der Konkreten Poesie in Deutschland, die Cut-up-Dichter in den USA oder die Autoren des Nouveau Roman in Frankreich suchten die Oulipoten, wie Oskar Pastior sie später nannte, in literarischen Experimenten nach einer Sprache, die zwar an die klassischen Avantgarden anknüpfte, jedoch gleichzeitig zeigte, dass nach der Shoah und dem Zweiten Weltkrieg ein unreflektiertes Weitermachen nicht mehr möglich war. Kurz nach Gründung benannte sich das »Seminar für experimentelle Literatur« in »Ouvroir de Littérature Potentielle« um, »Werkstatt für potentielle Literatur«. Denn der Werkstatt ging es weniger um die Produktion von experimenteller Literatur, sondern darum, »Methoden zu schaffen, sich mit unserer wissenschaftlichen Zivilisation in Übereinstimmung zu setzen«, wie Le Lionnais weiter ausführte. Diese Methoden umriss die Gruppe im Laufe der Sechziger in mehreren Manifesten.

Dass mit Le Lionnais und Queneau ausgerechnet ein Mathematiker und ein Literat gemeinsam das Grundkonzept von Oulipo – wie sich die

Gruppe abkürzte – entwickelten, war kein Zufall: Ausgangspunkt war es, mathematische Modelle auf die Literatur zu übertragen, nach Schnittstellen von Mathematik und Poesie zu suchen; der Autor sollte in den Hintergrund und die Konstruiertheit von Literatur in den Mittelpunkt gerückt werden. Das Klischee des Künstlers als Genie wurde in den streng mathematischen, formalen Werken von Oulipo dekonstruiert und die Sprache als reines Material behandelt. Diesem Material, so die Überlegungen der Oulipoten, wohne in der experimentellen Versuchsanordnung das Potential für künstlerische Artikulationen inne.

So ging Oulipo zunächst auf die Suche nach Werken der Literaturgeschichte, in denen formale Aspekte dem Inhalt übergeordnet waren, sie sammelten Schüttelreime, Palindrome oder Anagramme. Daneben schuf die stetig wachsende Gruppe Werke auf Basis eines übergeordneten formalen Zwangs – eines »contrainte«, wie es in den Manifesten heißt – neue Texte; ein solcher formaler Zwang konnte etwa in Queneaus Maschine zur Herstellung von Gedichten bestehen. Ein Meister dieses Spiels mit Zwängen war der 1967 in die Oulipo-Gruppe aufgenommene Georges Perec, der beispielsweise das längste Palindrom der Literaturgeschichte schuf – einen Text aus 1247 Wörtern, der sich von vorne und hinten identisch liest. Zwar war oftmals das Ergebnis der Oulipo-Literatur zufällig – etwa die stets neuen Varianten der *Hunderttausendmilliarden Gedichte* –, anders als bei den Surrealisten war der Zufall jedoch nicht die Grundlage für die Entstehung von Literatur, im Gegenteil: gerade die Abkehr von einer Poetik des Zufalls bestimmt bis heute die Arbeiten von Oulipo. Jedes Schreiben gehorche bestimmten Regeln, so die Oulipoten, das bewusste Einhalten von vorher festgelegten Regeln betrachteten sie dagegen als Befreiung von unbewussten Zwängen.

Es entstanden Panagramme – Texte, in denen alle Buchstaben des Alphabets vorkommen müssen –, Heterogramme – worin kein Buchstabe zweimal verwendet werden darf –, Leipogramme, die bewusst auf einen oder mehrere Buchstaben des Alphabets verzichten, und viele andere Varianten oulipistischer Spiele mit dem Sprachmaterial. Trotz der Bedeutung von Oulipo für die Nachkriegsliteratur und dem Erfolg einzelner ihrer Autoren wie Italo Calvino, Oskar Pastior oder Raymond Queneau, sind die theoretischen Grundlagen in Deutschland nahezu unbekannt geblieben.

Dass die Oulipo-Bewegung allerdings nicht auf mehr oder weniger gelungene Spiele mit der Sprache zu reduzieren war, zeigte schon der frühe Text *Leonardo in Dora* des Oulipo-Gründers Le Lionnais. Darin erzählte das ehemalige Résistance-Mitglied von seiner Zeit als Häftling im Konzentrationslager Mittelbau-Dora. Eine Überlebensstrategie war die Auseinandersetzung mit Kunstwerken, einerseits mit existierenden, die er im Geiste zu rekonstruieren versuchte, andererseits mit solchen, die einer »mentalen Malerei« entstammten: »Ich bin in der Tat der Autor einer großen Anzahl von Gemälden, die ich mir, unfähig sie zu malen, leider nur ausdenken konnte.« Im Nachwort zur deutschen Ausgabe schreibt Jürgen Ritte: »Die Kunst, und die Vermutung, dass in ihr mehr Mathematik, mehr Methode steckt, als sie sich vielleicht zugestehen mag, die Kunst und ihre genaue Beherrschung, in der Ausführung wie in der Betrachtung, kann Leben retten.«

Dem Zufall des eigenen Überlebens stellte nicht nur Le Lionnais die Strenge der Literatur, den Zwang klarer Regeln für die Erstellung von Texten gegenüber. Insbesondere die Texte von Georges Perec sind davon geprägt, dass das Spiel mit der Sprache zu einer vielschichtigen Auseinandersetzung mit seiner Biografie als 1936 geborener polnisch-französischer Jude wurde. »Man rettet sich (manchmal), indem man spielt«, schrieb er in *Die dunkle Kammer*, einem Traumtagebuch von 1968 bis 1972. Und in der Tat wirkt das Spiel mit der Literatur, mit Sprache, wie die Rettung Perecs vor den Leerstellen seiner Biografie.

»Ich habe keine Kindheitserinnerungen.« Mit dieser Absage beginnt der autobiographische Teil von *W oder die Kindheitserinnerung*, der Versuch von Perec, Erinnerungsfragmente an seine in Auschwitz ermordete Mutter zusammenzufügen. »Der Name meiner Familie ist Peretz. Er findet sich schon in der Bibel. Auf Hebräisch bedeutet Peretz ›Loch‹«, heißt es später. Georges Perec wurde als Sohn von in den 1920ern aus Polen nach Paris migrierten Juden geboren. Sein Vater Icek Peretz starb 1940 bei der Verteidigung von Paris, seine Mutter Cyrla Szulewicz schickte Georges 1941 aufs Land, wo er als Katholik getarnt in einem Kinderheim die Verfolgung überlebte. Sie selbst wurde 1943 nach Auschwitz deportiert. Dieses Loch, das die Shoah in seine Biographie gerissen hat, stellt den Mittelpunkt von Perecs Schreiben dar, um das alle seine Werke kreisen. Und dies im wörtlichen Sinne: Die Shoah ist nicht »Thema« seiner

Bücher, wird nicht an der Oberfläche erzählt, wo sie der Vereinnahmung preisgegeben wäre, vielmehr wird sie Teil der Struktur seiner Literatur, die sich über Strategien des literarischen Experiments um diese in die Texte eingezogene Leere herum anordnet und sie als Leere bestehen lässt. So wechseln sich in *W oder die Kindheitserinnerung* zwei Erzählebenen ab: Neben der Suche nach der eigenen Kindheitserinnerung steht eine fiktionale Rahmenhandlung, in der die Beschreibung einer Insel, auf der die gesellschaftliche Ordnung über Sport funktioniert, zunehmend an die Struktur deutscher Konzentrationslager erinnert. Gleichzeitig weist *W oder die Kindheitserinnerung* mit seinen Verschiebungen und Leerstellen über sich selbst hinaus: »Für E« lautet die Widmung des Buches. Wenige Jahre zuvor war mit *Anton Voyls Fortgang* (im Original *La Disparition*) ein Roman erschienen, in dem dieses E tatsächlich materiell abwesend ist. *Anton Voyls Fortgang* ist um diese Leerstelle herum arrangiert, lässt die Abwesenheit auf jeder einzelnen Seite aufscheinen: ein Buch ohne den Buchstaben »E«, ein Lipogramm-Roman, der mehr ist als eine literarische Spielerei, als die er so oft gelesen wurde.

La Disparition heißt das Buch im Original, *Acte de Disparition* lautet der Titel der offiziellen Urkunde über die Deportation von Perecs Mutter Cyrla Szulewicz nach Auschwitz. Und schon auf der ersten Seite schrieb Perec in *Anton Voyls Fortgang*: »Bald darauf, so ausfällig ward das Volk, griff man sogar Muslims aus Nordafrika an und natürlich Buchbaums und Abrahams und was sonst noch jüdisch war. So kams zum Pogrom in Drancy, in Livry-Gargan, in Saint-Paul. Dann folgt die Abschlachtung von Nachbarn, nur so zum Spaß.« In der Pulp-Kriminal-Story von *Anton Voyls Fortgang* verschwindet nach und nach eine Sippe, ein Klan, Morde und Anschläge löschen ein Familienmitglied nach dem anderen aus, alles läuft zu auf die Erfahrung des Todes, »wo stahlfingrig nach mir grapscht«. Auch wenn sich Perec mit *Anton Voyls Fortgang* nach wie vor im Kontext der Formexperimente der Oulipo-Gruppe bewegt, zeigt jeder Satz mit seinen darin eingeschriebenen »Löchern«, dass es ihm um bedeutend mehr ging als eine Kriminalgeschichte im experimentellen Formkleid: vielmehr war er auf der Suche nach einer Form, in der die Abwesenheit, die Vernichtung der europäischen Juden, nicht sprachlich beschrieben wird, sondern der Sprache selber als Abwesenheit eingeschrieben ist. Dass diese Form in der deutschen Übersetzung die Sprache noch auswegloser und düsterer erscheinen lässt als im Französischen, und, wie der Übersetzer Eugen Helmlé im Nachwort beschreibt, etwas zusätzlich Inhumanes bekommt, dürfte daher ganz im Sinne des 1982 verstorbenen Perec gewesen sein. »Sätze der Anteilnahme, des Mitgefühls, des persönlichen Interesses an einer Person, die im täglichen Umgang so ungemein zählen und die menschlichen Beziehungen einigermaßen erträglich gestalten, sind in dieser Sprache nicht mehr möglich. Die Redundanz, die in der Alltagssprache eine so große Rolle spielt, ist hier ausgeschaltet, die lipogrammatische Sprache, der das E genommen ist, dekuvriert sich als eine Sprache von Befehlsempfängern und Befehlsgebern, die im Blutrausch handeln«, so Helmlé. Das Lesen von *Anton Voyls Fortgang* wird dadurch oftmals zur vom Autor genau so beabsichtigten Qual, immer wieder stockt und stolpert man, ein »Lesefluss« will sich nicht einstellen: konsequenter als Perec hat kaum ein Autor die eigenen Verletzungen, die eigene Hilflosigkeit in der Suche nach einer Angemessenheit der Form, die Vernichtung der europäischen Juden zu erfassen und das Scheitern daran, ausgestellt. Selbst der Roman verliert am Ende seinen Glauben an die Sprache: »Doch ich komm nun Schritt für Schritt an das ran, wozu man auch Schlusspunkt sagt, wo auch 'n Hinhaltevortrag uns nichts nützt und auch Sprachfluß nicht, obwohls das war, was uns schuf und was uns nun kaputtmacht, in'n Abgrund stößt, ich bin ganz nah am Tod, wo gischtfingrig nach mir grapscht.«

Auch das Hauptwerk Perecs, *Das Leben. Gebrauchsanweisung* bietet auf Basis eines Formexperiments im Sinne von Oulipo eine komplexe Beschäftigung mit dieser Leere. Im Mittelpunkt des Buches steht der wohlhabende Percival Bartlebooth, der den Plan entwickelt, 20 Jahre lang die Kunst des Aquarellmalens zu erlernen, danach 20 Jahre durch die Welt zu reisen und 500 Aquarelle anzufertigen. Diese werden nach Paris geschickt, wo sie zu Puzzles verarbeitet werden, die Bartlebooth in den nächsten 20 Jahren wieder zusammensetzt. Schließlich schickt er sie an den Ort ihrer Entstehung zurück, wo die Farben wieder entfernt werden. Die Entstehung von Sinn durch den Prozess des Malens wird zurückgenommen, es bleibt nichts zurück als die Leere der weißen Leinwand – und selbst dieser Plan kann nicht zu Ende geführt werden.

Auch die Geschichte von Oulipo ist noch nicht abgeschlossen, noch immer werden Mathematiker und Literaten in den elitären Zirkel aufgenommen, um gemeinsam an der Erkundung des Potentials von Literatur zu arbeiten. Die Verstorbenen wie Perec, Pastior oder Queneau sind nach wie vor dabei, bei den Treffen wird ihr Fehlen als »dauerhaft entschuldigt« protokolliert.

»Sie und ich, wir sind doch keine Weltgeschichte«
Blicke aus Osteuropa

Isaak Babel

Ilja Ehrenburg

Witold Gombrowicz

Grigori Kanowitsch

Zbyněk Brynych

»Die Kunst besteht doch gerade darin, dass man nicht schreibt, was man zu sagen hat, sondern etwas völlig Unvorhergesehenes.«

Witold Gombrowicz

»Das Beste, was Russland anzubieten hat« Isaak Babel

»Odessa ist eine richtig miese Stadt«, begann Isaak Babel seine Liebeserklärung an die Stadt, in der er 1894 geboren wurde und die ihn wie keine andere geprägt und beeindruckt hat, auch wenn er nur wenige Jahre seines Lebens dort verbrachte. Odessa ist der rote Faden, der sich durch sein literarisches Werk zieht, wenn auch das Odessa, das er in seinen Erzählungen präsentiert, ein imaginiertes ist, das Ideal einer jüdisch geprägten Stadt im vor- und nachrevolutionären Russland. »Denken Sie nur – eine Stadt, wo sich leben lässt, leicht und klar. Die Juden stellen die Hälfte der Bevölkerung, und die Juden sind ein Volk, das ein paar sehr einfache Dinge sehr gut am Schnürchen hat. Sie heiraten, um nicht einsam zu sein, sie lieben, um ewig zu leben«, schrieb er in seiner Erzählung »Odessa« von 1916. Im Odessa Isaak Babels scheint dieses jüdische Leben möglich, in der Stadt am Schwarzen Meer mit den acht Synagogen und 28 Gebetshäusern, der zweitgrößte jüdischen Gemeinde im ehemaligen Zarenreich, dem osteuropäischen Zentrum der Haskala, der jüdischen Aufklärung, und des Zionismus. »Die armen Juden in Odessa werden von den Gouverneuren und Zirkularen ganz konfus gemacht, aber sie sind nicht leicht von ihrer Position abzubringen, es ist eben eine sehr althergebrachte Position. Ihren Bemühungen verdankt sich zu einem erheblichen Teil jene Atmosphäre von Leichtigkeit und Klarheit, die Odessa umgibt.«

Isaak Babel wurde in eine solch »althergebrachte Position« hineingeboren, in eine Händlerfamilie im verrufenen Stadtteil Moldavanka, einem von Juden und Kriminellen geprägten Viertel Odessas, das er in seinen Geschichten über die Stadt immer wieder aufs neue beschrieb. Babel hat dieser jüdischen Utopie Odessa, die er 1916 noch als Stadt beschrieben hatte, in der auch Juden »leicht und klar« leben können, in späteren Erzählungen andere Aspekte gegenübergestellt: Odessa war auch eine Stadt der Pogrome und des Antisemitismus – und der jüdischen Gangster.

1916 lebte Babel bereits nicht mehr in Odessa; er hatte seit 1911 an der Handelsschule in Kiew studiert und zog nach Abschluss seines Studiums nach St. Petersburg, wo er Maxim Gorki kennenlernte, der ihn nicht nur in das literarische Leben der Stadt einführte, sondern Babel auch den wohl entscheidenden Ratschlag seines Lebens gab. »Dieser Begegnung verdanke ich alles«, schrieb Babel später in einem »Autobiographie« betitelten Text. »Ganz augenfällig hat sich erwiesen, dass Sie, mein Herr, nichts vernünftig wissen, aber vieles ahnen … Tun Sie sich unter den Menschen um«, riet Gorki ihm 1917, und Babel beherzigte die Aufforderung, Lebenserfahrung zu sammeln, um seiner Literatur mehr Substanz zu geben. Zunächst gestaltete sich dieses Sammeln von Lebenserfahrung allerdings nicht wie erhofft: im gleichen Jahr wurde er als Soldat in den Ersten Weltkrieg eingezogen und an die russische Ostfront geschickt, wodurch er die revolutionären Unruhen verpasste, die Babel durchaus ersehnt hatte. Lebenserfahrung brachten ihm die Erlebnisse im Krieg dennoch, und Erkenntnisse darüber, dass jüdisches Leben in Russland ein gefährdetes Leben war. In seiner Erzählung »Der Weg« beschrieb Isaak Babel den Rückweg seines jüdischen Protagonisten von der Front in Richtung Westen; er wird Zeuge willkürlicher Hinrichtungen von Juden und muss schließlich selbst vor den Gewehren der Landbevölkerung fliehen. Mit erfrorenen Füßen entkommt er in den eisigen russischen Winter und wird schließlich von einem Arzt, der ihn behandelt, gefragt: »Wohin? Wohin treibt es euch … Was schweift sie umher, eure Nation?« Die Erzählung »Der Weg«, an der Babel zehn Jahre feilte, hat diese Frage exemplarisch an das russische Judentum gestellt, dessen Lebensbedingungen auch nach der Revolution nicht besser geworden waren, das heimatlos umher trieb und den Anfeindungen der Mehrheitsgesellschaft ausgesetzt war: Selbst wenn es Wurzeln schlagen wollte, blieb ihm diese Möglichkeit verwehrt. In der ersten Übersetzung ins Deutsche war »Der Weg« – wie auch in späteren russischen Ausgaben – nur verstümmelt zugänglich, zu extrem erschien dem DDR-Verlag *Volk und Welt*, der 1973 eine Werkausgabe Babels veröffentlichte, wohl das Nebeneinander des Glücks und der extremen Brutalität in dem Text, das aber gerade die Größe des Werks von Babel ausmacht. So heißt es in einer zuvor zensierten Passage in der Erzählung über die Zugfahrt des Protagonisten, die in einem Blutbad an den jüdischen Fahrgästen endet, über zwei seiner Mitpassagiere: »Der Lehrer hatte vor ein paar Tagen geheiratet und brachte die frisch Vermählte nach Petersburg. Ihre Hände waren im Schlaf ineinander verschlungen, eine geborgen in der anderen.« Dann tritt das Unglück auf: »Der Telegrafist zog unter dem Pelz eine Mauser mit schmaler und schmutziger Mündung hervor und schoss dem Lehrer ins Gesicht. Hinter dem Telegrafisten trat ein großer, gebückter Mužik in Fellmütze mit losen Ohrenklappen von einem Bein aufs andere. Der Chef zwinkerte dem Mužik zu, der knöpfte den Getöteten auf, schnitt ihm mit einem Messerchen die Geschlechtsteile ab und stopfte sie der Frau in den Mund.«

Unklar ist, wie bei allen Texten Babels, inwieweit die Erzählung autobiografisch geprägt war, sicher ist jedoch, dass solche Geschehnisse der antisemitischen Realität in Russland entsprachen. Babel, der sich von der Revolution erhoffte, nicht mehr als Jude, sondern als Russe wahrgenommen zu werden, war weiter auf der Suche nach der von Gorki eingeforderten Lebenserfahrung und stellte sich in den Dienst der 1. Reiterarmee, die unter dem Kommando von Semjon Michailowitsch Budjonnys im russisch-polnischen Krieg eine wichtige Rolle spielte. Die Reiterarmee war 1919 vom Revolutionsrat gegründet worden, zu dem auch Stalin gehörte, und eine Art irreguläre militärische Einheit, die mit eigenen Pferden und Waffen in den Krieg zog und erst gegen Ende des Bürgerkrieges offiziell in die Armee eingegliedert wurde. Unter dem Tarnnamen Ljutow – seine jüdische Identität konnte er nicht preisgeben, ohne sein Leben aufs Spiel zu setzen – ritt Babel als Journalist mit den Kosaken gen Galizien, lieferte für die Zeitung *Krasny Kavalerist* (*Roter Kavallerist*) Propagandaberichte über die Kriegserfolge und führte gleichzeitig Tagebuch, in dem er die Schattenseiten des Krieges festhielt: Elend, Tod, Kriegsgräuel, insbesondere gegen die jüdische Bevölkerung Polens. Im Zuge des polnisch-russischen Kriegs wurden bei Pogromen in Galizien über 60.000 Juden ermordet, nicht unwesentlich unter Beteiligung der Reiterarmee, mit der Babel ritt – nicht der letzte innere Konflikt, den Babel auszustehen hatte. Die Tagebuchaufzeichnungen bildeten die Grundlage zu jenem Werk, das seinen bis heute anhaltenden Weltruhm begründete: *Die Reiterarmee*, erschienen 1926. Nur drei Jahre später veröffentlichte Wieland Herzfelde in seinem *Malik-Verlag* das Werk sowie einen weiteren Prosaband Babels auf Deutsch, die unter anderem Thomas Mann, Elias Canetti und Kurt Tucholsky tief beeindruckt haben. *Die Reiterarmee* beschrieb, poetisch verdichtet, sehr realistisch den Kriegsalltag, aber auch die Ressentiments, die

Babel begegneten, wenn er als Jude erkannt wurde, den alltäglichen Antisemitismus. Schon die Auftakterzählung »Die Überschreitung des Zbruč« zeigt die Brutalität gegenüber Juden in Osteuropa, in diesem Fall durch die polnische Armee: »›Panie‹, sagte die Jüdin und schüttelte das Federbett auf, ›die Polen haben ihn abgeschlachtet, dabei hat er sie angefleht: tötet mich auf dem Hinterhof, damit meine Tochter nicht sieht, wie ich sterbe.‹« Insbesondere zwei Personen machte sich Babel mit dieser Textsammlung zum Gegner: Budjonny, den Anführer der Reiterarmee, und Joseph Stalin. Budjonny fühlte sich gedemütigt, da auch die chaotischen Zustände innerhalb der Armee und die Kriegsverbrechen schonungslos von Babel benannt wurden. Und Stalin wiederum hatte ebenfalls wenig Interesse an einer solchen Darstellung der Roten Armee, er notierte sich: »Unser zappeliger Babel schreibt über Dinge, von denen er keine Ahnung hat. Zum Beispiel *Die Reiterarmee*.«

Der Erzählungszyklus zeigt, dass Babel tatsächlich, wie Maxim Gorki formulierte, »das Beste ist, was Russland anzubieten hat«. Die kurzen Prosatexte von oft nur wenigen Seiten geben in einer ungeheuren Wucht und Dichte einen Einblick in eine Lebenswirklichkeit zu Beginn des 20. Jahrhunderts, immer aus einer jüdischen Perspektive, auch wenn Babel sich selbst wohl kaum als religiös verstanden hat. Seine Utopie war es, jenseits von religiösen Zugehörigkeiten und Zwängen wahrgenommen zu werden, wie er auch seinen Protagonisten in *Die Reiterarmee* in einem Traum erleben lässt: »Nacht für Nacht hatte ich denselben Traum. Ich jage im Trab auf Argamak dahin. Am Straßenrand brennen Lagerfeuer. Kosaken kochen sich ihr Essen. Ich reite an ihnen vorbei, sie heben nicht einmal ihren Blick. Die einen grüßen, andere schauen nicht hin, ich interessiere sie nicht. Was hat das zu bedeuten? Ihre Gleichgültigkeit beweist, dass an meiner Art zu reiten nichts Besonderes ist, ich reite wie alle anderen auch, es gibt an mir nichts zu sehen. Ich sprenge dahin und bin glücklich. Der Durst nach Ruhe und Glück wurde im Wachzustand nicht gestillt, daher diese Träume.«

»Wie alle anderen auch« sein zu wollen, aber nicht zu dürfen, ist ein Motiv, das sich auch durch andere Prosatexte Babels zieht. Als Jude auch Gangster sein zu können, ist einer dieser Träume, die Babel in die Literatur überführte: er hat, vor allem in seinen Texten über die Stadt Odessa, versucht, Gegenbilder des Jüdischen zu entwerfen, alternative Bilder zu den antisemitisch geprägten Stereotypen, die in dieser Zeit, also in den ersten Jahrzehnten des 20. Jahrhunderts, die Basis für immer wieder aufkommende Pogrome und Verfolgungen gebildet haben. Dabei stand das Bild des jüdischen Gangsters als Gegenmodell zum passiven Schtetljuden im Mittelpunkt, wehrhafte Juden, die in ihrer Rolle bestehende Hierarchien in Frage stellten. Babels Gangster stehen für die Suche des Autoren nach einer jüdischen Militanz, nach einer Antwort auf den Antisemitismus. Benja Krik ist die wohl bekannteste Gangsterfigur Babels, dessen Aufstieg zum Gangsterkönig in den *Geschichten aus Odessa* beschrieben wird. Krik ist angelehnt an den realen jüdischen Gangster Mischka Japontschik, der zur Jahrhundertwende in Odessa gewirkt hat, über den Babel auch die Drehbuchvorlage zu einem Film verfasste.

Der Brutalität der literarischen Gangster in Babels Texten ist die Brutalität der russischen Mehrheitsgesellschaft und der alltägliche Antisemitismus entgegengestellt, der sich immer wieder in Pogromen entlädt. Vielleicht kann man den Erzählungszyklus *Geschichten aus Odessa*, in dem der Aufstieg Benja Krieks zum Gangsterkönig beschrieben wird, als das wehrhafte Spiegelbild zu Babels Erzählungen *Die Geschichte meines Taubenschlages* lesen. Darin beschreibt er autobiografisch grundiert die Erkenntnis, dass das Leben als Jude in Russland permanent bedroht ist: Verwandte des zehnjährigen Erzählers werden bei Pogromen ermordet und ihm von einem Bettler alle Tauben, die er sich seit Jahren gewünscht und nun endlich nach der Einschulung ins Gymnasium bekommen hat, von den Worten begleitet umgebracht: »Den Samen von denen muss man ausrotten, ich kann ihn nicht leiden, den Samen von denen, und ihre stinkenden Männer …« Die Brutalität, die der Protagonist erfährt, und die wiederum mit der von ihm zuvor beschrieben ausgelassenen Freude seiner Familie darüber konfrontiert wird, dass er als einer von nur wenigen Juden zum Gymnasium zugelassen wurde, lässt auch heutige Leser nicht so schnell wieder los: »Sie sagte noch mehr über unseren Samen, aber ich hörte nichts mehr. Ich lag auf der Erde, und die Innereien des zerquetschten Vogels liefen mir die Schläfe hinab. Sie wanden sich meine Wangen entlang, besudelten mich und machten mich blind. Zartes Taubengedärm kroch über meine Stirn und ich schloss das letzte unverklebte Auge, um die Welt nicht zu sehen, die sich vor mir ausbreitete.«

Obwohl Babel in den Gangster-Erzählungen den starken und wehrhaften Juden als Gegenmodell zum unterdrückten Schtetljuden entworfen hatte, muss sich der Gangsterkönig Benja Krik angesichts solcher Realitäten in der Erzählung »Wie es in Odessa gemacht wurde« fragen: »Einen Riesenfehler hat Gott begangen, Tante Pessja. War es denn seitens Gottes kein Fehler, Juden in Russland anzusiedeln, damit sie dort wie in der Hölle leiden? Wäre es nicht besser gewesen, diese Juden lebten in der Schweiz, umgeben von erstrangigen Seen, von Bergluft und lauter Franzosen?«

»Man ließ mir nicht Zeit, fertig zu werden«, soll Isaak Babel gesagt haben, als er im Mai 1939 wegen angeblicher antisowjetischer Tätigkeit und Trotzkismus verhaftet wurde. Kurz zuvor hatte er seiner Mutter in einem Brief noch berichtet, dass die Arbeit an seinem »heißersehnten Werk«, einer neuen Sammlung von Erzählungen, bald abgeschlossen sei. Diese Texte sind bis heute ebenso verschollen wie 25 weitere Ordner mit Manuskripten, darunter Vorarbeiten zu einem Roman, autobiografische Skizzen, journalistische Arbeiten, Briefe und unzählige Erzählungen aus zehn Jahren, in denen Babel kaum noch etwas veröffentlicht hatte – Texte, die heute wohl ebenfalls zum Besten gehören würden, was die russische Literatur des frühen 20. Jahrhunderts hervorgebracht hat. Babel hatte sich in seinem Beharren auf einem jüdischen Blick auf das neue Russland, auf der Beschreibung der oftmals brutalen Realitäten und seiner distanzierten Haltung zum sozialistischen Realismus immer mehr isoliert, seine Familie lebte im Ausland und er versuchte immer wieder dorthin zu reisen, mal gelang es ihm, mal wurde ihm die Ausreise verweigert. Angebliche Spionagetätigkeiten waren nach seiner Verhaftung der offizielle Anklagepunkt, unter Folter gestand Babel die Anschuldigungen, um kurz vor seiner Exekution sein »Geständnis« zu widerrufen. 1940 wurde er hingerichtet, nach Stalins Tod 1954 unter Chruschtschow rehabilitiert, wodurch zumindest seine Texte wieder zugänglich wurden.

Babel war wichtigster Chronist der Veränderungen und des Niedergangs des osteuropäischen jüdischen Lebens. In der Fragment gebliebenen Erzählung »Die Jüdin« schrieb er: »Die halbe Nacht hindurch wanderte er durch das jüdische Schtetl, seine Heimat. Auf dem Fluss bebten die blanken Schlangen – Spiegelungen. Von den Hütten am Ufer wehte Gestank. Die dreihundertjährigen Mauern in der Synagoge waren aufgebrochen. Mit seiner Heimat ging es zu Ende. Die Uhr des Jahrhunderts kündete mit Glockenschlägen vom Ende des wehrlosen Lebens.«

»Ich träumte abwechselnd von der Revolution und vom Weltuntergang« Ilja Ehrenburg

»Viele meiner Zeitgenossen kamen unter die Räder der Zeit. Ich blieb am Leben – nicht weil ich stärker oder scharfäugiger gewesen wäre, eher deshalb, weil es Zeiten gibt, da das Schicksal eines Menschen nicht einer Schachpartie, sondern einem Lotteriespiel gleicht«, schrieb Ilja Ehrenburg zu Beginn seiner seit den frühen Sechzigern in mehreren Bänden publizierten Autobiografie *Menschen Jahre Leben*. Die kontemplative Ruhe und Konzentration des Schachspiels waren ihm nur selten vergönnt, vielmehr hielt er sich immer dort auf, wo es am lautesten nach Veränderung schrie: sei es als 14-jähriger Schüler bei den Kämpfen der gescheiterten Russischen Revolution 1905, bei der Oktoberrevolution 1917, im Paris des Surrealismus in den Zwanzigern, an der Seite von Durutti und Hemingway im Spanischen Bürgerkrieg 1936 oder bei der Gründung des Jüdischen Antifaschistischen Komitees 1942 in Moskau.

Der 1891 in Kiew geborene Schriftsteller und Journalist, der sich selbst als »wurzelloser Kosmopolit« verstand, bevor Stalin die russischen Juden ab Ende der Vierziger als solche zu diffamieren versuchte, verbrachte, oftmals unfreiwillig, nur selten lange Zeit an einem Ort, wurde von der Weltgeschichte immer wieder weitergetrieben und nahm Eindrücke aus all diesen Ländern und Orten in seine literarischen und essayistischen Arbeiten auf. Das Kind einer bürgerlichen jüdischen Familie schloss sich schon als Schüler in den Jahren nach der Revolution 1905 einer bolschewistischen Untergrundorganisation an, wurde der Schule verwiesen, verhaftet und für mehrere Monate inhaftiert. Nach seiner Freilassung ging er 1909 nach Paris ins Exil, wo er einerseits weiter politisch arbeitete und sich mit Trotzki in Wien traf, andererseits jedoch mit der künstlerischen Avantgarde seiner Zeit in Kontakt kam, Freundschaften mit Pablo Picasso, Fernand Léger und Diego Rivera schloss, Gedichte von Guillaume Apollinaire, Paul Verlaine und François Villon ins Russische übersetzte und 1910 einen ersten eigenen Gedichtband im Stil des russischen Symbolismus publizierte. Während des Ersten Weltkriegs, den er einmal die »Unreinschrift des Zweiten« nannte, schrieb er für russische Zeitungen Artikel von den Frontlinien, und erfand sich als politischer Journalist neu, ohne seine literarischen Arbeiten zu vergessen. »Ich träumte abwechselnd von der Revolution und vom Weltuntergang«, heißt es in seiner Autobiographie. Die Gewalt des Krieges prägte den jungen Journalisten nachhaltig, noch Jahrzehnte später schrieb er in seiner Autobiographie über seine erste Begegnung mit der Front: »Trotz aller Zeitungslektüre konnte ich mir bisher nicht vorstellen, dass die Front eine grandiose Maschine zur planmäßigen Menschenvernichtung war. Heldentaten, Tugenden und Leiden wogen wenig – der Tod arbeitete mechanisch.« Diese für ihn unfassbare Gewalt mag auch ein Grund gewesen sein, warum er zur Revolution, wegen der er 1917 zurück nach Russland gereist war, auf Distanz blieb, wie er in *Menschen Jahre Leben* festgehalten hat: »Ich kann nicht sagen, dass ich der Politik oder überhaupt der Aktion immer ferngeblieben wäre. In früher Jugend schon arbeitete ich in der Untergrundbewegung, auch im reifen Alter nahm ich oft unmittelbaren Anteil an den Ereignissen. Aber 1917 war ich Zuschauer. Ich benötigte zwei Jahre, um die Bedeutung der Oktoberrevolution ermessen zu können.« In dieser Zeit wurde Ehrenburg, für den sein jüdischer Background zuvor nie eine große Rolle gespielt hatte, zum ersten Mal mit der Gewalt des Antisemitismus konfrontiert, als er in Kiew ein Pogrom miterlebte. »Ich gehöre zu jenen, die man beleidigt«, fasste er diese Erfahrung zusammen, die er mit seinen in dieser Zeit neu gewonnenen Freunden Isaak Babel und Ossip Mandelstam teilte, die beide Jahre später Stalins Antisemitismus zum Opfer fallen sollten. Vor allem mit Mandelstam und dessen Frau Nadeschda verbrachte Ehrenburg während seiner Jahre in der Sowjetunion viel Zeit, sie lebten zeitweise gemeinsam völlig verarmt auf der Krim.

1921 kehrte er gemeinsam mit seiner Frau Ljuba nach Paris zurück, aufgrund seiner aktivistischen Vergangenheit wurde er jedoch ausgewiesen und nach Belgien abgeschoben. Schließlich landete Ehrenburg in Berlin, wo er an seine literarische Arbeit anknüpfte. Wiederum suchte er Kontakt zur künstlerischen Avantgarde, traf Carl Einstein, George Grosz, Ernst Toller und Herwarth Walden sowie die Exilrussen Boris Pasternak, Wladimir Majakowski, Maxim Gorki und Marina Zwetajewa. Er veröffentlichte einige Essaybände und gründete mit dem Künstler El Lissitzky das dreisprachige Zeitschriftenprojekt *Der Gegenstand*. Vor allem aber entstand in dieser Zeit sein erster Roman *Die ungewöhnlichen Abenteuer des Julio Jurenito und seiner Jünger*, der sich intensiv mit seiner jüdischen Identität beschäftigte, wenn auch in Form eines überzogenen Schelmenromans, der jedoch, wie Peter Hamm im Nachwort zum Roman *Das bewegte Leben des Lasik Roitschwantz* herausarbeitet, die Tragik der jüdischen Geschichte des 20. Jahrhundert vorhergesehen hat. Ehrenburg schrieb dort 1921: »In der nächsten Zeit findet statt die feierliche Ausrottung des jüdischen Volkes zu Budapest, Kiew, Jaffa, Algier und an vielen anderen Orten. Das Programm umfasst neben den beim verehrten Publikum beliebten Pogromen im Geiste der Zeit restaurierte Judenverbrennungen, Einscharren der Juden bei lebendigem Leibe, Besprengung der Felder mit jüdischem Blute ebenso wie allerlei neue Methoden der ›Säuberung der Ländern von verdächtigen Elementen‹.« 1924 setzte er diese Beschäftigung mit seinem jüdischen Background in Paris weiter fort, wo er 1927 den Roman *Das bewegte Leben des Lasik Roitschwantz* fertig stellte, der in der Sowjetunion erst 1989 erscheinen konnte. Dieser ironische Ritt durch die politischen und künstlerischen Positionen ihrer Zeit aus einer jüdischen Perspektive stellt den Höhepunkt von Ehrenburgs künstlerischer Beschäftigung mit dem Judentum dar. Als Journalist jedoch hat er sich immer wieder mit seiner eigenen jüdischen Identität beschäftigt und beschäftigen müssen, da er bereits 1931 auf Deutschlandreisen die Bedrohung durch den Nationalsozialismus wahrnahm. So verstand er sein Engagement im Spanischen Bürgerkrieg auch als Beitrag im Kampf gegen des Faschismus – er fuhr mit einem Lastwagen durch Spanien, der als Frontkino wie auch als Druckerei nutzbar war, und gab eine auf Spanisch, Katalonisch, Deutsch und Italienisch publizierte Zeitung heraus, die für eine Einheitsfront warb. Als 1939 der Hitler-Stalin-Pakt bekannt wurde, kam dies für den wieder in Paris lebenden Ehrenburg, wie Peter Hamm schreibt, »einem Untergang seiner Welt gleich. Er erlitt einen schweren psychischen und physischen Zusammenbruch, konnte wochenlang nicht schlafen und nichts essen und verlor 20 Kilogramm Gewicht.« Dennoch kehrte Ehrenburg nach Moskau zurück, wo er einen Monat nach dem Angriff Deutschlands in einem Artikel schrieb: »Ich bin in einer russischen Stadt aufgewachsen. Meine Muttersprache ist Russisch. Ich bin ein russischer Schriftsteller. Wie alle Russen verteidige ich jetzt meine Heimat. Aber die Nazis haben mich noch an etwas anderes erinnert: meine Mutter hieß Hanna. Ich bin Jude. Ich sage das mit Stolz. Hitler hasst uns mehr als alles andere. Und das gereicht uns zur Ehre.« Dieses Zurückgeworfensein auf das eigene Judentum, das er mit dem Kommunismus überwunden geglaubt hatte, begleitete ihn bis an sein Lebensende. Als Gegenmittel zum deutschen Nationalsozialismus sah er nur den Hass: »Wir lebten nun einmal in einer Zeit, in der ganz gewöhnliche junge Männer, die manchmal sogar sympathische Züge, sentimentale Bekenntnisse auf den Lippen und das Foto ihrer Liebsten im Tornister hatten, sich einbildeten, sie seien die Auserwählten, und daran gingen, die Nichtauserwählten auszurotten. Nur echter, abgrundtiefer Hass konnte dem Faschismus Einhalt gebieten.« Goebbels Propagandaabteilung tat alles dafür, diesen Hass auf Ehrenburg zurückzulenken und ihn in Artikeln zu diffamieren, die noch Jahre nach seinem Tod das Bild Ehrenburgs in Deutschland prägten. Ein Ergebnis von Ehrenburgs Hass auf den Nationalsozialismus war das gemeinsam mit Wassili Grossman erstellte *Schwarzbuch* über den Genozid an den sowjetischen Juden, das im Kontext der Arbeit des Jüdischen Antifaschistischen Komitees auf Anregung Albert Einsteins entstand, allerdings erst 1980 in einem israelischen Verlag erscheinen konnte, und Protokolle Überlebender sowie Dokumentationen der Orte des Grauens enthielt. Stalin verhinderte die Veröffentlichung in der Sowjetunion, auch das Jüdische Antifaschistische Komitee, dessen Aufgabe es gewesen war, weltweit Juden im Kampf gegen Nazideutschland zu mobilisieren, wurde zerschlagen und die meisten Führungsfiguren ermordet. Ehrenburg überlebte die Säuberung und verhielt sich in den Folgejahren politisch unauffällig. Er schrieb zwar weitere Romane, wenn er auch ab 1949 nicht mehr gedruckt wurde und nicht mehr über ihn geschrieben werden durfte, die literarisch jedoch nicht die Größe seines Frühwerks erreichten. 1967 starb er in Moskau.

Betrachtet man diesen Lebenslauf, der stets das literarische Werk überschattete, so scheint der von Ehrenburg in seinen Memoiren formulierte Satz »Es existieren zwei Ehrenburgs« stark untertrieben. Tatsächlich erscheint es, als hätte es zahlreiche Ehrenburgs gegeben, die sich widersprüchlich und streitlustig gegenüberstanden: der Romancier und der politische Journalist, der stolze russische Jude und der Antizionist, der einerseits von Stalin enttäuschte Kommunist und der andererseits von ihm instrumentalisierte Propagandist. Eben diese Widersprüche jedoch haben Ehrenburg zu einer Person werden lassen, die bis in die Gegenwart polarisiert – vor allem in Deutschland, wo die von Goebbels verbreitete Propaganda, Ehrenburg fordere in Artikeln den Tod aller Deutschen sowie sowjetische Soldaten zur systematischen Vergewaltigung deutscher Frauen auf, noch immer nachwirkt – davon zeugen die Kommentarspalten unter Online-Rezensionen des Romans *Das bewegte Leben des Lasik Roitschwantz.*

Der Protagonist dieses in den späten Zwanzigern geschriebenen Romans, der jüdische Herrenschneider Roitschwantz, wird ebenso wie der Autor Ehrenburg aus seinem Schtetl hinaus in die Welt geschleudert, trifft auf Künstler und Politiker in unterschiedlichen Ländern Europas, und landet für seine kleinen Betrügereien immer wieder im Gefängnis, bis er schließlich im Heiligen Land am Grab der Erzmutter Rahels stirbt. »Sie und ich, wir sind doch keine Weltgeschichte«, sagt er einmal, und doch trifft der arme Herrenschneider auf die Weltgeschichte, auf die zentralen Orte, Künstler und politischen Ereignisse seiner Zeit. Ehrenburgs Parodie des antisemitischen Motivs des »wandernden Juden«, der heimat- und wurzellos durch die Welt getrieben wird und nirgends heimisch werden kann – weil er von überall verjagt wird –, ist geprägt von einer Sympathie für die Perspektive des außerhalb der Gesellschaft Stehenden auf die Welt, der, wie Hannah Arendt einmal geschrieben hat, zum einzig wahren Kritiker der Gesellschaft werden kann. Roitschwantz nimmt weder seine Religion – von der er dennoch unzählige Parabeln zu erzählen weiß – noch seine Zeitgenossen ernst, zeigt die Absurdität von Traditionen und Ideologien auf, vorgetragen mit der Naivität des »kleinen Mannes«, der jedoch über eine enorme Sprachgewalt verfügt, die er in endlosen Monologen immer wieder demonstriert. Beeinflusst von der jiddischen Schtetl-Literatur des 19. Jahrhunderts, die sich meist mit innerjüdischen Fragen beschäftigt hat, konfrontiert Ehrenburg seinen »wandernden Juden« mit der großen Welt außerhalb des Schtetls, nach dem sich Roitschwantz immer wieder zurücksehnt, denen er mit jüdischem Humor und Sarkasmus begegnet. Am Anfang des Buches jedoch steht ein Seufzer, der die Geschichte in Gang setzt und Lasik ins Gefängnis bringt, da ihm der Seufzer als Beleidigung der politischen Autoritäten ausgelegt wird: »Man kann behaupten, dass das ganze bewegte Leben Lasiks mit einem unvorsichtigen Seufzer begann. Es wäre besser gewesen, er hätte nicht geseufzt.« Mit diversen dieser Autoritäten legt sich Lasik Roitschwantz im Verlaufe des Buches auf seine subversiv-ironische Weise an, als Kaninchenbeobachter mit der sowjetischen postrevolutionären Bürokratie oder als Rabbi in Frankfurt mit dem orthodoxen Judentum. Auch die Kunst bekommt es mit Lasik zu tun, sowohl die Pariser Boheme-Szene wird parodiert, wie auch der sozialistische Realismus, wobei in diesen Episoden durchaus die große Sympathie Ehrenburgs – der die Sowjetunion mit westlichen Künstlern wie Picasso bekannt machte und den russischen Symbolismus nach Paris mitbrachte – für die Kunst erkennbar bleibt. Der Episodenroman offenbart eine Skepsis am Zeitgeist, während er gleichzeitig weder die Ideale des Kommunismus, noch die Ansätze der künstlerischen Avantgarden oder die jüdische Kulturgeschichte ablehnt, sondern einer ironischen Untersuchung unterzieht. Dass die tatsächlichen Feinde woanders zu suchen waren, hat auch Ehrenburg immer wieder betont, zuletzt bei einer Rede anlässlich seines 70. Geburtstags: »Ich bin ein russischer Schriftsteller. Und solange auf der Welt auch nur ein einziger Antisemit existiert, werde ich auf die Frage nach der Nationalität stolz antworten: ›Jude‹.«

»Komplott gegen alle Vernunft« Witold Gombrowicz

»Ich bin zu der Überzeugung gekommen, dass es sich bei Gombrowicz um einen halbirren, literazzelnden Autoren handeln muss, der aus einer unverdauten Überfressenheit heraus seine geistigen, östlichen Minderwertigkeitskomplexe ausspuckt«, ereiferte sich ein Braunschweiger Buchhändler, als 1961 das erste Werk des polnischen Autoren, der Roman *Ferdydurke*, auf Deutsch erschien. *Der Spiegel* griff in einer »Pups-Pädagogie« betitelten Rezension des Buches diese Vorlage auf, und erkannte im Werk des »lyrischen Clowns« Witold Gombrowicz lediglich »sinnlose schriftstellerische Saltosprünge« und ein »Komplott gegen alle Vernunft«. Diese Formulierungen dürften Gombrowicz gefallen haben, denn in der Tat kämpfte der Autor Zeit seines Lebens gegen jene Vernunft an, die von der Gesellschaft erwartet wurde, sah sich eher als Clown oder Saltospringer denn als seriöser Schriftsteller. Susan Sontag konnte mit einem solchen Charakter mehr anfangen als der anonyme *Spiegel*-Rezensent, und formulierte über Gombrowicz: »Extravagant, brillant, verstörend, mutig, witzig, herrlich … Es lebe sein feiner Spott!« Und der galizische Schriftsteller Bruno Schulz, der für die polnische Erstausgabe von *Ferdydurke* Zeichnungen beisteuerte, schrieb über das Buch: »Seit langem waren wir in der Literatur nicht mehr an so etwas Überwältigendes gewöhnt, an derartige Entladungen von Ideen, wie jetzt in Gombrowicz' Roman *Ferdydurke*. Wir haben es hier mit der ungewöhnlichen Manifestation eines schriftstellerischen Talents zu tun, mit einer neuen, revolutionären Form und Methode des Romans.«

Dieser legendäre Roman *Ferdydurke*, die »groteske Geschichte eines Herrn, der ein Kind wird, weil ihn die anderen als solches behandeln«, ein Buch, das die »große Unreife der Menschheit demaskieren« wolle, wie Gombrowicz später schrieb, erschien 1937 in Polen, wo der Autor 1904 als Kind des polnischen Landadels bei Radom geboren worden war. An seinen Vater erinnerte er sich als einen »prächtigen Mann, von Rasse, stattlich und auch vorbildlich, pünktlich, pflichtgetreu, systematisch, von nicht allzu weiten Horizonten, mäßiger Sensibilität in Dingen der Kunst.« Entsprechend war Witolds Erziehung auf Tradition, Manieren, Form und die katholische Kirche ausgerichtet, sein literarisches Werk dagegen wirkt wie eine Flucht vor solcherart Erwartungen, seien es gesellschaftliche Zwänge oder etwa formale Konventionen an die Gattung Roman. Sein Erstling *Ferdydurke* – »die Parodie einer philosophischen Erzählung im Stile Voltaires« – feierte das Unfertige, das Ungeformte und die Unreife, das Infantile und die »Popoisierung«. Der Roman unterbricht sich immer wieder selbst, um sein – unfertiges – Konzept offenzulegen, nach dem der Mensch unreif bleibt, auch wenn er älter wird, und sich lediglich im Umgang mit anderen Menschen formt, »eine Fresse bekommt«, diese Fassade des Reifens jedoch jederzeit in sich zusammenfallen kann. Der Mensch, schreibt der Gombrowicz-Übersetzer Olaf Kühl über diese Kernthese des Autoren, wird von außen erschaffen, er »ist ein Produkt von Formen, Konventionen und Etiketten, von Masken, die er sich aufsetzt, von Verdummungen, die er sich gefallen lässt.« Verhaltensnormen, Religion, Ideologie, Moral, Kunst und ähnliche starre Ideen lehnte Gombrowicz dagegen strikt ab und schrieb in *Ferdydurke*: »Wenn mir nun jemand vorwerfen wollte, dass ich, anstatt mich den strengen Gesetzen und Regeln der Kunst zu unterwerfen, mich über sie durch so ein Gespött lustig zu machen suche – dem würde ich antworten, ja, das stimme und gerade das und nichts anderes sei meine Absicht.« Aus seiner Abneigung gegenüber der herrschenden Moral und dem Kulturbetrieb in Polen machte er keinen Hehl, was ihm einerseits viele Feinde jedoch andererseits auch eine gewisse Bekanntheit einbrachte: »Ich möchte ebenso gern eurer Kunst entgehen, die ich nicht ausstehen kann, wie euch selber, ihr Herren. Denn auch euch kann ich nicht ausstehen mit euren Konzeptionen, eurer künstlerischen Haltung und eurer ganzen, kleinen Künstlerwelt.« Das Subversive seiner Literatur bestand darin, dass er nicht nur die Form des Romans aufbrach, sondern Form und Inhalt zusammenfallen ließ, die Unreife sich in der Infantilisierung des Protagonisten ebenso zeigte wie in der Infantilisierung der Sprache des Autoren, der »Popoisierung der Sprache«, die dem *Spiegel*-Rezensenten so unangenehm aufgestoßen war. Rolf Fieguth schreibt im Nachwort zur deutschen Ausgabe von *Ferdydurke*: »Vielleicht gewinnt ihr Geschmack an Gombrowicz' Ästhetik des Widerstands durch Unsäglichkeit, seiner Methode, den überlebensgroßen Formen die überwältigend subversive Reife und Schwäche entgegenzusetzen.«

Ab 1915 besuchte Gombrowicz in Warschau ein Gymnasium, las Nietzsche, Schopenhauer und Alfed Jarry, verfasste erste Texte und studierte nach dem Abitur Jura, allerdings nicht mit dem Ziel, tatsächlich als Jurist zu arbeiten. Stattdessen ließ er sich nach Ende des Studiums treiben, führte in Paris, nachdem sein Vater ihm die Geldzahlungen gestrichen hatte, für ein Jahr ein »unregelmäßiges Leben«, schlenderte durch die Straßen, wie er in seinen *Polnischen Erinnerungen* berichtet, und lebte schließlich ein weiteres halbes Jahr in den Pyrenäen. Nach seiner Rückkehr nach Polen begann er 1929 halbherzig ein Praktikum bei einem Untersuchungsrichter in Warschau, aber schon ein Jahr später hängte er die juristische Laufbahn endgültig an den Nagel, als er wegen seiner liberalen und judenfreundlichen Ansichten beim Gericht von Radom abgewiesen worden war. 1933 erschien der erste Erzählungsband *Memoiren aus der Epoche des Reifens*, 1937 *Ferdydurke*, ein Jahr später reiste er durch Österreich und Italien und spürte die »drückende, von dieser Rohheit vergiftete Atmosphäre« des Faschismus: »Als wir die Vorstädte Wiens erreichten, sah ich Gruppen von Menschen mit Fackeln und hörte Hochrufe. Die Schreie ›Heil Hitler!‹ drangen bis an unsere Ohren. Die Stadt tobte.« Auch in Polen war nach 1935 die Atmosphäre autoritärer und repressiver geworden und so kam es dem Nachwuchsschriftsteller sehr gelegen, dass er im Juli 1939 zur Jungfernfahrt des Schiffes »Chrobry« nach Argentinien eingeladen wurde, zusammen mit anderen Künstlern, Autoren, Journalisten und Diplomaten. Kurz nach seiner Ankunft in Argentinien marschierte die Wehrmacht in Polen ein, der Zweite Weltkrieg brach aus und Gombrowicz blieb in Buenos Aires – für die nächsten 24 Jahre. In seinem Tagebuch notierte er 1964: »Ich war zufällig nach Argentinien gefahren, für zwei Wochen nur, wäre in diesen zwei Wochen nicht durch eine Fügung der Krieg ausgebrochen, ich wäre nach Polen zurückgekehrt – doch ich verhehle nicht: als es kein Zurück mehr gab, als Argentinien über mir zusammengeschlagen war, da war mir, als hätte ich endlich mich selbst gehört.«

In Argentinien entstanden die meisten seiner literarischen Werke, unter anderem sein Tagebuch, das von vielen als sein Hauptwerk angesehen wird, und dort begann er mit seinen Aufzeichnungen für *Kronos*, eine Art »Kalendarium des Lebens von Gombrowicz«, wie der Herausgeber Jerzy Jarzebsi im Nachwort schreibt. Im Jahr 1953 entschied Gombrowicz, sein Leben jenseits des aus Reflexionen zu Philosophie, Literatur, Religion und Kunst, Polemiken gegen Gott und die Kultur sowie literarischen Fragmenten bestehenden Tagebuchs zu dokumentieren, die Fakten zusammenzutragen, die seinen Alltag bestimmten, beginnend mit seinem Abitur im Jahr 1922: das literarische Arbeiten, ökonomische Sorgen, sein Sexualleben und Krankheiten. Zu seiner Ehefrau Rita Gombrowicz sagte er ein Jahr vor seinem Tod: »Wenn es brennt, nimm *Kronos* und die Verträge und lauf damit so schnell wie möglich davon!« Das Buch ist die Verdichtung eines Lebens auf 250 Buchseiten, voller kryptischer Anspielungen auf Kollegen, Liebhaberinnen und Liebhaber, polnische und argentinische Kneipen, Restaurants und Straßen. Für den Februar 1954 heißt es in *Kronos* beispielsweise: »Blutanalyse. Zahnarzt – will den Zahn ziehen. Am Mittwoch Raúl an der Haltestelle Retiro. Am Donnerstag in der Esmeralda: Juana Antonia. Es geht mir etwas besser. Am Sonnabend Plaza Italia Jaime. Am Sonntag Regen.« So geht es Monat für Monat, Krankheiten und Arztbesuche, erotische Abenteuer mit Matrosen und Strichjungen wie Raúl, Begegnungen mit Freunden und Verlegern werden benannt, jedoch nicht beschrieben. Sachlichkeit und Kürze dominieren, wenn auch ab und an Emotionen erkennbar werden: »Ich denke an den Tod und warte. Erreicht habe ich nichts. Böse Vorahnungen für 1955.« Für Gombrowicz-Einsteiger ist die biografische Stichwortsammlung sicherlich nicht geeignet, hat man jedoch bereits das ein oder andere Werk gelesen, liest sich *Kronos* als hervorragende Ergänzung zu seinem Hauptwerk. Man erfährt, wovon er lebte, wie er um seinem Lebensunterhalt kämpfen musste, wer ihn mit welchen Summen unterstützte, liest davon, dass er sich um Finanzkrisen sorgte, den Dollarkurs und die argentinische Wirtschaft beobachtete, bis ins hohe Alter ein ausgefülltes Sexleben mit Partnern beiderlei Geschlechts pflegte und wie er arbeitete. Seine Tagebücher sind durchzogen von Erfahrungen der Körperlichkeit, die sich auch in *Kronos* wiederfindet, allerdings in einer Beckett'schen Verknappung: »Verkehr mit Rita. Sorge um das Herz. Heiter.« Heiter und glücklich, so wird deutlich, war Gombrowicz selten, meist befand er sich in Sorge um seinen Lebensunterhalt, seinen Körper, sein Schreiben.

Ab 1947 arbeitete er in Buenos Aires in der Banca Polaca, wo er bis 1955 die einzige bezahlte Anstellung seines Lebens ausübte – die ihn zermürbte, wie er im Tagebuch festhält: »Ich sehe vor mir nichts ... keine Hoffnung. Alles geht mir in die Brüche, nichts will beginnen. Die Bilanz? Nach so vielen, doch immerhin angestrengten, doch immerhin arbeitsamen Jahren – wer bin ich? Ein kleiner Angestellter, der von sieben Stunden kläglicher Bürofron kaputt ist, in all seinen schriftstellerischen Vorhaben verstrickt.« Dennoch entstanden in dieser Zeit neben seinem am Ende auf über 1.000 Seiten angewachsenen Tagebuch und mehreren Theaterstücken auch die Romane *Trans-Atlantik* (1953) und *Pornographie* (1960). Er korrespondierte mit Albert Camus und Martin Buber, übersetzte sich selbst ins Spanische und Michel Cioran ins Polnische, und verfasste regelmäßig Beiträge für die polnische Abteilung von Radio Free Europe, das von München aus nach Polen sendete. Auch aus diesem Grund, und weil Exilanten in Polen ohnehin einen schweren Stand hatten, griff der damalige polnische Ministerpräsident Józef Cyrankiewicz Gombrowicz öffentlich an und nannte ihn einen antipolnischen Reaktionär im Sold des amerikanischen Imperialismus. Zwar konnten 1957 einige seiner Titel auch in Polen erscheinen, nur ein Jahr später wurden sie jedoch wieder verboten.

1963 verließ Gombrowicz Argentinien, nachdem er ein von Walter Höllerer vermitteltes einjähriges Stipendium in Berlin erhalten hatte, wo er zeitgleich mit Ingeborg Bachmann in der Akademie der Künste unterkam. 1964 zog er nach Frankreich, wo er bis zu seinem Tod lebte, zuletzt mit seiner Ehefrau Rita, die nach seinem Tod glücklicherweise die *Kronos*-Aufzeichnungen aufbewahrte und für deren Veröffentlichung sorgte. Über diese letzte Zeit schrieb Gombrowicz in seinem Tagebuch: »Mit einundsechzig Jahren ward mir zuteil, was man normalerweise um die Dreißig erreicht: ein Familienleben, ein Zuhause, Hund, Katze, Komfort ... Auch bin ich zweifellos (alles zeugt davon) ›Schriftsteller‹ geworden.« Dieses schriftstellerische Werk jedoch bleibt bis heute störrisch, wird immer wieder mal vergessen und neu entdeckt, jene »Höllenmaschinen«, wie Sartre Gombrowicz' Romane einmal bezeichnete, *Trans-Atlantik* beispielsweise, eine in Argentinien angesiedelte, fiktive barocke Autobiografie, fast unübersetzbar, voller absurder Wortschöpfungen und eigenwilliger Orthografie: »Und Wumm, Wumm packte Pyckal den Baron am Bauch, und der Buchhalter den Ciecisz, und Lachen wummen sie und wammen,

Wamm, Wamm, da wiehern die Alten, dass sie Torkeln ... und Wamm, Wumm dröhnt, prustet, birst vor lachen der herr Pfarrer, und die Muszka mit der Tuska hüpfen schier, berotzen sich schier!« Diese ins Absurde kippende Form, manchmal infantil, voll pubertärem Witz, dann wieder philosophisch, um kurz darauf in eine Tirade gegen den Kulturbetrieb abzugleiten, zeichnet das Werk des 1969 im französischen Vence verstorbenen Autoren aus. In seinem letzten Interview wurde er gefragt: »Was sind ihre Pläne für die Zukunft?«, und Gombrowicz antwortete: »Das Grab«.

»Wer nicht leidet, der ist kein Mensch.« Grigori Kanowitsch

»Mir träumte, ich bin ein Vogel, ich fliege am wolkenlosen Himmel über den Markt und den Kramladen, über die Synagoge und den Friedhof, und die Jungen aus dem Ort schießen mit Katapulten nach mir, und der lange Pessach, Lehrling beim Schaubudenbesitzer Zaddik, ruft: ›Daniel! Nicht so hoch! Sonst werden wir's dir zeigen. Wohin fliegst du, du Dummer?‹« Sich in die Luft zu erheben und die Enge des litauischen Schtetls bei Vilnius hinter sich zu lassen, ist der Traum des Jugendlichen Daniel Kleinas in Grigori Kanowitschs 1979 auf Russisch erschienenem Debüt-Roman *Ewiger Sabbat*. Die Verwandlung in einen Vogel, der dem Elend eines jüdischen Halbwaisen und der am Horizont aufscheinenden Bedrohung durch Nazideutschland entschweben kann, wird zur Utopie des Protagonisten. »Der Mensch, Daniel«, pflegt seine Großmutter zu sagen, »kommt auf die Welt, um zu leiden. Wer nicht leidet, der ist kein Mensch.« Von diesem Leid ist Daniel Kleinas Jugend in den 1930ern geprägt, und diesem Leid versucht er im Verlauf des Romans erfolglos zu entkommen, ohne dabei jedoch seinen Optimismus und melancholischen Humor zu verlieren, seinen Glauben daran, dass alles schon irgendwie gut enden werde, er seine Liebe finden und die litauischen Juden ein glückliches Leben führen könnten.

Daniel Kleinas wächst bei seinen Großeltern auf, einem melancholischen Uhrmacher und seiner dominanten Ehefrau, die Mutter ist früh verstorben, der Vater sitzt im Gefängnis und fällt nach seiner Entlassung als Teil der internationalen Brigaden im Kampf gegen Franco im Spanischen Bürgerkrieg. Mitte der Dreißiger, als der Roman zeitlich einsetzt, ist Hitler für die Schtetl-Bewohner nicht mehr als ein fernes Gerücht, ebenso wie der Zionismus. Die fast 200.000 litauischen Juden lebten in der Zwischenkriegszeit, nachdem das Land 1918 zur unabhängigen Republik erklärt worden war, in einem mehr oder weniger friedlichen Nebeneinander mit der nicht-jüdischen Bevölkerung; die antijüdische und sich in Pogromen entladende Stimmung im russischen Zarenreich, Polen, Bessarabien und der Ukraine fand sich so in Litauen nicht wieder – was die nicht-jüdische Bevölkerung jedoch nicht davon abhielt, nach dem Einmarsch der Deutschen tatkräftig an der Shoah mitzuwirken. So auch im Roman *Ewiger Sabbat*: Kaum sind die Deutschen auf dem Vormarsch gen Osten, gelten alte Freundschaften nicht mehr, bricht sich der verdeckte Antisemitismus Bahn. »Wieder wir!«, ereifert sich Daniels Großmutter über die zunehmenden Anfeindungen durch die litauische Mehrheitsgesellschaft, und fasst all jene antisemitischen Stereotype zusammen, die auf sie projiziert werden: »Wir sind Rebellen, wir sind Aufrührer, wir sind Diebe, wir sind Gauner, wir sind Schmarotzer, wir haben euren Christus gekreuzigt, wir gießen Blut in die Matze, wir verleiten zum Suff, entführen, betrügen, rauben ... Wenn es keine Polizei gäbe, würden wir längst die Welt regieren!«

Nach dem Tod der Großeltern wird der Totengräber Josef zu Daniels Vormund und macht ihn zu seinem Assistenten auf dem jüdischen Friedhof. Während Daniel seine Pubertät durchlebt, seine erste und einzige große Liebe Judith kennenlernt und wieder verliert, rückt die Bedrohung durch Deutschland näher, während gleichzeitig auch die Ideen des Zionismus das kleine litauische Schtetl erreichen. Es entbrennen Diskussionen um Fragen von Assimilation oder dem Kampf um einen jüdischen Staat. Der Müllersohn Schendel Oisermann, der nicht ohne Grund von allen Jabotinsky genannt wird, steht stellvertretend für einen selbstbewussten Zionismus: »Wir dürfen die Hände nicht mehr in den Schoß legen. Wir müssen kämpfen.« Daniel selbst hält sich aus politischen Diskussionen heraus, lässt sich aber dennoch dazu überreden, verbotene zionistische Flugblätter zu verstecken, wird ertappt und landet wie sein Vater im Gefängnis. Kurz zuvor hatte er angesichts des Todes seines Vormunds Josef und des Sterbens im gerade begonnenen Zweiten Weltkrieg traurig Abschied von seiner Jugend und seinem Friedhof genommen: »Ich weinte um alle Toten, um meine Großmutter, um meine Mama, um meinen Vormund Josef, um alle Vergifteten und Erschlagenen, ich beweinte alle Gräber, in denen soviel Gutes und Böses, so viele Hoffnungen und Niederlagen begraben sind.«

Nach Daniels Entlassung aus dem Gefängnis existiert sein Schtetl nicht mehr, von litauischen Helfershelfern der Nazis sind die Juden in einem Ghetto in der nächstgelegenen Stadt Vilnius zusammengetrieben worden. »Ich schwimme mit dem Strom wie Treibholz, schwebe wie ein Vogel zwischen Himmel und Erde, derselben Erde, auf der jeden Tag etwas geschieht, und demselben Himmel, an dem nicht nur Engel, sondern auch Flugzeuge fliegen«, gleicht er seine Utopie des freien Lebens als Vogel an die politischen Realitäten an. Daniels Hilflosigkeit angesichts der Situation im Ghetto, in das auch er gebracht wird, verwandelt sich in eine imaginäre Rache, nachdem er mit ansehen muss, wie eine Jüdin von den Posten am Eingang des Ghettos gedemütigt wird: »Ich hob das Kleid auf. Ich hielt es in den Händen und schwor Rache: für sie, für mich, für den lachenden Deutschen und für jene Frau ... Der gemischte Chor der Lebenden und der Toten sang am Ghettotor ein Wiegenlied für unseren Mut.« Dieser Mut treibt Daniel an, bei dem waghalsigen Versuch mitzuarbeiten, jüdische Waisenkinder in einem Güllewagen aus dem Ghetto zu schmuggeln, bevor sie bei einer Selektion ausgewählt und deportiert werden. Die Aktion gelingt, das Schicksal der anderen Ghettobewohner und auch Daniels jedoch bleibt im Ungewissen. Grigori Kanowitschs Roman endet mit der leisen Hoffnung Daniels, seine geliebte Judith noch einmal wiederzusehen, die Gerüchten zufolge unter falschem Namen in der Stadt wohnen soll. Ein letzter Hoffnungsschimmer, der das folgende, von Kanowitsch nicht mehr erzählte tragische Ende der jüdischen Schtetlbewohner umso beklemmender erscheinen lässt: Das Ghetto in Vilnius wurde im September 1943 aufgelöst, die nicht bereits vorher exekutierten oder an Hunger und Krankheiten verstobenen Juden in verschiedene Konzentrationslager deportiert. Von den 200.000 litauischen Juden überlebten nur knapp zehn Prozent, darunter neben Menachim Begin auch der Autor Grigori Kanowitsch. Der 1929 als Sohn eines jüdischen Schneiders in einem Schtetl bei der Stadt Kaunas geborene Kanowitsch konnte nach Kasachstan fliehen, kehrte nach Ende des Krieges nach Vilnius zurück und lebt heute in Israel. »Ich bin kein jüdischer Schriftsteller, weil ich russisch schreibe, kein russischer Schriftsteller, weil ich über Juden schreibe, und kein litauischer Schriftsteller, weil ich nicht litauisch schreibe«, beschreibt Kanowitsch sein künstlerisches Leben zwischen allen Stühlen. Dem litauischen Judentum hat er mit seinem Werk, insbesondere mit *Ewiger Sabbat* ein Denkmal gesetzt, dem Schtetl-Leben wie auch seinem grausamen Ende im Ghetto. Dass sich in diesem Denkmal unzählige Verweise auf die Verwandlung in Vögel, auf die Utopie des Schwebens finden, ist dabei kein Zufall. Das Bild des »Luftmenschen« ist eines der zentralen literarischen und künstlerischen Motive des osteuropäischen Judentums, *Ewiger Sabbat* reiht sich in eine lange Motivgeschichte ein, die erst mit der Shoah und Paul Celans »Grab in den Lüften« ihr literarisches Ende fand.

»›Ich will kein Uhrmacher werden, sondern ein Vogel‹, sagte ich. ›Du bist meschugge, Daniel. Der erste Meschuggene in unserer Familie‹, erwiderte Großvater gutmütig.« Daniels Traum, als Vogel den Zwängen, dem ärmlichen Leben im Schtetl und der zunehmenden Bedrohung durch den anwachsenden Antisemitismus zu entschweben, mag meschugge sein, geteilt haben ihn jedoch unzählige jüdische Autoren Osteuropas. Theodor Herzl sprach vom Judentum als »schwebendem Proletariat«, in Franz Kafkas Fabelfragment »Forschungen eines Hundes« geht das Gerücht um, es gebe Hunde, die des Fliegens mächtig sind, was den Neid des Hunde-Erzählers hervorruft, in den *Zimtläden* des galizisch-jüdischen Autoren Bruno Schulz versucht der Vaters des Erzählers, sich in der Verwandlung in einen Vogel von den gesellschaftlichen und körperlichen Zwängen zu befreien, und Paul Celan schrieb in einem Gedicht seines Bandes »Atemwende«: »In der Luft, da bleibt deine Wurzel, da, / in der Luft«. Luftwurzeln statt Blut und Boden; auch Autoren wie Joseph Roth oder Isaak Babel und Künstler wie Marc Chagall oder Chaim Soutine griffen dieses Bild des Luftmenschen auf, und Max Nordau schrieb in seinen *Zionistischen Schriften*: »Viele Luftmenschen geben zusammen ein Luftvolk. In der Tat, das jüdische Volk ist ein Luftvolk. Buchstäblich, denn es hat keinen Fußbreit eigenen Bodens und hängt vollständig in der Luft.« In der Utopie des nicht-verwurzelten Menschen, in dessen vermeintlicher Freiheit von den Zwängen einer heimatlichen Verwurzelung, schwang jedoch immer auch eine Gefahr mit: jederzeit war die antisemitische Realität in der Lage, Juden den Boden unter den Füßen wegzuziehen.

Die Metapher des Luftmenschen ist im 19. Jahrhundert entstanden und umfasst viele Bedeutungen: sie war einerseits eine jüdische Selbstbeschreibung ihrer eigenen prekären ökonomischen Situation, eines Lebens »von der Hand in den Mund«, aber auch von nicht-jüdischer Seite ein antisemitischer Vorwurf der Wurzellosigkeit. Gleichzeitig steckt in dem Bild auch eine Hoffnung auf die Änderung der Zustände – die Hoffnung, der Armut durch ein Wunder oder einen Zufall zu entkommen, zu entschweben. Das Schweben, Nicht-Verwurzeltsein birgt die Möglichkeit einer Unabhängigkeit von religiösen wie gesellschaftlichen Zwängen. Daniel Keinas kommt in *Ewiger Sabbat* immer wieder auf dieses Bild zurück: »Auf einmal entsann ich mich meines fernen Kindertraumes – ein Vogel zu werden. Und dieser Traum schien mir nicht mehr so töricht wie früher. Wenn Gott wirklich existierte, so sollte er uns doch in Gefiederte verwandeln, jedem von uns einen Schnabel und ein Paar Flügel verleihen, und wir würden davonfliegen«, malt er sich aus, als die Deutschen auf Litauen zumarschieren. Doch selbst diese Utopie eines Lebens als Vogel, als Luftmensch, wird von den Nazis gestört: »Wird nicht auch auf Vögel geschossen? Vielleicht gibt es auf der Welt jüdische und nichtjüdische Vögel? Die einen haben Flügel mit gelbem Kennzeichen, die anderen einfach Flügel«, denkt Daniel.

»Die Juden haben nirgends eine Heimat, aber Gräber auf jedem Friedhof«, hat Joseph Roth einmal geschrieben. Die Sehnsucht nach einer Heimat lässt auch Daniel nicht los. Irgendwann beginnt er an der Utopie des wurzellosen Schwebens zu zweifeln und überlegt: »Früher wollte ich immer ein Vogel werden, aber jetzt möchte ich gern ein Baum werden. Und alle, die mir nahestehen, müssten auch Bäume werden. Vielleicht hörte dann unser Umherwandern und Getriebensein auf.« Eine nachvollziehbare Sehnsucht angesichts des real erfahrenen Getriebenseins. Der Autor Grigori Kanowitsch hat seine Luftwurzeln mit seiner Frau Olga in Israel geschlagen, für den Protagonisten Daniel bleibt nur die Hoffnung auf ein Wiedersehen mit seiner Jugendliebe Judith, die einst den gleichen Traum teilte wie er: Schwebend den Zwängen, den antisemitischen Realitäten und der Enge des Schtetls zu entkommen: »›Wir beide gehen arm wie die Bettler fort‹, sagte sie. ›Wir stehen beizeiten auf und gehen zu Fuß los. Dann nimmt uns ein Fuhrwerk mit. Und dann fliegen wir!‹ ›Fliegen – wie denn?‹ ›Ganz einfach. Mit Flügeln. Die Liebe verleiht doch Flügel‹, sagte Judith und bewegte die Arme wie Flügel.«

»Film ist die Kunst des Widerstands«
Zbyněk Brynych

»Wo es nichts gibt, wofür man kämpfen muss, kann man das Kino abschreiben, denn Film ist die Kunst des Widerstands. Das ist ein Naturgesetz«, erklärte Zbyněk Brynych im Herbst 1968 in einem Interview mit dem amerikanischen *International Journal of Politics*. Der 1927 im tschechoslowakischen Karlovy Vary (Karlsbad) geborene Regisseur hatte gerade seinen Film *Ja, Srpavedlnost* (*Ich, die Gerechtigkeit*) in der Tschechoslowakei in die Kinos gebracht. Der Film, der in Deutschland mit einigen Jahren Verzögerung unter dem reißerischen Titel *Als Hitler den Krieg* überlebte vermarktet worden ist, war nach *Transport z ráje* (*Transport aus dem Paradies*, 1962) und *a pátý jezdec je strach* (*Der fünfte Reiter ist die Angst*, 1965) der letzte Teil einer losen Trilogie über den Nationalsozialismus und dessen Wirken in der Tschechoslowakei. Und auch der vorerst letzte Film von Brynych in seiner Heimat: Mit der Niederschlagung des Prager Frühlings im August 1968 und dem Einmarsch der Truppen des Warschauer Pakts verließ er wie viele seiner Kollegen das Land. Die Kulturpolitik der folgenden Jahre der sogenannten »Normalisierung« waren geprägt von einer Rückkehr zum starren ideologischen und ästhetischen Rahmen des Sozialistischen Realismus, nachdem sich tschechoslowakische Künstler für fast ein Jahrzehnt neue Freiheiten erkämpft hatten, die mit der kurzen Amtszeit des Reformers Alexander Dubček im Frühling 1968 auch politisch institutionalisiert wurden.

Brynych war Ende der Fünfziger einer der ersten Regisseure gewesen, die einen neuen Realismus in den Film einführten und statt Heldengeschichten den sozialistischen Alltag mit all seinen Schattenseiten abbildeten. Sein Debüt *Vorstadtromanze* von 1958 wurde im Jahr darauf von staatlicher Seite wieder vom Verleih zurückgezogen, gilt aber dennoch als eine wichtige Wegmarke für die Entstehung der tschechoslowakischen Nová Vlna Anfang der Sechziger, der Tschechoslowakischen Neuen Welle, einer Filmbewegung, die ähnlich wie die französische Nouvelle Vague inhaltlich und ästhetisch nach neuen Wegen suchte. Allerdings waren die gesellschaftlichen Voraussetzungen in der Tschechoslowakei ungleich komplizierter.

Die fünfziger Jahre waren in der Tschechoslowakei geprägt von einer zunehmend repressiven Politik und Tribunalen gegen ehemalige kommunistische Funktionäre, denen meist Kollaboration mit dem Westen vorgeworfen wurde. Wie Stalins Schauprozesse gegen »wurzellose Kosmopoliten« hatten sie eine offen antisemitische Färbung. Während nach dem Tod Stalins 1953 in vielen Ländern des Warschauer Pakts eine Phase der Liberalisierung begann, dauerte es in der Tschechoslowakei noch ein ganzes Jahrzehnt, bis eine politische und kulturelle Öffnung einsetzte. Nun brachen all jene zuvor tabuisierten Themen an die Oberfläche: Neben Alltagssorgen, den negativen und absurden Aspekten des Lebens im Sozialismus auch ein neuer Blick auf die jüngste Vergangenheit. Während in den Filmen der Fünfziger, die sich mit dem Nationalsozialismus beschäftigten, tschechische (und sowjetische) Helden und Opfer, Pathos und Widerstandskämpfer dominierten, die Shoah aber so gut wie keine Rolle spielte und Juden kaum vorkamen, entwickelten sich die Jahre 1939 bis 1945 zu einem der zentralen Themen der Filme der neuen Welle, von denen zwei sogar mit dem Oscar für den besten fremdsprachigen Film ausgezeichnet wurden: *Das Geschäft in der Hauptstraße* (1966) von Ján Kadár und Elmar Klos und *Liebe nach Fahrplan* (1968) von Jiří Menzel. Filme wie *Romeo, Julia und die Finsternis* von Jiří Weiss, *Diamanten der Nacht* von Jan Němec, *Dita Saxová* von Antonín Moskalyk oder *Der Leichenverbrenner* von Juraj Herz zeigten keine Heldenfiguren mehr, sondern gebrochene Charaktere, Kollaborateure, Alltagsantisemitismus und Deportationen. Fast alle diese Filme wurden nach dem Ende des Prager Frühlings 1968 wegen »Zionismus« verboten und konnten erst nach 1989 wieder in der Tschechoslowakei gezeigt werden.

In diesem politischen und kulturellen Kontext begann Zbyněk Brynych in den frühen Sechzigern an seiner losen Trilogie zum Nationalsozialismus zu arbeiten. Gemeinsam mit dem Autoren Arnošt Lustig, der als Jugendlicher Theresienstadt, Auschwitz und Buchenwald überlebt hatte und zu einem wichtigen Wegbegleiter der Regisseure der Neuen Welle wurde, entwickelte er das Drehbuch zu *Transport aus dem Paradies*, der

1962 in die Kinos kam und 1963 als bester Film auf dem Locarno Film Festival ausgezeichnet wurde. Der erzählerische Rahmen ist der Besuch des SS-Generals Knecht im Lager Theresienstadt, wo er sich die Dreharbeiten zum Propagandafilm *Der Führer schenkt den Juden eine Stadt* vorführen und die jüdische Selbstverwaltung erklären lässt.

Schon in diesem frühen Film findet Brynych zu einer Bildsprache, die er in seiner Trilogie immer weiter verfeinern wird: extreme Close-ups auf Gesichter, Hände, Nacken; verzerrte Kameraeinstellungen; dunkle und labyrinthische Settings, die sich oftmals aus Alltagsgegenständen formen. In *Transport aus dem Paradies* ist es ein Lagerraum voller Koffer, die bis zur Decke gestapelt nur schmale Gänge lassen. Irgendwo in diesem Irrgarten hat eine Widerstandsgruppe ein Radio und eine kleine Druckerei versteckt, die schließlich von den Nazis ausgehoben wird. Der Film porträtiert eine Vielzahl von Inhaftierten, zeigt unterschiedliche Möglichkeiten, mit der tödlichen Realität des Ghettos umzugehen. Neben zwei sogenannten »Judenältesten«, die zur Kollaboration mit den Nazis genötigt werden, führt Brynych die Mitglieder der Widerstandsgruppe ein, sowie daneben Menschen, die ihr Leben für andere opfern, und solche, die egoistisch auf ihren eigenen Vorteil bedacht sind. Jeder geht anders mit der Extremsituation um, stets der Willkür der deutschen Aufseher ausgeliefert und mit dem Tod bedroht zu sein.

Transport aus dem Paradies stellt verschiedenen Realitäten gegenüber: Die Realität des Lebens im Lager und jene Realität, die der Propagandafilm über Theresienstadt vorgaukeln will; die kleinen Freiräume, die sich die Inhaftierten zu bewahren versuchen und die Politik der Deutschen, diese Freiheiten gegen die Juden zu verwenden, wenn sie etwa selbst darüber zu entscheiden haben, wer mit dem nächsten Zug deportiert wird. Mit dem Bild eines fahrenden Zuges endet schließlich auch der Film, in dem sich fast alle jüdischen Protagonisten befinden, die der Film eingeführt hat.

Während *Transport aus dem Paradies* noch recht herkömmlich inszeniert war, merkt man dem zweiten Teil der Trilogie von 1965 die zunehmenden künstlerischen Freiheiten der Tschechoslowakischen Neuen Welle an. *Der fünfte Reiter ist die Angst* erzählt die Geschichte des jüdischen Arztes Dr. Braun, der mit dem Leben dafür bezahlt, einem angeschossenen Widerstandskämpfer das Leben gerettet zu haben. Ein Haus in Prag beherbergt einen Mikrokosmos der tschechoslowakischen Gesellschaft unter deutscher Besatzung: Neben dem Juden, der ins Dachgeschoss abgeschoben ist, finden sich Mitläufer, Verräter und Widerständler, dekadente Neureiche, denen alles egal ist, und Arbeiter, denen jedoch der Heldenmut des Sozialistischen Realismus fehlt.

Braun arbeitet, da er nicht mehr als Arzt praktizieren darf, in einer ehemaligen Synagoge, die nun als Lagerraum für den konfiszierten Besitz der deportierten Juden dient. Wieder ist es die Kameraarbeit, die jene Angst spürbar werden lässt, die der Filmtitel als Motiv vorgibt. Menschenleere Hallen voller Hausrat der ermordeten Juden, durch die Braun wandert, während im Hintergrund ein Klavier gestimmt wird, enge Treppenhäuser und die Straßen Prags werden als ausweglose Irrgärten inszeniert, und verstörende Soundeffekte ziehen immer wieder ihre Aufmerksamkeit auf sich, wodurch der Film zunehmend zur Inszenierung einer Atmosphäre der Paranoia gerät, die durch die plötzlich auftauchende Geheimpolizei auch ein Gesicht erhält. Braun gerät auf der Suche nach Morphium für seinen versteckten Patienten von einem surrealen Setting ins nächste, besucht eine geheime Bar, in der unzählige Menschen trinken und feiern, um die Realität zu vergessen, betritt ein jüdisches Krankenhaus, das jedoch nur noch Verrückte beherbergt, die angesichts der politischen Lage den Verstand verloren haben. Braun bleibt im Finale nur noch die kleine Freiheit, seinem Leben selbst ein Ende zu setzen, statt sich in die Hände der Staatsmacht zu begeben.

Die Mitarbeiter der Geheimpolizei, die im Haus nach dem untergetauchten Widerstandskämpfer suchen, tragen keine erkennbaren Uniformen, auch das Setting des Films verweist nur sehr subtil auf die Nazi-Besatzung. Die antisemitischen Strukturen, zeigt Brynych auf diese Weise, die Juden ausgrenzen, enteignen und ihrer Würde und ihres Lebens berauben, sind jederzeit zu reaktivieren, auch im Prag der Nachkriegszeit.

Eine andere Form des Nachlebens des Nationalsozialismus behandelt der dritte Teil von Brynychs NS-Trilogie, der wohl einer der obskursten Filme der Tschechoslowakischen Neuen Welle ist. *Als Hitler den Krieg überlebte* von 1967 spielt mit der Idee, Hitler habe keinen Selbstmord begangen, sondern sei nach 1945 verschwunden. In den düsteren, klaustrophobischen Kellergewölben von Schloss Lilienberg in der Schweiz, einem Privatsanatorium, wird Hitler im Jahr 1946 täglich mit seinen Taten konfrontiert. »Ein Tod für Hitler ist zu wenig, er muss hundert Tode sterben«, erklärt Rolf Harting, Besitzer des Sanatoriums, dem Prager Arzt Dr. Josef Heřman. Und so wird Hitler täglich von als Alliierten Soldaten verkleideten Schauspielern »entführt« und zum Tode verurteilt, wenn er bereits unter der Guillotine liegt, taucht eine SS-Einheit unter Leitung von Harting auf und befreit ihn. Die täglichen Scheinhinrichtungen stellen jedoch eine lebensbedrohliche nervliche Belastung dar, weswegen Heřman, der Hitlers ehemaligem Arzt und Vertrauten Dr. Wollmann ähnlich sieht, aus Prag entführt wird. Während Heřman sich zunächst weigert, Hitler zu behandeln und darauf besteht, ihn an das Gericht in Nürnberg auszuliefern, wo gerade die Hauptkriegsverbrecherprozesse verhandelt werden, fügt er sich als Gefangener im Sanatorium mehr und mehr in seine Rolle. Wieder inszenieren Kamerafahrten und Close-ups auf den Schweiß des Arztes die Angst und den Stress, nachdem Heřman klar geworden ist, dass er diesen Ort nicht mehr lebendig verlassen wird.

Daneben spinnt im Hintergrund Martin Bormann an einer Verschwörung: Während er gleichzeitig bei den Nürnberger Prozessen in Abwesenheit zum Tod durch den Strang verurteilt wird, hat er zur Befreiung Hitlers mehrere Vertraute ins Schloss eingeschleust, angeführt von Inge Stahl, die in der Charade im Sanatorium die Rolle der Geliebten von Hitler spielt. Es kommt zum Showdown, während dessen Heřman Hitler eine Todesspritze gibt und daraufhin von Inge Stahl erschossen wird. Diese wiederum wird zusammen mit den anderen Verschwörern kurz darauf hingerichtet. Der Film endet mit einer Rede Hartings vor einem riesigen Hakenkreuz auf einer Tribüne, die kurz zuvor noch Hitler für seine Ansprachen nutzte, in der er in Mimik und Gestik sich dem einstigen Führer annähert.

Der Film zeige, dass »die Antifaschisten von gestern die Faschisten von morgen« seien, behauptet das Backcover der deutschen DVD-Fassung des Film. Als Antifaschist wurde Harting jedoch gar nicht eingeführt, vielmehr war er einst ein Vertrauter Hitlers, der mit dem Kriegsende die Seiten wechselte und nun aus persönlicher Enttäuschung über den verlorenen Krieg am »Führer« Rache nimmt. Das Ende des Films entspricht der Realität des Jahres 1946: Hitler ist tot und den Deutschen ist auch nach dem Krieg nicht zu trauen, die Faschisten von gestern sind auch die Faschisten von morgen. Inge Stahl erklärt Heřman auf seine ungläubige

Frage, wie sie Hitler nur lieben könne: »Wir haben es von klein auf so beigebracht bekommen.«

Mit diesem Film endete Brynychs cineastische Beschäftigung mit dem Nationalsozialismus. In seinem 1970 in Deutschland gedrehten Film *Die Weibchen* bietet er eine andere Möglichkeit des Umgangs mit der historischen Schuld der Deutschen: Zumindest die männlichen Deutschen werden darin kurzerhand von feministischen Valerie-Solanas-Fans verspeist. Auch eine Lösung.

»Das lebt forever darling«
Ästehtik nach Auschwitz

Charlotte Salomon

Raymond Federman

Eva Hesse

Boris Lurie

Leonard Cohen

Danilo Kiš

Jean Améry

Claude Lanzmann

Benjamin Murmelstein

John Zorn

»Es ist besser, man gehört zu den Verfolgten als
zu den Verfolgern.«
Danilo Kiš

»Das ist mein ganzes Leben!« Charlotte Salomon

In seinem Essay »Was bedeutet: Aufarbeitung der Vergangenheit« hat Theodor W. Adorno von einer Frau berichtet, »die einer Aufführung des dramatisierten Tagebuchs der Anne Frank beiwohnte und danach erschüttert sagte: ja, aber *das* Mädchen hätte man doch wenigstens leben lassen sollen.« Unter einer ähnlich verzerrten Rezeption litt lange Zeit das Werk von Charlotte Salomon, die 1943, 26-jährig und im fünften Monat schwanger, in Auschwitz ermordet wurde. Als zwanzig Jahre nach ihrem Tod ein erster Katalog mit Auszügen aus ihrem bildnerischen Werk erschien, versuchte der Verlag unter dem Titel *Ein Tagebuch in Bildern* aus dem Lebenswerk Salomons ein zweites Tagebuch der Anne Frank zu inszenieren, eine Anne Frank der bildenden Kunst. Unterstützt wurde dieses Vorhaben durch ein Vorwort von Paul Tillich, der dort von der »Schlichtheit, fast Primitivität« sprach, mit der Salomon »eine uns allen verständlich Lebensgeschichte« berichte. Zu diesem Zweck wurden einzelne von Salomon den Abbildungen hinzugefügte Texte sogar zensiert, manche Aspekte der »allen verständlichen Lebensgeschichte« sollten dem bundesdeutschen Nachkriegspublikum nicht zugemutet werden. »Weißt du, Großpapa, ich hab das Gefühl, als ob man die ganze Welt wieder zusammensetzen müsste«, sagt die Erzählerin Charlotte Kann in der Version von 1963, die Erwiderung des Großvaters wurde ausgespart: »Nun nimm dir doch schon endlich das Leben, damit dies Geklöne endlich aufhört.«

Im französischen Exil, nach dem Selbstmord der Großmutter und einer kurzen Haft gemeinsam mit ihrem Großvater im Internierungslager Gurs im Juli 1940, begann Salomon mit der Arbeit an *Leben? oder Theater?* und es entstanden im kurzen Zeitraum bis 1942 im Wissen um die Bedrohung des eigenen Lebens und der Unklarheit über das Schicksal der Eltern, die in die Niederlande geflohen waren, über 1.300 Gouache-Bilder, von denen 769 die Endauswahl Salomons für *Leben? oder Theater?* bildeten.

Zu diesem Zeitpunkt lebte Charlotte Salomon versteckt im Landhaus der Amerikanerin Ottlie Moore – der *Leben? oder Theater?* auch gewidmet ist –, einer Freundin der Großeltern, im südfranzösischen Villefranche-sur-Mer. Im Februar 1943 starb der Großvater Ludwig Grunwald, im Juni heiratete sie den österreichischen Exilanten Alexander Nagler und im September wurden beide nach Auschwitz deportiert. Kurz vor ihrer Deportation versteckte Charlotte Salomon ihr gesamtes künstlerisches Werk bei dem befreundeten Dorfarzt von Villefranche-sur-Mer, Dr. Moridis, mit den Worten: »Heben Sie das gut auf, das ist mein ganzes Leben!« Moridis hielt Worte und übergab 1947 das Vermächtnis an Charlottes Vater Albert Salomon, der im niederländischen Versteck die Verfolgung überlebt hatte. So konnte eines der ungewöhnlichsten und interessantesten Zeugnisse deutsch-jüdischer Kunst und Zeitgeschichte gerettet werden.

Leben? oder Theater? erzählt die Geschichte der Familie Salomon von 1913 bis 1940 aus der Perspektive Charlotte Salomons. Retrospektiv in den Jahren zwischen 1940 und 1942 geschrieben ist die Bezeichnung als Tagebuch ohnehin irreführend, aber auch als Autobiografie kann man das Werk nur schwerlich bezeichnen, zu verfremdet erscheinen die Figuren. Ihr Ziel sei es gewesen, schreibt Salomon, »aus sich selbst herauszugehen und die Personen mit eigener Stimme singen oder sprechen zu lassen«. Die 769 mit Texten kombinierten Gouache-Bilder stehen außerhalb von Entwicklungen und Strömungen der europäischen Kunst der ersten Jahrhunderthälfte: zwar hatten die Avantgarden schon mit Text-Bild-Kombinationen gearbeitet, nicht jedoch, um eine zusammenhängende Handlung zu erzählen, sondern eher um mit der bürgerlichen Vorstellung von Kunst zu brechen. Einige der Gouachen Salomons erinnern an Egon Schiele oder Vincent van Gogh, andere in ihrer Flüchtigkeit an Marc Chagall, wieder andere sind in ihrer Modernität eher Arbeiten von nach dem Zweiten Weltkrieg berühmt gewordenen Avantgardisten wie Mark Rothko ähnlich; und doch sind sie in dem Versuch, in den Bildsequenzen das Einzelbild zu überschreiten und mit Textelementen zu kombinieren, einzigartig für ihre Zeit. Zusätzlich hat Salomon die Bilderfolgen musikalisch unterfüttert, über vierzig Mal hat sie auf bekannte Melodien aus dem Kabarett, aus Operette und Oper verwiesen, die der Leser beim Betrachten des jeweiligen Bildes im Hinterkopf haben sollte. Einige Lieder fungieren als historischer Kommentar zu den abgebildeten politischen Entwicklungen, etwa wenn im Januar 1933 das Horst-Wessel-Lied zitiert wird, während das Bild einen Hakenkreuzbeflaggten Aufmarsch zeigt. Salomon selber beschrieb den Charakter ihres Bilderzyklus im Epilog folgendermaßen: »Die Entstehung der vorliegenden Blätter ist sich folgendermaßen vorzustellen: Der Mensch sitzt am Meer. Er malt. Eine Melodie kommt ihm plötzlich in den Sinn. Indem er sie zu summen beginnt, bemerkt er, dass die Melodie genau auf das, was er zu Papier bringen will, passt. Ein Text formt sich bei ihm, und nun beginnt er die Melodie mit dem von ihm gebildeten Text zu unzähligen Malen mit lauter Stimme so lange zu singen, bis das Blatt fertig scheint.«

Herkömmliche Gattungseinteilungen können das Werk Salomons nur schwerlich fassen, sie selbst beschrieb es als Singspiel, das Narrative und die in die Bilder geschriebenen Dialoge lassen oftmals an Comics denken, insbesondere der Einbezug der ästhetischen Qualität der Schrift, viele Sequenzen scheinen auch vom Film beeinflusst. Die Kunsthistorikerin Griselda Pollock beschreibt *Leben? oder Theater?* als »ein Werk, das unter einer rätselhaften Reihe von Fragezeichen eine ganze Geschichte von Erzählweisen der westlichen Malerei und Grafik, des modernen Journalismus und des Films, populäre und klassische Musik sowie Anspielungen auf klassische wie auch skandalumwitterte Literatur einbezieht oder rekapituliert.«

Am besten betrachtet man *Leben? oder Theater?* als singulär in der Kunstgeschichte, das neben dieser Avantgardestellung als Kunstwerk gleichzeitig als Dokument zum jüdischen kulturellen Leben der Weimarer Zeit, dem zunehmenden Antisemitismus, zur Machtergreifung der Nationalsozialisten und der Situation jüdischer Exilanten funktioniert. Salomon nutzte Strukturen fiktionalen Erzählens, um die Realität zu erkunden, versuchte aus dem französischen Exil heraus die Erinnerungen an die eigene Kindheit und Jugend zu rekonstruieren, Bilder für diese zu finden und daraus eine Erzählung zu komponieren. Und nicht zuletzt war das Malen auch eine Form von Therapie, um die Einsamkeit des Exils ertragen zu können. »Sie sah sich vor die Frage gestellt, sich das Leben zu nehmen oder etwas ganz verrückt Besonderes zu unternehmen«, schrieb Salomon im Epilog, und an anderer Stelle heißt es: »Lieber Gott, lass mich bloß nicht wahnsinnig werden.«

Dem Singspiel ist ein Zitat aus Psalm 144, der Einleitung des Gedenkgottesdienstes an Jom Kippur, vorangestellt: »Was ist der Mensch, dass du sein gedenkest, der Erdenwurm, dass du auf ihn achtest?« Gedenken war der Antrieb Salomons, der Versuch, der Auslöschung der eigenen Familie ein Erinnern entgegenzusetzen, einen rastlosen Versuch, soviel wie möglich zu erzählen, bevor die Vernichtung sie in Südfrankreich einholte. Das Buch dokumentiert die Suche, dieses Gedenken in eine angemessene Form überführen zu können. Charlotte Salomon fehlte die Zeit, aus der Suche ein letztgültiges Finden zu machen, zu schnell überrollten die Künstlerin die Ereignisse. Sie hat daher in der Vorrede die Suche nach einer Form in den Mittelpunkt gestellt und schrieb: »Da ich selbst ein Jahr brauchte, um herauszufinden, was es mit dieser merkwürdigen Arbeit auf sich habe, sind mir, besonders bei den ersten Blättern, manche Texte sowie die Melodien entfallen und müssen, wie die Gesamtentstehung mir scheint, in Dunkel gehüllt bleiben.«

Ins Dunkel gehüllt bleibt etwa die Lebensgeschichte ihrer Tante Charlotte, die sich 1913 umbrachte, und nach der die vier Jahre später geborene Charlotte Salomon benannt wurde. Dieser Selbstmord bildet den Auftakt von *Leben? oder Theater?* und gibt dem Bilderzyklus auf diese Weise von Beginn an einen düsteren und melancholischen Ton. Nach diesem Ereignis erzählt Salomon von ihren Eltern, dem im Ersten Weltkrieg ausgezeichneten Chirurgen Albert Salomon und der Sanitätsschwester Franziska Grunwald, die wie alle Figuren mit Rollennamen ausgestattet sind und hier Doktor Kann und Franziska Knarre heißen. Die Mutter begeht, als Charlotte neun ist, ebenfalls Selbstmord, was die Tochter, die im Glauben gelassen wird, die Mutter sei an einer Grippe gestorben, erst nach dem Selbstmord der Großmutter in Frankreich viele Jahre später erfährt. Einige Jahre darauf heiratet Albert Salomon die Sängerin Paula Lindberg, im Singspiel Paulinka Bimbam genannt, und die wohlhabende Familie lebt in Berlin das Leben assimilierter Juden, reist durch Europa, ist wichtiger Teil der Kulturszene der Hauptstadt und wird mit der Machtergreifung umso heftiger auf ihr Judentum zurückgeworfen. Albert verliert seine Anstellungen im Krankenhaus und an der Universität und darf nur noch im Jüdischen Krankenhaus tätig sein, Paula Lindberg-Salomon erhält ein Auftrittsverbot. Charlotte verlässt ein Jahr vor dem Abitur die Schule aufgrund der zunehmenden antisemitischen

Anfeindungen und auch eine Kunstakademie verlässt sie wieder, nachdem sie immer öfter von »Juden raus!«-Chören begrüßt wird und ihr ein Preis eines Hochschul-Wettbewerbs verweigert wird, weil sie Jüdin ist. Als der Vater nach der Pogromnacht 1938 verhaftet und im KZ Sachsenhausen interniert wird, von wo er nur dank der Kontakte seiner Ehefrau wieder freikommt, entschließt sich die Familie, Charlotte nach Südfrankreich zu schicken, wo die Großeltern sich bereits aufhalten. Mit einem Wochenendvisum, Reisepässe durften Juden nicht mehr besitzen, reist sie nach Nizza. Dort erlebt sie eine kurze Phase der Erleichterung, die jedoch spätestens endet, als die depressive Großmutter sich 1940 aus Angst vor dem Vormarsch der deutschen Truppen vor den Augen ihrer Enkelin aus dem Fenster stürzt. In diesem letzten Teil von *Leben? oder Theater?* ist es vor allem der Versuch, mit dieser traumatischen Erfahrung umzugehen, die im Mittelpunkt steht, und angesichts der sich zuziehenden Schlinge um die europäischen Juden nicht zu verzweifeln, beziehungsweise die Panik zu kanalisieren und in Kunst umzuwandeln. Hier wird das Werk erstaunlich selbstreflexiv und man spürt den Einfluss der Beschäftigung Charlotte Salomons mit der Psychoanalyse. Die Angst der Großmutter ist nicht unbegründet, nur wenige Monate später wird Charlotte mit ihrem Großvater in Gurs interniert, sie kommen jedoch aufgrund des hohen Alters des Großvaters wieder frei. Dies ist der Rahmen der Handlung von *Leben? oder Theater?*, das in seinem Detailreichtum jedoch mehr leistet, als die Verfolgungsgeschichte einer Familie zu rekonstruieren. Der Zyklus zeigt ebenso die Hoffnungen assimilierter deutscher Juden, die wie Charlottes Vater im Ersten Weltkrieg für Deutschland gekämpft hatten, auf diese Weise endlich nicht mehr auf das Jüdischsein reduziert zu werden, und wie trügerisch diese Hoffnung angesichts des tief verwurzelten deutschen Antisemitismus war. Er zeigt die ambivalente Position einer Organisation wie dem »Jüdischen Kulturbund«, der von dem 1944 in Theresienstadt umgekommenen Kurt Singer (im Singspiel Doktor Singsang), einem Freund der Familie, gegründet wurde, um den nach der Machtergreifung entlassenen jüdischen Kulturschaffenden eine strukturelle Hilfe zu bieten, der sich jedoch als wirksames Mittel zur Kontrolle und Isolierung jüdischer Künstler entpuppte, weswegen er auch von den Nazis bis 1941 geduldet wurde. Und er zeigt die psychische Belastung durch das Leben im Exil, die permanente Angst um die zurückgebliebenen Angehörigen und die Panik angesichts der vorrückenden deutschen Truppen.

Bereits im Titel *Leben? Oder Theater?* formuliert Charlotte Salomon Fragen, die auf verschiedene Weise interpretiert werden können: Ist es die Frage nach der Assimilation, dem Zwang zum »Theaterspielen«, das dem freien, ungezwungenen Leben jüdischer Kultur gegenübergestellt wird? Oder weist Salomon darauf, dass der Nationalsozialismus beides unmöglich gemacht und in Frage gestellt hat: das Leben und die Kunst. Eindeutige Antworten wird man in *Leben? oder Theater?* vergeblich suchen, finden kann man darin jedoch eine Menge: ein »ganzes Leben«, mindestens.

Versionen eines Lebens
Raymond Federman

Mit *Double or Nothing* erschien 1971 das literarische Debüt von Raymond Federman, das erst 1986 als *Alles oder Nichts* auf Deutsch publiziert wurde. Dieser sowohl inhaltlich wie auch typographisch experimentelle Roman beschreibt den Versuch eines Schriftstellers, ein Jahr eingesperrt in einem Zimmer zu verbringen, dort ein Buch zu schreiben und sich dabei ausschließlich von Nudeln zu ernähren; in das über weite Strecken aus Aufstellungen der Kosten von Seife oder eben Nudeln für ein Jahr bestehende Buch sind Fragmente der Geschichte eines jungen Mannes eingewoben, dessen jüdische Familie in Frankreich deportiert wurde und der als einziger Überlebender nach Amerika gelangte. Diese autobiographische Geschichte setzt immer wieder neu an, um mit jedem neuen Versuch nur wieder ins Leere zu laufen. Eine geschlossene Geschichte wird dem Leser auf keiner der beiden Ebenen präsentiert. Und auch die scheinbaren Fakten der Zahlen brechen schließlich in sich zusammen: »Dann brauchen es nicht unbedingt Nudeln zu sein«, ruft der Erzähler, der sich in allem verkalkuliert hat, am Ende des Buches.

Schon hier tauchen die Charakteristika aller danach folgenden Texte Federmans auf: die Verknüpfung von Biographie und Fiktion, das Motiv des Eingesperrtseins, das literarische Experiment und, im Kern all dessen, die Reflexion seiner Situation als Überlebender der Shoah.

»Pssst« war das letzte, was Federmans Mutter ihm am frühen Morgen des 16. Juli 1942 zuflüsterte, bevor sie ihn in einem Wandschrank versteckte und so vor der Deportation bewahrte, während die Gestapo und die französische Miliz bereits die Treppe zur Wohnung der Federmans im zweiten Stock eines Hauses im Pariser Vorort Montrouge hinaufstürmte. Am so genannten Jour de La Grande Rafle wurden in Frankreich 12.000 Juden verhaftet und die meisten von ihnen in den deutschen Vernichtungslagern ermordet. Raymond Federmans Mutter Marguerite, sein

Vater Simon und seine Schwestern Sarah und Jacqueline wurden noch im gleichen Jahr nach Auschwitz deportiert. Einzig der 14-jährige Raymond entkam dank dieses Schranks, in dem er bis zum folgenden Morgen ausharrte und anschließend zu Verwandten in die Innenstadt floh, die kurz darauf ebenfalls deportiert wurden. So überlebte er auf sich alleine gestellt die folgenden drei Jahre auf einem Bauernhof im Süden Frankreichs, bevor er nach dem Ende des Krieges nach Amerika auswanderte. Dort lebte er bis zu seinem Tod 2009, hat sich über Beckett promoviert, lehrte als Professor für Literaturwissenschaft in Buffalo und schrieb weiterhin Romane.

Wer irgendeinen von Federmans Romanen gelesen hat, kennt die Schrank-Episode; sie taucht in Variationen in fast allen seinen Büchern auf. So wie dieses Erlebnis der Ausgangspunkt für Federmans Leben ist – er hat dieses Datum als seinen wahren Geburtstag bezeichnet –, so ist die Abstellkammer der Ausgangspunkt seiner Bücher. *Pssst. Geschichte einer Kindheit* stellt den Versuch dar, die Zeit vor diesem Tag zurückzuerlangen, doch alle Erinnerungen an die ersten Lebensjahre sind in jenem Schrank verschwunden. »Ich rekonstruiere mit Wörtern, was ich glaube, was meine Kindheit war. Ich erfinde sie neu. Ich tue es, ohne mich um die Chronologie zu kümmern, mit Erinnerungsfetzen, mit Bruchstücken von Geschichten, die ich schon anderswo erzählt habe.«

Psst besteht aus zwei Ebenen, jener, in der Federman versucht, sein Leben vor dem Schrankerlebnis zu rekonstruieren und dabei doch immer wieder in die Zeit danach stolpert, und einer Ebene, in der Federman im Dialog mit sich selbst über die Schwierigkeiten ein solches Buch zu schreiben reflektiert und gleichzeitig versucht, die Intention seines Buches zu erklären: »Meine Pflicht, wenn ich denn eine habe, ist es, das große Loch der Abwesenheit, das meine Mutter in mir zurückgelassen hat, aufzufüllen. Ihr in dem, was ich schreibe, Präsenz zu verleihen. Und denen, die erniedrigt worden sind, ein wenig Würde zurückzugeben.« Seiner Mutter ist das Buch auch gewidmet, die ihm das Leben gerettet hat und mit der Frage zurückließ: »Warum ich? Warum nicht meine Schwester Sarah, die zwei Jahre älter war als ich und die sich besser hätte durchschlagen können?«

Mit seiner Familie sind auch die Erinnerungen an das Leben mit ihnen verschwunden; *Pssst* stellt in seiner Fragmenthaftigkeit die maximale

Annäherung an das Loch dar, das die Ermordung seiner Familie in ihm hinterlassen hat. Lediglich Dokumente, die ihren Tod bezeugen, sind vorhanden; Federman zitiert die Wagennummern der Züge, mit denen seine Familie nach Auschwitz gebracht wurde. »Ihre Geschichte endete, als sie die Treppe hinuntergingen. Von diesem Moment an sind sie für mich eine Abwesenheit geworden. Sie sind aus der GESCHICHTE gestrichen worden: X-X-X-X.«

Die Shoah selbst bleibt bei Federman ausgespart, dennoch bildet sie den Kern seines Schreibens und seiner Schreibweise. Er zeigt in seinem Werk immer wieder die Problematik auf, keine adäquate Repräsentation der Leere finden zu können, die die Ermordung seiner Familie zurückgelassen hat, während er gleichzeitig dagegen ankämpft, dass von den Ermordeten nur eine Leerstelle bleibt, was schließlich das Ziel des Nationalsozialismus für das Judentum gewesen war. Federmans Strategie ist es, dass sich die Abwesenheit in den ständigen Abschweifungen um das Zentrum seines Werks, die Schrank-Episode, manifestiert: Alle Erzählungen kreisen um diese Geschichte, wodurch die Leere nicht durch etwas anderes ersetzt, sondern sie vielmehr thematisiert wird. »Wenn ich noch mal mittendrin abschweife von dem, was ich erzähle, dann kommt alles durcheinander. Dann gibt's keine Kontinuität in der Geschichte.«

Es gibt keine Struktur, auf die sich die Leser verlassen könnten, ebenso wenig wie sich Federman auf eine kontinuierliche eigene Geschichte verlassen kann. Das Loch ist nicht zu füllen, selbst scheinbar zuverlässige Stützen der Erinnerung wie Fotos sind nicht das was sie vorgeben: In *Pssst* schreibt Federman vom einzigen Foto seiner Schwestern, das er nach dem Krieg in einem Pappkarton in der sonst völlig geplünderten Wohnung seiner Kindheit wiederfand. »Ich lag genau zwischen den beiden. Zwei Jahre jünger als Sarah und zwei Jahre älter als Jacqueline. Auch auf dem Photo bin ich zwischen meinen Schwestern. Ich betone das, weil ich mich genau so an sie erinnere. Immer auf jeder Seite von mir eine, als wollten sie mich beschützen.« Jenes Foto von 1935 jedoch ist in seinem früheren Buch *Eine Version meines Lebens* von 1990 abgedruckt und dort ist Federman keineswegs geschützt in der Mitte seiner Schwestern zu sehen, steht vielmehr links am Rand und lächelt in die Kamera. Selbst die auf Papier festgehaltene Erinnerung trügt, sie ist nicht in der Lage zu rekonstruieren, was geschehen ist. Dies stellt Federman in den verschiedenen Versionen seines Lebens, auf die der Leser durch solche Verschiebungen, die sich in den Büchern Federmans immer wieder finden, gestoßen wird, permanent heraus. Mit solchen Mitteln lässt er die scheinbaren Gewissheiten immer wieder zusammenbrechen, schafft eine Literatur, die sich selbst hinterfragt und die doch in ihrem Kern die existenzielle Frage nach dem Weiterleben nach Auschwitz in sich trägt. »Es ist doch alles drin, ihr Vollidioten«, fasst er in seinem Roman *Die Nacht zum 21. Jahrhundert* sein Schreibkonzept noch einmal zusammen, »in den Wörtern, Erzählungen und Erzähltes, Überlebende und Opfer, alle vereint in einem Entwurf, wenn ihr den Text aufmerksam lest, dann werdet ihr sehen, wie vor euch, auf der wirr gemusterten, weißen Fläche, von den schwarzen Worten Menschen gezeichnet werden, plattgedrückt und über das Papier verstreut im schwarzen Blut der Druckfarbe, darin bestand ja gerade die Herausforderung, nie über die Wirklichkeit zu sprechen, sondern sie in der Schwärze der Worte konkret zu machen.«

Ererbte Erinnerung
Eva Hesse

»Nichts in meinem Leben ist normal, nichts, nicht mal meine Kunst. Die ist noch das Einfachste in meinem Leben«, reflektierte die Künstlerin Eva Hesse im letzten Interview vor ihrem Tod, erschienen 1970 in der Mai-Ausgabe des wichtigen US-amerikanischen Kunstmagazins *Artforum*, das ihre Arbeit »Contingent« auch auf dem Cover zeigte – acht von den Decke hängende Leinenbahnen, die von Hesse mit Latex und Fiberglass bearbeitet worden waren. »Ich habe als Künstlerin keine Angst. Ich scheue keine Risiken. Ich ertrage keine sentimentalen Geschichten, keine netten Bilder, keine hübschen Skulpturen, keine Dekorationen an den Wänden. Das alles macht mich krank …« Die wenigen Jahre, die Eva Hesse bis zu ihrem Krebstod im Alter von nur 34 Jahren am 29. Mai 1970 blieben, hat sie an einer künstlerischen Form gearbeitet, die alles Dekorative hinter sich lässt, die abstrakt ist und doch persönlich, minimalistisch und doch überfordernd, und dabei vor allem eines bleibt: absurd. »Absurdität ist das Schlüsselwort … Es hat mit Widersprüchen und Gegensätzen zu tun«, so Eva Hesse in einem Gespräch. Eine abgründige und ernsthafte Absurdität, die beeinflusst war von Samuel Becketts Theater und der seriellen Wiederholung des Minimalismus. Ausgehend von dieser Idee von Absurdität hat Hesse Objekte hinterlassen, die in ihrer Form nicht nur die Kunstströmungen ihrer Zeit und ihr eigenes Leben sondern auch die eng mit diesem Leben verknüpften Abgründe des 20. Jahrhunderts reflektiert haben, angesichts derer sich die Idee einer dekorativen Kunst, von Kitsch und netten Bildern, erledigt hatte.

»Contingent« war eine der wenigen Arbeiten, die Hesse nach ihrer Krebsdiagnose fertig stellen konnte. Die Künstlerin befand sich, als sie bei der Arbeit an »Contingent« im April 1969 kollabierte und unmittelbar darauf die erste ihrer zahlreichen Operationen an einem Hirntumor erhielt, auf dem Höhepunkt ihres Erfolges als Künstlerin. Im November 1968 hatte sie in der *Fischbach Gallery* in New York ihre erste Einzelausstellung präsentiert, die von den meisten Kunstkritikern sehr positiv aufgenommen worden war. Mit den in der Ausstellung »Chain Polymers« gezeigten Arbeiten hatte sie endgültig jene Form gefunden, auf die sie in den etwa zehn Jahren ihres Lebens als freie Künstlerin hingearbeitet hatte: acht große Plastiken und Installationen, sowie verwandte kleinere Arbeiten und Zeichnungen, ohne dekorativen Charakter, gefertigt aus hauptsächlich künstlichem Material, aus Latex, Fiberglass, Polyesterharz, Polyäthylen (daher auch der Ausstellungstitel), das dennoch eine Vergänglichkeit in sich trug: Glasfaser, Polyester aber auch Trägermaterialien wie Baumwollbettlaken sind schwer zu konservieren und zersetzen sich mit der Zeit. Ein von der Künstlerin durchaus einkalkulierter Effekt. Künstlichkeit wurde mit Vergänglichkeit konfrontiert, der Zufall im Umgang mit den neuen Materialien mit der Planmäßigkeit der gewünschten Effekte für die Werke. Im Gegensatz zu vielen anderen Künstlern dieser Zeit, die mit den neuen Möglichkeiten des Materials Kunststoff in all seinen Ausformungen experimentierten und dabei vor allem die Gleichförmigkeit und Künstlichkeit von Plastik interessierte, stellte Hesse die Zufälligkeit und das Unfertige des Materials in den Vordergrund, sie suchte nach unerwarteten Reaktionen und Verhaltensweisen im künstlerischen Umgang mit dem Material. »Mein wichtigstes Anliegen ist es, über das hinauszugehen, was ich weiß und was ich wissen kann. Formale Prinzipien kann man verstehen und sie werden auch verstanden. Das, wovon ich ausgehen und wohin ich kommen möchte, ist das Moment des Unbekannten. Als Ding, als Objekt wird es dadurch zu einem unbewussten Selbst. Es ist Etwas, es ist Nichts«, schrieb Hesse in einem Text über diese Ausstellung.

Die Auseinandersetzung mit dem Zufall, die Suche nach der Überwindung des Bekannten, und die Reflexion über die damit verbundenen Prozesse und Materialien haben das künstlerische Werk von Eva Hesse geprägt. Gleichzeitig war es auch die Suche nach einer Form, die eigene Biografie in der Kunst zu spiegeln – ihre Freundin Nancy Holt erinnerte sich etwa an die Bedeutung ihrer Kindheit für Eva Hesse, vor allem die in dieser Kindheit liegenden Lücken in der eigenen Biografie, denen sie mit der physischen Präsenz des Materials eine Realität zu geben versucht habe. In dieser engen Verknüpfung von der Materialität der Kunst und dem eigenen Leben liegt wohl auch der Grund dafür, warum viele Kritiker in die Falle getappt sind, Künstlerin und Kunst vollständig gleichzusetzen, und, statt die Reflexionen der Künstlerin über das eigene Werk ernst zu nehmen, Erwartungen auf sie zu projizieren: als Frau in der männerdominierten Kunstwelt der Sechziger, als Jüdin, Flüchtling, Halbwaise. Immer wieder wurden aus Hesses Kunst – dem Fragilen und Vergänglichen, das dieser anhaftet – Rückschlüsse auf biografische Traumata und Verlustängste gezogen. Statt in Hesses Kunst auch eine Reflexion über solche biografischen Realitäten zu sehen, wurde aus ihr vielmehr der hilflose Ausdruck einer jungen Frau herausgelesen, die ihren psychischen Problemen und der Geschichte des 20. Jahrhunderts ausgeliefert war – ein Schicksal, das sie mit vielen Künstlerinnen teilt.

Die ersten zehn Jahre von Eva Hesses Leben sind gut dokumentiert: Ihr Vater Wilhelm Hesse führte vom Tag ihrer Geburt am 11. Januar 1936 bis zu Rosh Hashanah, dem jüdischen Neujahrsfest, im Jahr 1946, Tagebuch über Evas Leben, ebenso wie für die zweieinhalb Jahre ältere Schwester Helen. Fotos, Zeitungsausschnitte, Postkarten und Texte bilden zusammen die dichte Beschreibung einer jüdischen Hamburger Familie, deren Leben im Laufe dieser zehn Jahre über ihr zusammenstützte und wogegen Wilhelm mit den Tagebüchern ein wenig Ordnung zu schaffen hoffte. »Mir hat mein Arzt mal gesagt, dass er eine so unglaubliche Biografie wie die meine noch nie gehört hat. Haben Sie Taschentücher dabei?«, fragte Hesse im *Artforum*-Interview ihre Gesprächspartnerin Cindy Nemser. Und in der Tat war die Biografie der Künstlerin geprägt von immer neuen kleinen und großen Tragödien, Tod und Vergänglichkeit waren schon früh Teil ihres Lebens, Verlust und Trauer prägten ihre Kindheit. Im Interview fasste sie zusammen: »Ich gewöhnte mich daran, Angst zu haben. Mein Leben lang. Mich kann man leicht glücklich und leicht traurig machen, weil ich schon so viel durchgestanden habe.«

Kurz vor Eva Hesses Geburt erhielt der Hamburger Rechtsanwalt Wilhelm Hesse im April 1933 durch die Nationalsozialisten ein Arbeitsverbot und engagierte sich danach ehrenamtlich in der Hamburger jüdischen Gemeinde. Seine Frau Ruth Marcus Hesse litt unter Depressionen, die sich verstärkten, je größer die antisemitischen Repressionen wurden. 1938, kurze Zeit nach der Pogromnacht, wurden die beiden Schwestern Eva und Helene mit einem Kindertransport in die Niederlande gebracht, wo in Den Haag ihr Onkel Nathan lebte. Eva Hesse beschreibt im Interview mit *Artforum* den Kindertransport: »Wir fuhren nach Holland. Man steckte uns in ein katholisches Kinderheim, ich war immer krank. Meine Eltern kamen dann irgendwann auch nach Amsterdam, und irgendwie schafften sie es, uns alle nach England zu bringen. Der Bruder meines Vaters und dessen Frau endeten im Konzentrationslager. Niemand in meiner Familie, außer uns, hat es geschafft. Nur wir.« Von New York aus versuchten die Hesses, Ruths Eltern und andere Verwandte nachzuholen, doch es gelang ihnen nicht. »Sei dankbar, dass du gerettet wurdest. Vergiss nicht, dass dein Leben in Gefahr war«, notierte Wilhelm Hesse im Tagebuch. Erst nach dem Krieg erfuhren die Hesses vom Schicksal ihrer in Europa zurückgebliebenen Familie, und kurz nach der endgültigen Nachricht über den Tod ihrer Eltern im KZ beging Ruth Hesse im Januar 1946 Selbstmord, drei Tage vor Eva Hesses 11. Geburtstag.

Früh entschied sich Eva Hesse dazu, Künstlerin werden zu wollen, studierte Malerei in New York und an der Yale School of Art. 1961 heiratete sie den Bildhauer Tom Doyle, der für sie zum Judentum konvertierte, und setzte sich immer stärker mit dreidimensionalen Kunstwerken auseinander. Dabei blieb sie stets im Schatten ihres Mannes, der in den frühen Sechzigern gerade Karriere machte. So war sie auch das weibliche Anhängsel, als Doyle im Dezember 1963 das Angebot bekam, auf Kosten des Industriellen- und Sammlerehepaares Isabel und Friedrich Arnhardt Scheidt aus Kettwig an der Ruhr in einer stillgelegten Fabrik ohne ökonomische Zwänge an Skulpturen arbeiten zu können – eine »ungewöhnliche Form der renaissanceähnlichen Förderung«, wie sie in ihrem Tagebuch notierte. Im Juni 1964 kamen die beiden Künstler in Deutschland an, Eva Hesse mit einer Liste von Adressen und Namen der Vergangenheit ihrer Familie im Koffer. Im Dokumentarfilm *Eva Hesse* von Marcie Begleiter wird beschrieben, wie sehr sich Hesse vor der Reise mit dieser Konfrontation mit dem Ort der Vernichtung ihrer Familie beschäftigt hat, wie stark die innere Abneigung war, dieses Land wieder zu betreten. Im Jahr ihres Aufenthalts besuchte sie die Herkunftsstädte ihrer Familie, suchte in Hameln und Hamburg nach Spuren, sprach mit Nachbarn und früheren Freunden der Eltern, bekam in Hamburg den Zutritt zur früheren Wohnung der Hesses verweigert und beschäftigte sich gleichzeitig intensiv mit der europäischen Kunst. In diese Zeit in Deutschland fällt auch die Transformation Hesses von einer Malerin zur Bildhauerin, bzw. Künstlerin, die in Form und Material neue Wege ging. Neben der Konfrontation mit der eigenen Geschichte, mit der Vernichtung der Familie, begann in der Zeit in Deutschland auch die Auseinandersetzung mit der eigenen Rolle als Frau im Kunstbetrieb – und nach der Rückkehr nach New York auch das Heraustreten aus dem Schatten ihres Mannes nebst Scheidung –, feministischen Theorien der Sechziger und eben jenem »Schlüssel« zu ihrem Werk: Beckett. Die sinnentleerte Wiederholung, die seine Dramen neben dem Humor auszeichnet, in denen sich das Elend der Welt nach Auschwitz spiegelt, übertrug Eva Hesse in die Kunst. Über Becketts *Warten auf Godot* hat sie gesagt: »Es ist wirklich ein Schlüssel – der Schlüssel – um mich zu verstehen. Nur wenige verstehen und sehen, dass mein Humor daher kommt, ja mein künstlerischer Ansatz.«

So spiegelt sich auch in Hesses Arbeiten nach ihrem Aufenthalt in Deutschland jenes im Prinzip der Wiederholung angelegte deuten auf die Abgründe, die sich jenseits der Kunst für das 20. Jahrhundert aufgetan haben: den Zivilisationsbruch, mit dem umzugehen die Kunst herausgefordert ist – »meine ererbte Vergangenheit Deutschland« hat sie dieses Verhältnis genannt. Hesses Kunst ist Reflexion ihrer jüdischen Identität und des Nationalsozialismus, nicht lediglich traumatisches Ergebnis der Verfolgungserfahrung. So sind Biografie und künstlerischer Ausdruck bei Hesse zwar tatsächlich eng verknüpft, jedoch auf eine subtilere und reflektiertere Weise, als dies lange Zeit wahrgenommen wurde. In Eva Hesses Kunst spiegeln sich die von ihr angeführten Widersprüche und Gegensätze, innere Kämpfe und unabgeschlossene Geschichte; die Vergänglichkeit ihrer künstlerischen Materialien tritt in eine Auseinandersetzung mit ihrem Willen, als Künstlerin eine Spur zu hinterlassen, nicht vergessen zu werden und doch gleichzeitig mit der Möglichkeit, spurlos zu verschwinden, umgehen zu müssen. In einem Interview hat sie einmal gesagt: »Life doesn't last; art doesn't last. It doesn't matter.«

No Art nach Auschwitz
Boris Lurie

»Du glaubst mein Freund, mein Menschenfresserfreund, das was gewesen ist, ist nicht mehr?«, fragte Boris Lurie 1985 in seinem Text »Geschwoer an Heinrich Heine«. »Das lebt forever darling, auf unerreichbaren Höhen oder tief, in dem Seelenschmiehl. Und kommt immer zurück und klopft schön an die Hirnestür.« Dieses »Gewesene« war das zentrale Thema im Werk des 1924 in Leningrad geborenen Malers und Autoren, es klopfte an seine Hirnestür in Form der »schwer bandagierten deutschen Sprache«, der »Politurmaschine in dem Polterwerk in Magdeburg des Lagers Buchenwald« oder des »gefror'nen Tannenwaldes« nahe Riga, in dem 1941 fast seine gesamte Familie hingerichtet wurde. Nur selten hat Lurie seine biografischen Erfahrungen in so klare Bilder gefasst, wie in diesem kurzen Text, erstmals veröffentlicht 2002 im Katalog zur Ausstellung »NO!art in Buchenwald«, meist trafen sie die Betrachter oder Leser unvermittelter. »Ganz augenscheinlich setzte Lurie seine ganze Kraft dafür ein, diese Erfahrungen gleichsam im Rohzustand zu halten und wiederzugeben«, schrieb Museumsleiter Volkhard Knigge im Vorwort des Katalogs. Ein Rohzustand, in dem Fotos von ermordeten Juden mit Pin-up-Girls collagiert, Hakenkreuze und Davidsterne neben Pornos und zerstückelten Frauenkörpern auf großformatigen Ölbildern arrangiert wurden, in denen keine ästhetische Ausgestaltung das Grauen abmilderte. »Ich nenne das einen Verrat«, hat Elie Wiesel 2002 über die Kunst von Boris Lurie geschrieben. »Eine in der Geschichte nie dagewesene Tragödie in eine groteske Karikatur umzuwandeln, heißt nicht nur, sie ihrer Bedeutung zu berauben, sondern auch, sie in eine Lüge zu verwandeln.« Auch Luries 2010 posthum erschienener einziger Roman *Haus von Anita* hat ihm nicht viele neue Freunde eingebracht. »Das Auffälligste an ihm ist, daß der Text Züge einer tiefernsten Blasphemie trägt«, warnt Übersetzer und Herausgeber Joachim Kalka in einer Vorbemerkung die

Leser. »Er konstruiert ein unauflösliches Ineinander von Holocaust und Pornographie.« *Haus von Anita*, einer der »traurigsten aller pornographischen Romane«, wie die Künstlerin Julia Kissina ihn umschrieben hat, ist im Neben- und Ineinander von Holocaust und Pornographie zwar verstörend, gleichzeitig jedoch eine posthum nachgereichte autobiografische Reflexion des 2008 verstorbenen Lurie, die nicht nur Aufschluss über seine künstlerische Arbeit gibt, sondern auch jenem »Gewesenen« breiten Raum lässt, das seit seiner Befreiung aus dem KZ Buchenwald 1945 auf unerreichbaren Höhen oder tief in seinem Seelenschmiehl verborgen lag. Lurie verwandelte das eigene erfahrene Leid in der Überführung in ein groteskes pornografisches Setting keineswegs in eine Lüge, sondern in einen komplexen Text, in dem auf mehreren Ebenen über das Verhältnis von Kunst und Shoah nachgedacht wird.

Boris Lurie wuchs in Riga auf, wohin seine Eltern, eine Zahnärztin und ein Lederfabrikant, kurz nach seiner Geburt gezogen waren. »Mit der Malerei hatte ich schon früh angefangen. Meine frühen Arbeiten sind bei der Vernichtung des Rigaer Ghettos im Dezember 1941 verloren gegangen«, erinnerte er sich 1995 in einem Interview. Am 1. Juli 1941 waren die Deutschen in Riga einmarschiert und schon drei Wochen später musste der sechzehnjährige Lurie mit seiner Familie in das neu errichtete jüdische Ghetto ziehen, das im Dezember des gleichen Jahres wieder geräumt wurde. Lurie und sein Vater wurden als »arbeitsfähig« eingestuft, während seine Mutter, seine Großmutter, seine jüngere Schwester Jeanna sowie seine Jugendliebe Ljuba Treskunowa zusammen mit über 27.000 weiteren Juden im Wald von Rumbula erschossen wurden. Einzig Luries ältere Schwester Asja kam mit dem Leben davon, sie war vor dem Krieg nach Italien gegangen, von dort nach New York. Vater und Sohn überlebten vier Konzentrationslager als Zwangsarbeiter und wurden im April 1945 durch amerikanische Truppen in einem Außenlager von Buchenwald befreit. Im Jahr darauf zogen auch sie nach New York, wo Boris Lurie begann, als Künstler zu arbeiten. Sein zwischen 1946 und 1955 entstandenes Frühwerk hatte vor allem zwei Themen: Erinnerungen an seine Zeit im KZ in der »War Series« und seltsam deformierte Frauenfiguren in der Serie »Dismembered Woman«. Die fast 100 Tusche-, Gouache- und Bleistiftzeichnungen der »War Series« waren nicht für die Öffentlichkeit bestimmt und wurden erst 1999 zum ersten Mal ausgestellt, sie genügten nicht seinem eigenen Anspruch an eine angemessene Auseinandersetzung mit der Shoah und dem eigenen Überleben, die Motive tauchten jedoch als gespenstische Erinnerung in *Haus von Anita* wieder auf. Die deformierten und verdrehten Körper der »Dismembered Woman« wiesen dagegen schon auf sein späteres künstlerisches Konzept, dem es um die Suche nach verstörenden Bildern ging, um die verstörende Realität einzufangen: »In einer Zeit der Kriege und Vernichtungen sind ästhetische Turnübungen und dekorative Zeichensetzungen unangebracht«, so Boris Lurie 1961. »Unsere Kunst ist das Werkzeug der Nötigung und Aufforderung zugleich. Wir wollen reden, schreien, damit uns jeder verstehen kann ...« Gemeinsam mit Sam Goodman und Stanley Fisher rief Lurie 1959 die Bewegung NO!art ins Leben, eine künstlerische Kriegserklärung an den Kunstbetrieb, an Politik, Kapitalismus und Gesellschaft, die Pop-Art, die Vereinigten Staaten und Nazideutschland. Ohne den eigenen Status als KZ-Überlebender zu erwähnen – die Kunsthistorikerin Geraldine Spiekermann schreibt in einem Essay, das Überleben sei in Luries Familie ein Tabuthema gewesen, das er auch Freunden gegenüber verschwieg –, setzte die NO!art dennoch die Shoah als einen Ausgangspunkt ihrer Antikunst, die von Lurie auch als Jew Art bezeichnet wurde: »Die Ursprünge der NO!art liegen in der geschichtlichen Erfahrung der Juden des Zweiten Weltkrieges, wurzelten in New York, der größten Judenkolonie der Welt, und sind Erzeugnisse der Kriegsarmeen, der Konzentrationslager und des Lumpenproletariats. Ihre Zielscheiben sind die scheinheilige Intelligenzjia, die kapitalistische Manipulation der Kultur, die Konsumgesellschaft und andere amerikanische Moloche.« Die Ausstellungen der Gruppe hießen »Vulgar Show« oder »NO-Sculptures, Shit Show« und bildeten exakt dies ab: braune Haufen aus Pappmaché und Gips und Luries pornografische Collagen mit Holocaust-Bezug. Ihre Ablehnung der künstlerischen Trends dieser Jahre, vor allem der Pop-Art, die sie für eine Anbiederung an den Massengeschmack hielten, machte die NO!art-Künstler zusätzlich zu Außenseitern, die bis zu Luries Tod in keinem bedeutenden US-amerikanischen Museum gezeigt wurden. Aber Teil des Kunstbetriebs wollte Lurie ohnehin nie werden, stattdessen übernahm er 1964 nach dem Tod seines Vaters dessen erfolgreiche Börsengeschäfte. »Obwohl Lurie keinerlei Sinn für Luxus hatte und in Möbeln vom Sperrmüll lebte, häufte er großen Reichtum an, ohne sein Interesse an der revolutionären internationalen Linken zu verlieren«, heißt es in einem Ausstellungkatalog über den Künstler. Dank dieses Vermögens konnte er bis zu seinem Tod unabhängig vom Kunstmarkt agieren. »Kunst ist Kunst, Geld ist Geld, Aktien sind Aktien. Die Verschmelzung von Kunst und Geschäft ist Verrat«, so Lurie.

All diese biografischen Erfahrungen gingen in den Roman *Haus von Anita* ein, der über mehrere Jahrzehnte hinweg entstanden ist und doch nicht vollendet wurde. Die Handlung spielt in einem »modernen erzieherischen Sklaveninstitut der Avantgarde« in New York, in dem vier Herrinnen und vier Sklaven miteinander leben. Die Abhängigkeitsverhältnisse bleiben jedoch uneindeutig, zwei der Herrinnen werden zwischenzeitlich zu Sklavinnen, die Sklaven wiederum sind freiwillig an diesem Ort, wo sie sexuelle Dienstleistungen zu erbringen haben, für die sie Schläge, eine unbequeme Koje und ein Taschengeld erhalten. Der Erzähler Bobby, einer der Sklaven, kann sich im Gegensatz zu den anderen Dienern Hans und Fritz, zwei Deutschen und dem »Kapo Aldo«, einem Italiener, nicht an seine Vergangenheit vor der Ankunft in New York erinnern: »Wie kommt es, dass ich nicht die leiseste Ahnung von meiner Herkunft, von meinem Erbe habe?« Er wundert sich über die eintätowierten Zahlen auf seinem Arm und wird heimgesucht von Bildern, die er nicht einordnen kann und ungefiltert an den Leser weitergibt, wenn etwa eine »sechzehnjährige Schönheit« in einem Tagtraum zu ihm zurückkehrt, während gleichzeitig die Sprache, in der er seine Gegenwart zu beschreiben versucht, zunehmend die Vernichtung der europäischen Juden assoziiert. Er spricht von den »Uniformpyjamas«, die er und seine Mitsklaven tragen, sieht vor seinem inneren Auge »große Berge von Haar« und auch bei den sexuellen Diensten an seiner Herrin Anita dringt die Shoah in den Subtext: »Ihre Worte werden nun mit den Speichelfluten hervorgestoßen. ›Schwanz-Jude-friß-friß-friß‹, während sich Gas in meinen Mund drängt und in meine Nase hinauf. Ich ziehe ihren Arsch nach beiden Seiten auseinander, so weit es nur geht, und dann gleitet es in mich hinein, meine Kehle hinunter. Viel zu viel, um es zu schlucken.«

Das pornografische Setting erinnert an Pier Paolo Pasolinis Film »Die 120 Tage von Sodom«, in beiden Fällen werden Menschen zu Tieren oder Möbeln degradiert, bekommen Scheiße, Blut und Sperma eingeflößt, werden verstümmelt und kastriert, erniedrigt und gefoltert. Sein Film zeige »Erinnerungen, die wir uns immer geschämt haben zu erzählen«, so Pasolini im Vorspann zu seinem Film, und diese verdrängten Erinnerungen sind es auch in *Haus von Anita*, die über die drastische Pornografie thematisiert werden, Erinnerungen an die ermordeten Familienmitglieder und Selbstvorwürfe, überlebt zu haben.

Georges Bataille hat geschrieben, »die als unrein, als tierisch ausgegebene Sexualität« sei das, »was sich am stärksten der Reduktion des Menschen auf eine Sache widersetzt«. Vielleicht ist dies mit ein Grund dafür, dass eine enge Verknüpfung von Sexualität und Holocaust häufig in Romanen von Autoren zu finden ist, die als Kinder oder Jugendliche durch den Nationalsozialisten bedroht waren Die Literaturwissenschaftlerin Barbara Breysach hat sich mit dieser Thematik beschäftigt und schreibt: »Historisches Los und Triebschicksal sind in den Lebensläufen der Holocaust-Kinder auf engste Weise, wenn nicht unauflösbar miteinander verflochten.« Bei Raymond Federman etwa finden sich immer wieder pornografische Passagen, in denen der autobiografisch angelegte Protagonist sich von einem Opfer der Verfolgung zum Herrscher über das pornografische Setting verwandelt. Im Werk von Hubert Fichte dagegen wurde die Sexualität oftmals eingesetzt, um auf Kontinuitäten der Ausgrenzung hinzuweisen, die der Autor, der als Kind von seiner Mutter in einem katholischen Waisenhaus versteckt wurde, als Jude und Homosexueller in der BRD empfand. In beiden Fällen ist über die Kopplung von Verfolgung und Sexualität der Versuch herauszulesen, zu einem Akteur zu werden, zu einer handelnden Person, die den Status als Opfer abgelegt hat. Für sie alle gilt, was Stefan Ripplinger für *Haus von Anita* herausgearbeitet hat: »Die heilige Mission der Pornographie besteht darin, für sofortige Triebabfuhr zu sorgen. So gesehen ist Anitas Haus geradezu eine Anti-Pornographie. Denn alles an ihr hat doppelten Boden, gerade auch das sexuelle Vokabular, das oft genug ganz etwas anderes meint als ausgerechnet Sexuelles. Der bizarre Sex wirkt wie eine Verblendung, hinter der sich etwas Zerbrechliches verbirgt, eine unmögliche Wiederbegegnung und eine herzzerreißende Klage.«

Haus von Anita nähert sich dem Zerbrechlichen, das sich hinter dem Sex verbirgt, jedoch nur bis zu einem gewissen Punkt, so werden keine Erinnerungen an Luries eigene Zeit im KZ aufgerufen, kein Sterben wird thematisiert, dem der Autor unmittelbar beigewohnt hatte. Dennoch formt sich im Kopf des Protagonisten Bobby nach und nach ein Bild seiner Vergangenheit, unter anderem ausgelöst dadurch, dass die einzige jüdische Herrin sich in eine Sklavin verwandelt und er im Schrank einen jüdischen KZ-Häftling entdeckt, den Anita zu foltern beabsichtigt. »Wenn die Herrin mich zum Juden erklärt, dann – nun, dann muß ich, obwohl ich gar keiner bin, einer werden. Mein Schicksal wird unwiderruflich besiegelt sein«, denkt Bobby, während er den Juden aus dem Schrank holt. Ab diesem Zeitpunkt bedrängen ihn immer stärker die Erinnerungen, etwa daran, keinen Namen zu haben, als »menschliche Einheit« nicht zu existieren, und kurz darauf trifft er in der Wohnung auf Besucher, Reisende, deren Geruch ihm vertraut vorkommt. »Alle waren sie zwischen den Augen deutlich gezeichnet, mit einer großen blutigen Wunde«, den Austrittslöchern der Kugeln, mit denen sie im Wald von Rumbala exekutiert wurden. Seine Familie sucht Bobby heim und macht ihm Vorwürfe: »Also da hat dieser Jude seinen erbärmlichen Körper weggeschafft ... um das Leben eines Dieners und Sklaven zu leben. Stiefelleckerei, nicht weniger gründlich als vorher bei den Deutschen.« Die Herrin Anita, die nebenbei als Galeristin arbeitet, und in ihrer Sammlung auch »ein Knäuel Auschwitzhaar« und zermahlene Knochen »aus den Leichengruben der Konzentrationslager« besitzt, wittert in den Besuchern eine weiteren »Kunstschatz« und erklärt: »Diese Relikte der Vergangenheit müssen dorthin geschafft werden, wo sie hingehören – in die zeitgenössische Kunst, nicht ins Leben.« Hier zeigt sich eine weitere Ebene des Romans, der zwar eine Auseinandersetzung mit den eigenen Heimsuchungen darstellt aber eben auch eine harsche Kritik an einem Kunstbetrieb formuliert, in dem sich mit der Authentizität realer Erfahrungen von Holocaust-Überlebenden viel Geld verdienen ließ, zumindest wenn sie eine eingehegte Form und den »Geruch des Museums« angenommen hatten.

Kein Wunder, dass ein solches New York dem Untergang geweiht ist; es versinkt in einer Luft, »rot und dick wie Borschtsch«, Bobby als einem der wenigen Überlebenden gelingt die Flucht nach Israel. Erst dort kann er einen Waffenstillstand mit seinen Erinnerungen schließen, und im Traum versöhnt er sich mit seiner Jugendliebe. »Obwohl ich völlig tot bin, bin ich endlich frei«, heißt es am Ende. Boris Lurie schenkt dem Sklaven Bobby jene Freiheit von seiner Vergangenheit, die er selbst nie erlangen konnte. »Den Führer kenne ich so gut, es scheint mir, als sei er ein naher Verwandter für mich«, schrieb er 1995, »daß er meine Mutter getötet hat, kann ich überhaupt nicht verstehen. Das alles rührt her vom Überfluss an Informationen. Es ist viel wirksamer, alles in einer Stille, von einem Geheimnis umgeben, schweben zu lassen. Die Überbelichtung tötet die Wirklichkeit. Und das gilt auch für den Holocaust.«

»Who by Fire«
Leonard Cohen

»Is this what you wanted, a house that is haunted by the ghost of you and me«, hat Leonard Cohen in »Is this what you wanted« von seinem 1974er-Album *New Skin for Old Ceremony* gesungen. Gespenster bevölkern das lyrische Werk und die Songtexte Cohens, Gespenster der Vergangenheit, die von ihm in unzähligen Songs beschworen wurden. Solche Gespenster verfolgen etwa das lyrische Ich im Song »The Future« vom gleichnamigen Album von 1992. Darin sehnt sich der Erzähler in eine Vergangenheit zurück, in der die Zukunft noch ein utopisches Versprechen sein konnte: »Give me back the Berlin wall«. Denn von der Gegenwart aus betrachtet trägt die Zukunft, die vor seinem inneren Auge erscheint, nur noch Elend und Tod in sich: »There'll be phantoms / There'll be fires on the road / And the white man dancing. / The blizzard of the world, / Has crossed the threshold and it has overturned, / The order of the soul«. Auch das Werk *Marx Gespenster* des französischen Philosophen Jacques Derrida, das zeitgleich mit Cohens Album *The Future* erschien, diagnostizierte der Gegenwart eine Sehnsucht nach der verlorenen Vergangenheit, beschrieb die Gespenster einer vergangenen Epoche, die über den Verlust des Zukunftsversprechens trauern. Das »Ende der Geschichte« nach dem Zusammenbruch des Ostblocks, von der das Feuilleton damals sprach, inspirierte Philosophie wie Popkultur, einen Blick zurück und gleichzeitig nach vorne zu werfen, um die Gegenwart in den Griff zu bekommen. Cohen hat mit seinen Songtexten, seinen düsteren Metaphern und lyrischen Bildern, sehr genau auf seine Gegenwart reagiert, auf politische Entwicklungen, die er mit der ihm eigenen Melancholie und seinem Sarkasmus kommentierte. So beschrieb Cohen in »The Future« den Verlust eines Zukunftsversprechens und vermischte diesen Verlust mit Bildern des Gespenstischen, Mystischen, Spirituellen – »I'm the Jew who wrote the Bible« –, aber auch mit dem Weltlichen, mit Sexualität und Realpolitik. Zusammengehalten wurden diese Motive von einer Melancholie des Verlusts, des Verlusts der Vergangenheit und der Zukunft, der Sexualität und der Liebe. Es blieb nur eine Abwesenheit zurück, ein gespenstisches Moment der Leere.

Solche melancholischen Gespenster und Phantome waren eines der zentralen Motive in Cohens Songtexten und auch seiner Literatur. Gespenster sind dazu verflucht, niemals zur Ruhe zu finden, untot umher zu wandern, und diesem rebellischen Moment des Unsteten und des Getriebenen gibt Cohen eine Sprache der Melancholie. Gespenster lehnen sich auf gegen die Vergänglichkeit, gegen die Idee einer Welt, die nur auf das Materielle Wert legt, die das Spirituelle, Religiöse und Mystische an den Rand drängt. Diese doppelte Funktion des Gespenstes, dem ein rebellischer Gestus ebenso innewohnt wie ein melancholischer, ist in zahlreichen Songs von Cohen zu spüren. Es geht um Verlust, um Trauer, um die Suche nach etwas Unbestimmtem, nach der Liebe, nach einem Zufluchtsort; es werden Sehnsüchte beschrieben und die innere Zerrissenheit des Erzählers – zerrissen zwischen Weltlichkeit und Spiritualität, zwischen der Sehnsucht nach einer Heimat, sei sie real oder spirituell, und der Produktivität der Ortlosigkeit, des Unterwegsseins.

Cohen hat in seinen Songs und Büchern diese Gegensätze zusammengedacht und damit auch immer wieder provoziert. Es finden sich, oftmals in einem einzigen Song oder Gedicht nebeneinander, die Thematisierung von Sexualität und die Shoah, von Antisemitismus in Kanada, aber auch Drogen, Begehren und Liebe. Etwa in seinem Gedicht »Liebende« aus seinem ersten Gedichtband *Let us Compare Mythologies* von 1956, auf Deutsch unter dem Titel *Blumen für Hitler* 1971 im *März Verlag* erschienen: »Im ersten Pogrom trafen sie sich / Hinter den Ruinen ihrer Häuser – / Sanfte Händler tauschten ein: ihre Liebe / Gegen eine Geschichte voller Verse. / Und bei den heißen Öfen / Erschwindelten sie sich listig einen / Kurzen Kuss, ehe der Soldat kam / Um ihr die Goldzähne auszuschlagen. / Und im Feuerofen dann / Als die Flammen höher flammten, / Versuchte er, ihre brennenden Brüste zu küssen / Als sie im Feuer verbrannte«.

In einem Briefwechsel mit dem kanadischen Lyriker Eli Mandel hat Cohen einmal auf dessen Bemerkung, die Konzentrationslager seien ein Motiv, von dem er offensichtlich besessen sei, geantwortet. »Nun, ich wünschte, sie ließen mich heraus.« Die Geschichte hielt Cohen gefangen, seine eigene Biografie war eng verknüpft mit der Geschichte des Judentums des 20. Jahrhunderts, und diese Geschichte drang immer wieder, Gespenstern gleich, an die Oberfläche seines Werkes. Der Ausgangspunkt dieser jüdischen Gespenstergeschichte ist in Cohens familiärem Hintergrund im frankokanadischen Montreal zu finden. Dort hatte sich im 19. Jahrhundert eine sehr spezifische Form des Diaspora-Judentums entwickelt, das anders als im Nachbarland USA nicht Teil der kanadischen Mehrheitsgesellschaft geworden war, sondern lange noch am Rande der Gesellschaft ein orthodoxes, an der osteuropäischen Herkunft der meisten kanadischen Juden orientiertes, Judentum gepflegt hat. Hier wurde Leonard Norman Cohen 1934 in eine wohlhabende jüdische Familie geboren. In seinem autobiografisch angehauchten Roman *Das Lieblingsspiel* von 1963 schrieb Cohen über die Familie Breavman, mit der er ironisch-überspitzt auch seine eigene Familie und deren zentrale Rolle für das kanadische Judentum umriss: »Die Breavmans haben beinahe alle Einrichtungen gestiftet und geleitet, die die jüdische Gemeinde von Montreal zu einer der einflussreichsten der Welt gemacht haben. In der Stadt erzählte man sich diesen Witz: dass die Juden das Gewissen der Welt sind und die Breavmans das Gewissen der Juden. Vor zehn Jahren hat Breavman den Kodex der Breavmans zusammengetragen: Jeder Kontakt mit Unbeschnittenen gilt als Übertretung. Wir trinken weniger als ihr und haben die Zivilisation lange vor euch entdeckt, ihr mieses, blutrünstige Säuferpack.«

Die Cohens gehörten zur Gründergeneration der jüdischen Gemeinde von Montreal. Leonard Cohens Vater Nathan, ein Ingenieur und Textilkaufhausbesitzer, war ein Urenkel von Lazarus Cohen, der als Reb Leizer an einer Rabbinerschule in Litauern Karriere gemacht hatte, sich dann aber 1869 für die Übersiedelung nach Kanada entschied, wo er ein erfolgreicher Geschäftsmann wurde. Die darauf folgende Generation in Gestalt seines Großvaters Lyon Cohen gründete die einflussreiche Zeitung *The Jewish Times* und wurde mit nur 35 Jahren der jüngste Vorsitzende der damals größten Synagoge Kanadas. Und Cohens Vater Nathaniel wurde Unternehmer, starb allerdings 1944, als Cohen neun Jahre alt war – Tod und Verlust ziehen sich auch aufgrund dieser Erfahrung durch Cohens Werk.

Auch mütterlicherseits spielte die jüdische Religion eine wichtige Rolle, Cohens Großvater Solomon Klinitsky-Klein war ein in ganz Kanada bekannter Rabbiner, der 1923 mit seiner Familie aus Polen nach Montreal gekommen war. Die familiäre Migrationserfahrung war somit noch sehr frisch, und Cohens Mutter Masha sang ihrem Sohn oft jiddische und polnische Lieder vor, die ihn, wie Cohen in einem Interview einmal beschrieb, sehr geprägt haben. So wurde der Verlust der osteuropäischen Heimat, die Verfolgung und Ausgrenzung, die zu diesem Verlust geführt hatten, an die nächste Generation weitergegeben, aber auch die Sehnsucht nach Europa, nach der Gemeinschaft des jüdischen Schetl-Lebens statt einer kanadischen Mehrheitsgesellschaft, die Juden immer wieder vermittelte, nicht dazu zu gehören. Diese Sehnsucht spiegelt sich z. B. in Cohens Hommage an *den* osteuopäisch-jüdischen Künstler schlechthin, Marc Chagall, dem er das Gedicht »Out of the land of heaven« gewidmet hat, in dem ein Blick auf das Schtetl aus der Himmel beschrieben wird. Ein zentrales Motiv in der Kunst Chagalls war die Idee des schwebenden Menschen, der sich über die Anstrengungen des Schtetl-Lebens und die niederdrückende Erfahrung des alltäglichen Antisemitismus erhebt. Eine Errettung des Judentums als Luftmenschen, während das Schweben gleichzeitig deutlich machte: Juden kann jederzeit der Boden unter den Füßen weggezogen werden. Diese Hoffnung, den Zuschreibungen der Mehrheitsgesellschaft zu entkommen, zu entschweben oder in Poesie und Musik zu überführen, und die Gefahr, die in solchen Zuschreibungen steckt, trieb auch Leonard Cohen um. Er hat sich intensiv mit Klischees und Stereotypen des Jüdischen beschäftigt, denen er ausgesetzt war und die auf ihn projiziert wurden. So zählt er in seinem Gedicht »Genius« all jene Zuschreibungen auf, mit denen er als Jude umzugehen hatte: »Für dich / will ich ein Bankjude sein / und zugrunde richten / einen stolzen alten Jägerkönig / und enden sein Geschlecht. / Für dich / will ich ein Broadwayjude sein / und in dem Theater weinen / nach meiner Mutter / und Sonderangebote handeln / unterm Ladentisch. / Für dich / will ich Dachaujude sein / und mich niederlegen im Kalk / mit verrenkten Gliedern / und maßlosem Schmerz / den kein Mensch begreifen kann«. Cohen hat solche Stereotypen immer wieder zu spüren bekommen, gerade auch aufgrund der spezifischen Situation des kanadischen Judentums.

Die Separierung der jüdischen Bevölkerung von der kanadischen Mehrheitsgesellschaft hatte auch zur Folge, dass osteuropäische jüdische Traditionen als wichtiger Teil der kanadisch-jüdischen Kultur weiterlebten und das orthodoxe Judentum in Kanada am dominantesten blieb. Diese Prägung und Erziehung spiegelte sich in den tief religiösen Texten Cohens, wie kaum ein anderer vergleichbar bekannter Musiker hat er die religiösen Aspekte des Judentums zum Thema seiner Songs gemacht, etwa in »Who by Fire« von 1974, der auf der Liturgie für die Feiertage RoshHashanna und Yom Kippur basiert: »And who by fire / who by water / Who in the sunshine / who in the night time / Who by high ordeal / who by common trial«.

Eine Folge der Ausgrenzung von Juden in Kanada war auch, dass sie bis 1945, insbesondere im frankophonen Quebec, mit einem starken offenen Antisemitismus konfrontiert waren, der die eigenen Abgrenzungen von der restlichen Bevölkerung noch verstärkte. Nach 1945, als die Gemeinde von Montreal durch den Zuzug von Holocaustüberlebenden weiter angewachsen war, ließ der offene Alltagsantisemitismus im Angesicht der Shoah zwar nach, aber spätestens mit dem Beginn der Bombenanschläge der militanten Separationsbewegung »Front du Libération du Quebec« ab Mitte der Sechziger fühlten sich viele Juden in Montreal, bzw. Quebec nicht mehr sicher. In dieser Zeit verließ auch Leonard Cohen seine Heimat in Richtung Europa, behielt in Montreal zwar ein Haus, in dem er aber nicht mehr für längere Zeit leben sollte.

Zunächst ging Cohen nach Griechenland, bevor er Ende der Sechziger nach New York zog. Er hatte zur Zeit seines Wegzugs bereits mehrere Gedichtbände und zwei Romane veröffentlicht und sich bislang immer zuerst als Lyriker und erst danach als Musiker gesehen. Während viele andere seiner Generation ihr künstlerisches Erweckungserlebnis mit Rock'n' Roll und Elvis hatten, war es für Cohen der spanische Dichter Federico Garcia Lorca, der ihn zur Kunst brachte – und nach dem er auch seine Tochter Lorca benannt hat. Und doch hat Cohen in der Popkultur etwas für sich entdeckt, das er anderswo nicht finden konnte: eine hybride Kunstform, eine ortlose Kultur voller Unruhe und ohne Verwurzelung, voller Zitate und Bezüge zur Hoch- wie Volkskultur. Eine Form von Kultur, die einen Raum bieten konnte, der frei war von den Zuschreibungen, die Cohen in Gedichten wie »Genius« beschrieben hat.

Und so veröffentlichte Cohen – sehr spät für einen Popmusiker, mit 33 Jahren – 1967 sein Debüt *Songs of Leonard Cohen*, mit dem er aus der Nische des verkannten Lyrikers – seine Bücher erschienen in winzigen

Verlagen in kleinen Auflagen – zu einem gefeierten Star wurde. Bereits dieses Debütalbum enthielt mit »So long Marianne« und »Suzanne« zwei seiner größten Erfolge. Dass er mit seinen Texten voller Verlusterfahrung, jüdischer Mystik und sexuellen Sehnsüchten einen solchen Erfolg hatte, verwundert bis heute. Faszinierend an Cohen sind vor allem die Widersprüchlichkeiten seiner Texte, das Pendeln zwischen expliziter Sexualität und dem Versinken in Religiosität und Spiritualitiät. In seinen Bezügen auf das Judentum, in den Aneignungen jüdischer Tradition, Religion und Kultur hat er stets versucht, das Judentum in der Gegenwart zu erden und auf die ihn umgebende Welt zu beziehen. Und er hat immer wieder versucht, über seine Bezugnahmen auf jüdische Motive eine Kritik an politischen Entwicklungen der Gegenwart zu üben, wenn auch subtiler als die Protestsänger seiner Generation. So hat Cohen etwa in seinem Song »The Story of Isaac« von 1969, das die alttestamentarische Geschichte der Prüfung Abrahams durch Gott aufgreift, der seinen Sohn Isaak opfern soll, zwar einen Text verfasst, der in der Tradition von Songs gegen den Vietnamkrieg funktionierte: »Then my father built an altar / He looked once behind his shoulder / He knew I would not hide / You who build these altars now / To sacrifice these children / You must not do it anymore«. Aber während der Song von vielen Kriegsgegnern der 68er-Generation als Teil der Protestkultur interpretiert und Cohen als politischer Sänger eingemeindet wurde, hat sich der Künstler immer wieder gegen solche Aneignungen seiner Kunst für eindeutige politische Zwecke gewehrt.

Er verweigerte sich eindeutigen Aussagen, wollte sich von niemandem vor den Karren spannen lassen, weder in politischer, noch in religiöser Hinsicht. Vielen waren seine Songs zu religiös, für religiöse Juden wiederum sexuell zu explizit, für die Hippie-Kultur zu düster und schwer. Dennoch wurde er gehört, verkaufte Millionen Alben, vielleicht gerade weil er zwischen allen Stühlen saß und dabei virtuos mit Zitaten der christlichen und jüdischen Kulturgeschichte hantierte, in den letzten drei Jahrzehnten seines Lebens auch mit denen des Buddhismus, mit Verweisen auf die Literaturgeschichte und die ihn umgebende Gegenwarts- und Protestkultur der Siebziger, ohne sich eben jemals eindeutig als Teil dessen zu definieren.

So sehr Cohen das jüdische Leben in der Diaspora auch geprägt hat, wurde ihm dennoch zunehmend, auch aufgrund der eigenen Erfahrungen des Antisemitismus, die Bedeutung Israels für das Judentum als möglicher Rettungsort bewusst. Für dieses Land gab er auch seine Verweigerung der politischen Eindeutigkeit auf und ließ sich gerne vor zumindest diesen einen Karren spannen. Als im Oktober 1973 der Yom-Kippur-Krieg begann, unterbrach Cohen eine Tour in Griechenland und reiste nach Israel, um zur Unterstützung der Soldaten zu singen. Die im Jahr darauf veröffentlichte Platte *New Skin for Old Ceremony* war geprägt von dieser Erfahrung, wie der bereits erwähnte Song »Who By Fire« deutlich macht: basierend auf einer Liturgie für Yom Kippur, die unter anderem denjenigen gewidmet ist, »die vor ihrer Zeit sterben werden«. Weiter heißt es im Gebet namens »Unetane Tokef«: »für die, die durch Feuer oder durch Wasser sterben werden, durch die Gewalt von Menschen, durch Hunger oder Durst, durch Katastrophen, Seuchen oder Hinrichtung.« »Who By Fire« wurde zu einem Lied des Gedenkens, einem Lied der Einkehr und des Nachdenkens, geprägt von Cohens biografischer Erfahrung, zum Yom-Kippur-Krieg Israel besucht zu haben.

Vom gleichen Album stammt auch das Lied »Lover Lover Lover«, bei dem es sich, anders als der Titel suggeriert, um kein Liebeslied handelt, sondern um eine Zwiesprache des lyrischen Ichs mit Gott, die mit den hoffnungsvollen Worten endet: »And may the spirit of this song / may it rise up pure and free. / May it be a shield for you / a shield against the enemy.« Mehr als seine Musik konnte Cohen zur Unterstützung Israels in der Zeit der Bedrohung nicht beitragen, dennoch war er erfüllt von der Hoffnung, dass auch dieser Beitrag eine eigene Kraft entfalten und zu einem schützenden Schild vor dem Feind werden könne.

Vielleicht umreißen diese Songzeilen am deutlichsten die Hoffnung Cohens, die er mit seiner Kunst, seiner Musik und Literatur, verband: einen Beitrag zu leisten für das Judentum nach der Shoah. Einen Beitrag, der aber auch zeigt, dass das Judentum mehr ist als Leid, Verfolgung und Nahostkonflikt, sondern auch ein zentraler Bestandteil der globalen Popkultur. Musiker wie Cohen, aber auch Bob Dylan oder Lou Reed, haben mit ihren Songs auch an einem neuen Bild des Judentums gearbeitet, an einem Judentum, das mit Identitäten spielt und dabei gleichzeitig die Geschichte des 20. Jahrhunderts in sich aufnimmt, das im verspielten und ortlosen der Popkultur eine Chance wahrgenommen hat, neue Formen jüdischer Identität zu entwickeln. Und letztendlich auch neue Formen des Gedenkens, ein Gedenken, das jüdische Tradition und Kultur in die Gegenwart überführt, lebendig werden lässt und so stets neue Generationen mit diesem Erbe in Berührung bringt, einem Erbe, das eben beides ist: Verfolgung aber auch eine Überwindung dieser Verfolgung. Cohen hat dafür eine Form gefunden, die Melancholie und Rebellion zusammenbringt und zusammendenkt. In der Sexualität und Religion, weltliche Genüsse und Spiritualität, aber auch Zen-Buddhismus und religiöses Judentum keine Widersprüche mehr sein müssen. In der die Gespenster eine Heimat gefunden haben. Sein Roman *Schöne Verlierer* endet mit Zeilen, die schon 1966 diesen Anspruch zusammengefasst haben: »Arme Menschen, Menschen wie wir, sie sind verschwunden und entflohen. Ich will aus der Flugzeugkanzel für sie sprechen. Ich bin hindurchgegangen durch das Feuer von Familie und Liebe. Ein Willkommen dir, der du mich heute liest. Willkommen dir, Geliebter und Freund, der du mich ewig vermissen wirst auf deiner Reise dem Ende entgegen.«

Der letzte jugoslawische Autor Danilo Kiš

»Mein Vater wollte sich nicht mit dem Alter und dem Tod abfinden, nahm die Gestalt eines Ahasvers an, kam, meist als deutscher Tourist verkleidet, um meine Neugier anzustacheln, mich im Traum zu quälen und an seine Anwesenheit zu gemahnen«, schrieb Danilo Kiš im Roman *Garten, Asche* über seinen Vater Eduard Kiš, der einem Gespenst gleich durch das Werk des 1935 in Subotica geborenen jugoslawischen Autoren geistert und keine Ruhe zu finden scheint. »Hätte sich mein Vater bereitgefunden, sich in angemessener Weise von der Welt zurückzuziehen, sich mit dem Tod abzufinden – ich hätte von alledem kein Aufhebens gemacht.« Der Ewige Jude, der Ahasver, zu dem Kiš' Vater in den Romanen geworden ist, der rastlos um die Welt zieht und den Protagonisten der Bücher an den unterschiedlichsten Orten und in den verschiedensten Gestalten begegnet, konnte erst in seinem letztem Werk *Die Enzyklopädie der Toten* zur Ruhe kommen: darin stirbt der fiktive Vater in hohem Alter an Lungenkrebs und der Leser erfährt, dass »sein Leben nicht vergebens gewesen war, daß es auf der Welt immer noch Menschen gibt, die jedes Leben, jedes Leid, jede menschliche Existenz festhalten und bewerten.« Der Antrieb des Autoren Kiš selbst, seinem Vater ein literarisches Denkmal zu setzen, seine Bücher zu einer »Schatzkammer der Erinnerungen« zu machen, tritt hier zum Vorschein, denn er hat den 1898 als Eduard Mendel Kohn geborenen ungarischen Juden – Eduards Vater änderte 1902 den Familiennamen der Kohns ins Ungarische Kiš – niemals wirklich kennenlernen können: »Im Jahre 1944 wurden mein Vater und all unsere Verwandten nach Auschwitz deportiert, und von dort ist fast keiner zurückgekehrt«, so Danilo Kiš in dem kurzen Text »Geburtsurkunde« von 1983. »Von diesem Verschwinden (...) war ich als Kind und als Heranwachsender verfolgt. Dieses mysteriöse Verschwinden von Menschen, das den Kern meiner Literatur darstellt, ist ein wesentliches Phänomen des 20. Jahrhunderts«, hat er anderswo formuliert. Und so kreisen die meisten Texte um diese Abwesenheit, um die Leere, die die Deportation seiner Familie zurückgelassen hat. Die Gestalt des Vaters, in der sich das Schicksal aller ermordeten Juden Europas spiegelt, ist vor allem in der autobiografischen Roman-Trilogie *Frühe Leiden, Garten, Asche* und *Sanduhr* präsent. Kiš' Biograph Mark Thompson schreibt in *Geburtsurkunde. Die Geschichte von Danilo Kiš* über dieses Hauptwerk des Autoren: »Für Kiš waren die drei Bücher sein ›Triptychon‹, und jedes erzählt das selbe Leben: als wäre das Kind aus dem ersten Buch zu dem Mann herangewachsen, der sich auf den Tod vorbereitet.« Die drei Romane schildern aus verschiedenen Perspektiven das Leben der literarischen Figur Eduard Sahm, dessen Denken, Handeln und Ängste mal aus der Sicht des Kindes Danilo bzw. dessen literarischem Alter Ego Andi Sahm, mal in Form von Verhören oder inneren Monologen beschrieben werden.

Der reale Eduard Kiš wurde 1941 zu Zwangsarbeit in einer Ziegelei verpflichtet, überlebte 1942 nur dank eines glücklichen Zufalls ein Massaker ungarischer Faschisten im serbischen Novi Sad, und wurde 1944, nach seiner Flucht zu Verwandten aufs Land, ins Ghetto von Zalaegerszeg deportiert, kurz darauf nach Auschwitz. Eine der letzten Erinnerungen von Kiš an seinen Vater war ein Besuch im Ghetto, den er literarisch in *Garten, Asche* verarbeitet hat und in dem das Kind Danilo/Andi seine Aggressionen gegenüber dem Vater, der resignativ dazu neigte, seine Verfolgung als sein Schicksal anzunehmen und selbst den Antisemitismus zu verinnerlichen, ungefiltert an die Leser weitergab: »Er war in einem kleinen, klösterlich leeren und finsteren Junggesellenzimmer am Rande des Ghettos untergebracht. Er legte eine außergewöhnliche Toleranz gegenüber seiner neuen Lage an den Tag, lobte die Vorzüge und Bequemlichkeiten seines Zimmers und betrachtete sich als Günstling des Schicksals. Sein Kapitulatentum, seine Schicksalsergebenheit und die Sehnsucht nach Zuhause hatten ihn völlig degradiert.«

Kiš' Mutter Majka Milica Kiš, eine serbisch-orthodoxe Montenegrinerin, hat mit ihren beiden Kindern Danica und Danilo die Verfolgung in Ungarn überlebt. In *Autobiographie* schrieb Kiš: »Ich war vier Jahre alt, als mich meine Eltern, nach Ausrufung der anti-jüdischen Gesetze in Ungarn, in der Himmelfahrtskathedrale in Novi Sad orthodox taufen ließen, was mir das Leben rettete.« 1947 siedelten die drei zu Verwandten nach

Montenegro über, die einzige Erinnerung an den ermordeten Vater waren Briefe, amtliche Dokumente und dessen in seiner Funktion als Oberinspektor beim Jugoslawischen Handelsministerium verfasster »Jugoslawischer und Internationaler Fahrplan« für das Jahr 1938, der für Danilo zu einem literarischen Fetisch wurde, ein »Mülleimer großer Städte ... eine Art Kabbala«. Nach dem Abitur begann Kiš in Belgrad ein Studium der Allgemeinen und Vergleichenden Literaturwissenschaft und schrieb mit 25 Jahren den Kurzroman *Psalm 44*, sein einziges Buch, in dem die Leser ganz explizit ein Konzentrationslager zu betreten haben; später hat er sich von dem literarisch eher schwachen Text distanziert, vor allem aufgrund der Anmaßung, KZ-Erfahrungen und Überleben beschreiben zu können. Seine späteren Texte zeigen vielmehr das Scheitern einer solchen Annäherung, bilden die Leere ab, die nach der Shoah zurückblieb. Und dies in einem ganz materiellen Sinne: in einer Szene in *Sanduhr*, in der Eduard Kiš/Sahm am Ufer der Donau seine Hinrichtung erwartet, der er lediglich entkommt, weil die eigens für die Leichen in die dicke Eisschicht der Donau geschlagenen Löcher bereits überfüllt sind, bricht der Text unvermittelt ab: »Dieses Gefühl, vom eigenen Ich im Stich gelassen worden zu sein, diese Vision seiner selbst aus der Sicht eines andern, dieses Verhältnis zu sich selbst als einem Fremden« – »Unvollendet. Es fehlt ein Blatt« lautet die darauf folgende Anmerkung des Autoren in einer Fußnote. Der historische Hintergrund dieser Episode ist der Einmarsch der ungarischen Armee, die sich den Achsenmächten angeschlossen hatte, in der Vojvodina im Januar 1942, wo sie in Novi Sad mit der Exekution tausender Juden und Serben begann. Die Folgen der Erfahrung des bevorstehenden Todes für seinen Vater hat Kiš in einem Interview beschrieben: »Mein Vater tauchte in den späten Nachmittagsstunden zu Hause auf, ein gebrochener Mann, plötzlich gealtert, das Grauen in den Pupillen. Dieser Tag an der Donau und das Warten vor den Kabinen, im Vorhof der Hölle, das Warten darauf, an die Reihe zu kommen, all das erschütterte seinen an sich schon angegriffenen Gesundheitszustand vollends.« Dieser »Vorhof der Hölle«, in dem sein Vater zu leiden hatte, wurde für Kiš der Ausgangspunkt, die Frage zu stellen, auf welche Weise ein Schreiben nach Auschwitz, nach dem Verschwinden von Menschen und der Leere, die dieses Verschwinden zurücklässt, noch möglich sein könne. »Bruchstücke dieses wachen Traums und Alptraums verwüsteten mein Bewusstsein und Inneres, in meinem ganzen Wesen liefen gleichzeitig zwei Prozesse ab, Traum und Wirklichkeit, Alptraum und Luzidität«, hält die Vaterfigur in *Sanduhr* fest. Danilo Kiš hat in seinen Texten das Schreiben selbst zum Thema gemacht, das Ringen um Worte und das Ringen mit den Bruchstücken der Erinnerung, den eigenen und den vorgefundenen Alpträumen des 20. Jahrhunderts. »Eine fortlaufende Erzählung der Ereignisse hätte das obszön Irrationale zu etwas unanständig Rationalem gemacht, eine vertraute Form den absolut anormalen Kontext normalisiert«, schreibt Mark Thompson in seiner Kiš-Biografie über die Struktur von *Sanduhr*. Seine Ästhetik nach Auschwitz, die Kiš vor allem in *Sanduhr* verwirklicht hat, lässt sich als ein zunehmendes Abwerfen gewohnter Erzählstrukturen beschreiben. Immer mehr Raum nehmen Listen, Aufzählungen, Register und Kataloge ein, über die Kiš in ihrer Dichte eine Form gefunden hat, davon zu reden, was sich der Sagbarkeit entzieht. Listen von Freunden des Protagonisten und ihrer Tode ziehen sich über Seiten, aus »dokumentarischen Speisekarten« bilden sich Menschenschicksale. Auch ist *Garten, Asche* von 1965 bereits durchzogen von zwei sich widerstreitenden Erzählerstimmen, einem kindlich-naiven Erzähler, der auch in *Frühe Leiden* von 1969 ein Tableau absurder Eindrücke der Welt präsentiert, und dem Blickwinkel eines »Schriftstellers, der sich mit diesem Kind identifiziert«, wie Kiš es 1973 in einem Essay beschrieb. Die beiden Perspektiven stehen nebeneinander, wechseln manches Mal in einem einzigen Satz und spiegeln womöglich das, was Kiš als seine ungelöste Mehrfachidentität beschrieben hat: »Ohne die ›beunruhigende Andersheit‹, die das Judentum mit sich bringt, und ohne die Missgeschicke meiner Kindheit während des Krieges, wäre ich zweifellos nicht Schriftsteller geworden.« Die Bedrohung jüdischen Lebens, die diese Andersheit so beunruhigend macht, steht im Zentrum der *Familienzirkus*-Trilogie. Ihr Abschluss *Sanduhr* wird von der Übersetzerin Ilma Rakusa im Nachwort auch als der Versuch einer »archäologischen Sondierung oder Ausgrabungsarbeit« beschrieben, der Schichten der Historie freilegt: »Aus Fragmenten und mithilfe poetischer und dokumentaristischer Stilmittel rekonstruiert er das untergegangene jüdische Mitteleuropa, für das pars pro toto die Vaterfigur steht.« Zur Poetik von Kiš gehörte auch eine Skepsis gegenüber »reinen Erfindungen« in der Literatur, vielmehr arbeitete er mit erfundenen Kommentaren zu nicht erfundenen Dokumenten, schrieb fiktionale Texte, die nichtfiktionale Formen imitierten: »Der Rahmen, den das Dokument bietet, verbietet meiner Phantasie, sich Freiheiten herauszunehmen und aus dem Schicksal der mitteleuropäischen Juden eine Art reiner psychologischer Erfindung zu machen.«

»Wenn ich heute um Kartoffeln bettle, muß ich unweigerlich an die verblüffende Ähnlichkeit zwischen der Kartoffel und dem Juden denken. Wir stammen, ich sagte es schon, aus demselben Dunkel der Geschichte. Doch weshalb, meine Herren, ist die Kartoffel langlebiger als wir?«, schrieb Kiš in *Sanduhr*. Das Judentum spielte für Kiš jenseits der Verfolgungserfahrung keine große Rolle, vermutlich ist sein Werk auch aus diesem Grunde nicht in den Kanon jüdisch-europäischer Post-Shoah-Literatur aufgenommen worden, für ihn bedeutete Judentum vor allem eine »beunruhigende Andersheit«: »Ich denke, mein Schicksal ist das Schicksal eines Ewigen Juden: Das kann ich nicht ändern, das ist einfach so.« Er ist sich jedoch sicher: »Es ist besser, man gehört zu den Verfolgten als zu den Verfolgern.«

Nachdem Kiš 1976 *Ein Grabmal für Boris Dawidowitsch* veröffentlichte, eine Sammlung von Biografien hauptsächlich jüdischer Protagonisten, die in Stalins Lagern ermordet wurden, kam es zum größten literarischen Skandal Jugoslawiens der Nachkriegszeit, der vor allem geprägt war von einem antisemitischen Unterton: Kiš sei ein wurzelloser Kosmopolit, ein Zionist und Antikommunist. Einen gegen ihn angestrebten Gerichtsprozess gewann Kiš, er lebte zu diesem Zeitpunkt jedoch bereits in Frankreich. Als Kommunist hat sich Kiš ebenso wenig verstehen wollen wie als prowestlicher Dissident, vielmehr hat er stets jegliche Definitionen weit von sich gewiesen und vehement geweigert, sich ethnisch, national oder politisch irgendwo zu verorten. In seinen letzten Jahren versteifte er sich darauf, zwischen Auschwitz und den stalinistischen Lagern bestehe kein Unterschied, und hat gleichzeitig an der westlichen Toleranz gegenüber dem Islam nach der Fatwa gegen seinen Freund Salman Rushdie kein gutes Haar gelassen. Bis zuletzt ist er auf beiden Seiten des Eisernen Vorhangs angeeckt; er hielt das Ideal der Weltliteratur hoch, verfeinerte seine Poetik der Listen und Enzyklopädien, und dekonstruierte nationale Mythen. Sein letztes Romanprojekt über einen jüdischen Renaissance-Dichter aus Dubrovnik konnte er nicht mehr verwirklichen, der »letzte jugoslawische Autor« Kiš, wie er sich selbst einmal bezeichnete, starb kurz vor dem Mauerfall im Oktober 1989 in Paris an Lungenkrebs, zwei Jahre, bevor die Nationalismen in Jugoslawien wieder kriegerisch die Oberhand gewannen.

»Der Zwang und die Unmöglichkeit, Jude zu sein« Jean Améry

»Wer das Kunstspiel mit Peitsche und Folter treibt, hat zur Wirklichkeit der Tortur zu schweigen«, schrieb Jean Améry 1971 in der Zeitschrift *Merkur* anlässlich des Films *L'eden et après* von Alain Robbe-Grillet. Améry stieß vor allem die Sexualisierung der Folterszenen durch den französischen Avantgardefilmer auf, wie auch grundsätzlich die Diskrepanz zwischen der außerkunstlerischen Realität der Folter und ihrer artifiziellen Darstellung. Positiv hat Améry dagegen den Umgang des deutschen Regisseurs und Schriftstellers Horst Bienek mit diesem Thema im Film *Die Zelle* bewertet. »Vom Augenblick an«, schreibt Améry, »in dem die Tore des Gefängnisses dröhnend hinter dem Arrestanten zufallen, denkt, handelt, verfügt eine rätselhafte Macht.« Indem Bienek die Räume, die Mauern, Gitter und Wände in den Mittelpunkt rücke, gelinge es ihm, die »Befindlichkeit der Gefangenschaft« mit solcher Dichte und Eindringlichkeit zu reproduzieren, dass der Film schließlich generell »die metaphysische Frage nach der Freiheit des Menschen« stelle. Ob überhaupt angemessene Bilder für die Folter, die Tortur, gefunden werden können, seien es literarische Bilder oder Filmbilder, hat Améry Zeit seines Lebens beschäftigt. Während in dem Fragment gebliebenen Text »Die Festung Derloven« von 1945 sein Alter Ego Eugen Althager noch um Worte für das Erlebte ringt, und beispielsweise das Geräusch der während der Folter aus den Gelenkkugeln springenden Arme mit einem bei »unzureichendem Funktionieren der Kupplung geschalteten Automobil« vergleicht, erklärte Améry 20 Jahre später im Essay *Die Tortur*: »Es wäre ohne alle Vernunft, hier die mir zugefügten Schmerzen beschreiben zu wollen. War es ›wie ein glühendes Eisen in meinen Schultern‹, und war dieses ›wie ein mir in den Hinterkopf gestoßener stumpfer Holzpfahl‹? – ein Vergleichsbild würde nur für das andere stehen, und am Ende wären wir reihum genasführt im hoffnungsvollen Karussell der Gleichnisrede.«

Am 23. Juli 1943 war der jüdische Kommunist Hans Mayer, wie Améry damals noch hieß, in Brüssel von der Gestapo verhaftet worden. »Wir stellten ziemlich primitives Agitationsmaterial her, von dem wir uns einbildeten, es könne die deutschen Soldaten vom grausamen Wahnwitz Hitlers und seines Krieges überzeugen«, erinnerte er sich 20 Jahre später in *Jenseits von Schuld und Sühne*. »Heute weiß ich oder glaube zumindest, ich wisse, dass wir unser dürftiges Wort an taube Ohren richteten.« Der 1912 in Wien geborene Améry war nach dem Anschluss Österreichs an Nazideutschland nach Belgien geflohen, und hatte sich nach dem dortigen Einmarsch der Deutschen und einer kurzzeitigen Inhaftierung im französischen Internierungslager Gurs der kommunistischen Widerstandsgruppe »Österreichische Freiheitsfront« angeschlossen. Von Brüssel aus wurde er nach seiner Verhaftung in die Festung Breendonck überführt, wo er bis zum 2. November des Jahres inhaftiert blieb. »Dort geschah es mir: Die Tortur«, heißt es *Jenseits von Schuld und Sühne*. Der Text »Die Tortur« ist ein Bestandteil der aus insgesamt sechs Essays kompilierten autobiografischen Annäherung Amérys an den »Zwang und die Unmöglichkeit, Jude zu sein«. Die Folter, der er in Breendonck ausgesetzt war, ließ ihn Zeit seines Lebens nicht mehr los, in den *Bewältigungsversuchen eines Überwältigten*, wie der Untertitel von *Jenseits von Schuld und Sühne* lautet, hält er fest: »Wer der Folter erlag, kann nicht mehr heimisch werden in dieser Welt.«

»Die Tortur« blieb Amérys intensivste Annäherung an diese biografische Erfahrung und schloss thematisch unmittelbar an den Eröffnungstext von *Jenseits von Schuld und Sühne* an. In diesem »An den Grenzen des Geistes« betitelten Essay hatte er seine Zeit als Häftling reflektiert, seine Situation als Intellektueller im KZ. So beschrieb er darin den gescheiterten Versuch, sich über ein Hölderlin-Gedicht zu vergewissern, dass noch eine Verbindung zu seinem bisherigen Leben bestehe: »Das Gedicht transzendierte die Wirklichkeit nicht mehr. Da stand es und war nur noch sachliche Aussage: so und so, und der Kapo brüllte ›links‹, und die Suppe war dünn, und im Winde klirren die Fahnen.« »An den Grenzen des Geistes« und auch die weiteren Essays, aus denen sich *Jenseits von Schuld und Sühne* zusammensetzt, waren ursprünglich für das Radio konzipiert worden, in Auftrag gegeben von Helmut Heißenbüttel, der damals als Redakteur beim *Süddeutschen Rundfunk* arbeitete. »Die Tortur« wurde am 3. Mai

1965 ausgestrahlt, eingelesen von Améry selbst. Heißenbüttel hatte ihn darum gebeten: »Das, was die Qualität Ihrer Arbeit ausmacht, die unmittelbare Verschränkung von persönlicher Erfahrung und objektiver Analyse, kann, so denke ich, nur der einem Zuhörer nahebringen, der diese Dinge erlebt und geschrieben hat.«

Diese Stimme Amérys, in der sich persönliche Erfahrung und objektive Analyse treffen, steht auch im Mittelpunkt des Filmprojektes *Jean Améry – Die Tortur* von Dieter Reifarth. Der Regisseur hat die originale Radioarbeit von 1965 für den einstündigen Film genutzt, über die er seine dokumentarischen Filmbilder legt. Ähnlich wie von Améry 1970 im Zusammenhang mit dem Spielfilm von Horst Bienek gefordert, konzentriert sich Reifarths Film auf die Räume, Mauern und Gitter, auf die Geografie des Ortes, an dem Améry als Gefangener gefoltert wurde. Diese Form der Reflexion über die Annäherung an den Nationalsozialismus, das Nachdenken über die Unmöglichkeit der Bebilderung des Unvorstellbaren ist nicht neu, jeder Film von Claude Lanzmann zeugt davon. Doch Lanzmann zeigt sich stets als Teil des Dokumentierten, als Teil der Inszenierung in der Gegenwart, während sich Reifarth völlig zurücknimmt, den Text von Améry und die ruhigen Filmbilder für sich sprechen lässt.

Die Festung Breendock ist heute eine Gedenkstätte, wie Améry in seinem Essay zu Beginn erklärt: »Die Kuratoren des Nationalmuseums haben alles so gelassen, wie es von 1940–1944 war.« Die Kamera nähert sich dem Ort behutsam an, betrachtet ihn zunächst von außen, um dann Schritt für Schritt jenen Weg nachzuvollziehen, den einst Améry zurücklegen musste: »Man tritt durchs Haupttor und befindet sich bald in einem Raum, der damals mysteriöserweise ›Geschäftszimmer‹ hieß. … Dann die feuchten, kellerigen Korridore.« Der Essay »Die Tortur« habe eine Dramaturgie, die es eilig habe, hat Irene Heidelberger-Leonard erklärt, »eine Dramaturgie, die nicht chronologisch vorgeht, sondern eine, die im Zeichen des Zeitsprungs steht.« Umso stimmiger erscheint der Versuch des Regisseurs, den Text in die Gegenwart zu übersetzen, drei Zeitebenen – das von Améry beschriebene Jahr 1943, die Entstehungszeit des Textes Mitte der Sechziger und die Gegenwart – miteinander in Verbindung zu bringen. »Ich rebelliere«, hat Améry 1976 im Vorwort zur Neuausgabe von *Jenseits von Schuld und Sühne* festgehalten, »gegen meine Vergangenheit, gegen die Geschichte, gegen eine Gegenwart, die das Unbegreifliche geschichtlich einfrieren lässt und es damit auf empörende Weise verfälscht.« Diesem Einfrieren der Geschichte wirkt der Film entgegen, der die analytische Kraft und Wut des Textes unangetastet lässt, jedoch mit visuellen Eindrücken des Hier und Jetzt koppelt. Man sieht Menschen, die sich individuell mit dem Ort auseinandersetzen, alleine, in Gruppen, die sich frei durch die Anlage bewegen, wodurch die von Améry beschriebene Unfreiheit und Hilflosigkeit eine noch größere Wucht entfaltet.

»Der erste Schlag bringt dem Inhaftierten zu Bewußtsein, daß er hilflos ist – und damit enthält er alles Spätere schon im Keime«, erklärte Améry in seinem Text die Wirkung der Folter, während der Film gleichzeitig diese Einsamkeit des Inhaftierten in einer Folge von Einstellungen spiegelt, die keine Menschen der Gegenwart zeigen, lediglich die heute verlassenen Orte, an denen diese Gewalt einst möglich gewesen ist. *Jean Améry – Die Tortur* fügt dem Text lange Einstellungen aus den Räumen der heutigen Gedenkstätte hinzu, ergänzt um einige wenige historische Filmaufnahmen und Fotos, die davon zeugen, dass in Breendonck tatsächlich alles belassen wurde wie zur Zeit der deutschen Besatzung. »Nichts ist vernarbt, und was vielleicht 1964 schon im Begriffe stand zu heilen, das bricht als infiziere Wunde wieder auf«, schrieb Améry 1976 mit Blick auf »die alten Tölpel aus dem Lager der unausrottbaren Reaktion« wie auch seine »natürlichen Freunde, die jungen Frauen und Männer der Linken«, bei denen »unter dem Banner des Anti-Zionismus der alte miserable Antisemitismus sich wieder hervorwagt.« Der Regisseur Dieter Reifarth erinnert daran, dass es Améry in der Auseinandersetzung mit der an ihm verübten Folter nicht nur um die individuellen Folgen für ihn selbst ging, nicht ausschließlich um seinen Verlust an »Weltvertrauen«, sondern um das Nachleben des Nationalsozialismus, um die Wiederkehr des Untoten von Rechts wie von Links, die sich Améry immer wieder offenbarte, und die ihn die gleiche Ohnmacht verspüren ließ, wie einst im Folterkeller der Festung Breendonck. »Ein stolzes Volk, immer noch«, erklärt er in seinem Essay »Ressentiments«. »Der Stolz ist ein wenig in die Breite gegangen, das sei zugegeben. … Er beruft sich nicht mehr auf die heroische Waffentat, sondern auf die in der Welt einzig dastehende Produktivität. Aber es ist der Stolz von einst, und es ist auf unserer Seite die Ohnmacht von damals. Wehe den Besiegten.«

Dinosaurier auf einer Autobahn
Claude Lanzmann und Benjamin Murmelstein

»Der ungehörte Zeuge« hat Wolf Murmelstein sein Nachwort betitelt, das die Erinnerungen seines Vaters Benjamin Murmelstein an die Internierung seiner Familie in »Eichmanns Vorzeige-Ghetto« Theresienstadt historisch einordnet. Murmelsteins Version der Geschichte von Theresienstadt erschien erstmals 1961 in Italien und wurde erst ein halbes Jahrhundert später ins Deutsche übersetzt, mehr als 50 Jahre nach der Erstveröffentlichung und mehr als 50 Jahre nach dem Eichmann-Prozess, bei dem Murmelstein ein solcher »ungehörter Zeuge« blieb, obwohl er eine Aussage im Zeugenstand vor dem Jerusalemer Gericht angeboten hatte. Durch seine erzwungene Zusammenarbeit mit Eichmann in Wien, wo der ehemalige Rabbiner Benjamin Murmelstein zwischen dem Anschluss Österreichs an Nazideutschland 1938 und seiner Deportation nach Theresienstadt am 29. Januar 1943 in verschiedenen Leitungsfunktionen der Israelitischen Kulturgemeinde vorstand und unter anderem in der Eichmann unterstehenden »Auswanderungsabteilung« arbeitete, hätte er einen wichtigen Baustein zur Psychologie des Mannes beitragen können, den die Prozessbeobachterin Hannah Arendt als einen »Hanswurst« bezeichnet hatte, dem man »beim besten Willen keine teuflisch-dämonische Tiefe abgewinnen« könne. Im Gegenteil, insistierte Murmelstein in seinen Memoiren, Eichmann sei ein »Dämon« und eben nicht nur Schreibtischtäter gewesen, und habe etwa in der Pogromnacht auch selbst Hand angelegt. »Ich wurde schon auf der Straße verhaftet und in den Tempel Seitenstettengasse geführt, wo ich eine Truppe vorfand, die mit einem Eifer dabei war, alles zu zerstören. Mit Hämmern und Äxten haben sie auf die Einrichtungsgegenstände losgeschlagen. Und kommandiert das Ganze hat Herr Eichmann.« Diese Facette Eichmanns beschrieb Murmelstein in *Der Letzte der Ungerechten* von Claude Lanzmann, der in über dreieinhalb Stunden ein Porträt des letzten überlebenden »Judenältesten« Theresienstadts gezeichnet und darüber hinaus eine filmische Studie über die Rolle der von den Nazis eingesetzten »Judenräten« und das Ghetto Theresienstadt erschaffen hat. Eine Woche lang hatte Lanzmann 1975 mit dem damals als Möbelhändler in Rom lebenden Murmelstein Gespräche geführt, die ursprünglich Teil von *Shoah* hätten werden sollen, dann aber vom Regisseur nicht verwendet und nun für einen eigenen Film neu gesichtet wurden. Lanzmann erklärte in einem Interview diese Entscheidung folgendermaßen: »›Shoah‹ ist ein Film in Erzählform, der allgemeine Ton ist von einer schrecklichen Tragik. Wenn man Benjamin Murmelstein zuhört, merkt man, dass das nicht zu ihm passt. Er ist von einem anderen Schlag.« Das ist zweifelsohne richtig, doch gleichzeitig gehört es wohl zur Tragik von Murmelsteins Leben, dass er die nun erfolgende Rehabilitierung seiner Person durch Lanzmanns Film und Historiker wie Doron Rabinovici nicht mehr erleben konnte; er starb bereits 1989, »nach langem Leiden infolge der Erfahrungen in den finsteren Jahren und danach«, wie sein Sohn Wolf Murmelstein ausführt.

Dieses Leiden in den Jahren nach der Befreiung war vor allem ein Leiden an der Ablehnung der Erinnerungen Murmelsteins durch die Justiz und die Geschichtswissenschaft, die oftmals auch in Aggressionen gegen Murmelstein als »Symbol für die jüdische Kollaboration«, wie Doron Rabinovici es umschrieb, übergingen. In einem am 19. Oktober 1963 in der *Neuen Zürcher Zeitung* veröffentlichten Briefwechsel zwischen Hannah Arendt und Gershom Scholem bezeichnete Arendt alle jüdischen führenden Persönlichkeiten während des Nationalsozialismus als Verräter und Scholem, der ihr Urteil ablehnte, da die extremen Umstände ihnen keine Wahl gelassen hätten, stimmt zumindest in einem Punkt mit ihr überein: »Gewiß, Murmelstein in Theresienstadt hätte verdient, von den Juden gehängt zu werden.«

Er sei wie ein Dinosaurier auf einer Autobahn, erklärt Murmelstein in Lanzmanns Film seine Situation, störend und allen im Weg, völlig aus der Zeit gefallen. Jüdische Opfer, die nicht dem Bild des Opfers entsprechen, seien nicht einzuordnen und erregten daher solche Abscheu, würden als Skandal empfunden, erklärt Rabinovici dieses harte Urteil des sonst eher als friedfertig bekannten Scholem, der sogar das Todesurteil gegen Eichmann abgelehnt hatte. Lanzmanns Film ist auch die Suche nach einer Erklärung für diesen Hass, der sich sowohl bei Überlebenden als auch jüdischen Exilanten wiederfindet, und, so zeigt der Film wie auch Murmelsteins Buch *Theresienstadt. Eichmanns Vorzeige-Ghetto*, von den Nazis durchaus bewusst provoziert worden war und bis zum Tode Murmelsteins, dem ein Grab an der Seite seiner Frau und ein Totengebet in der Synagoge verweigert wurde, nachwirkte.

»Entschuldigen Sie, Sie werfen mir immer vor, dass ich abschweife, aber die Dinge sind nur im Zusammenhang zu verstehen«, sagt Murmelstein in *Der Letzte der Ungerechten*, und diese Zusammenhänge sind es, die Lanzmann herausgearbeitet hat und die lange Zeit nicht gesehen wurden, wenn er die Aufnahmen des Gesprächs mit Murmelstein mit Aufnahmen von Theresienstadt und anderen Orten der Vernichtung gegenschneidet. So stellt Lanzmann etwa heraus, dass die jüdische Verwaltung unter den Nazis, der Murmelstein von 1938 bis 1945 angehörte, bewusst eingesetzt worden war, um das Vertrauen in die eigene Administration zu zerstören, wenn etwa die antisemitischen Maßnahmen in Wien von den Judenräten verkündet und durchgeführt werden mussten oder sie die Deportationslisten nach Auschwitz in Theresienstadt zusammenzustellen hatten. Wer sich weigerte, bezahlte mit seinem Leben und wer sich einfügte, mit seiner Integrität in der jüdischen Gemeinde. Murmelstein galt darüber hinaus ohnehin bereits in seiner Zeit in Wien als unberechenbar, jähzornig und gefühlskalt, was der Wahrnehmung seiner Person nach dem Anschluss Österreichs an Nazideutschland nicht entgegenkam. Doch gerade weil er sich dafür entschied, sich den nationalsozialistischen Strukturen unterzuordnen, gelang es ihm in seiner Funktion als Leiter der »Auswanderungsabteilung«, über 120.000 österreichischen Juden die Ausreise zu ermöglichen. Ihm war klar, dass er mit dem NS-Regime zusammenarbeiten musste, um keine Handhabe zu liefern, gewaltsam gegen die Gemeinde vorzugehen. Sieht man Murmelstein in Lanzmanns Film beim Erzählen zu, bekommt man eine Ahnung davon, wie sehr ihn diese Rolle zerrissen haben muss. Gerade weil er stets versucht, objektiv zu bleiben und sachlich von den gegebenen Umstände zu erzählen, gewinnen jene Momente an Bedeutung, in denen die Fassade Murmelsteins kippt und seine eigene Beschädigung durch die Geschichte nach außen dringt. So fragt Lanzmann ihn etwa irgendwann, ob er Angst gehabt habe und nach kurzem Zögern bekennt er: »Ja.« Sein darauf folgendes Schweigen, bevor er wieder in seinen sachlichen Duktus verfällt und erklärt »selbstverständlich, in gewissem Sinne musste man Angst haben« ist jenem Schweigen ähnlich, das viele der Überlebenden aus *Shoah* bestimmt hatte und in dem mehr vom Grauen steckte, als in dem, was sie zuvor in Worte zu fassen versucht hatten. »Benjamin Murmelstein überlebte, trug zeitlebens die Last der Erinnerungen mit sich und musste sich den Vorwürfen und Anschuldigungen derer stellen, die in diesen Jahren in Sicherheit gewesen, mit der Realität des Ghettos nicht in Berührung gekommen waren«, fasst Wolf Murmelstein die Tragik seines Vaters zusammen.

Auch in Theresienstadt versuchte sich Murmelstein, als Repräsentant der jüdischen Verwaltung und ab September 1944 als »Judenältester«, in die Psyche der Nazis hineinzuversetzen, um ihnen keine Handhabe für mörderische Strafen zu liefern. »Ich musste mich mit dem Ghetto identifizieren, um das Ghetto zu retten, das die Deutschen liquidieren wollten – und um mich selbst zu retten«, erklärt Murmelstein. So führte er etwa die 70-Stunden-Woche ein, um das Lager wieder herzurichten, was ihm nach der Befreiung von vielen Überlebenden vorgeworfen wurde. Ob er mit seiner Auffassung, damit das Ghetto gerettet zu haben, richtig lag, oder die Macht seiner Person damit überschätzte, da die Entscheidungen der Nazis nur in geringem Maße vom Handeln der »Judenältesten« abhingen, sei dahingestellt, zentral ist seine darin enthaltene Forderung, als handelndes Subjekt wahrgenommen zu werden und nicht nur als Opfer, als Marionette der Nazis in ihrem mörderischen Vorhaben. Diese Wahrnehmung wurde ihm lange Zeit aufgrund von moralischen Urteilen wie jenem Hannah Arendts verweigert. »Verurteilen kann man mich, aber urteilen über mich kann man nicht«, sagt er zum Abschied. Lanzmann dagegen gibt Murmelstein spätestens, wenn er ihm zum Ende des Films seine Hand auf die Schulter legt und sich mit ihm von der Kamera entfernt, seinen Status als handelndes Subjekt der Geschichte zurück, dessen Erinnerungen es verdient haben, gehört zu werden.

Radical Jewish Culture
John Zorn

Bei der Weltpremiere von John Zorns »Masada«-Marathon im November 2010 in einem kleinem Mailänder Theater verließ ein Teil des Publikums vor Ende der fast fünfstündigen Performance mit Händen vor den Ohren den Saal. Der Lärm des Ensembles Electric Masada war zuviel für die Besucher, die einen Klezmer-Abend erwartet hatten. Man konnte so zumindest einen kleinen Eindruck der Wucht und der Wut erahnen, mit der John Zorn und seine musikalischen Mitstreiter zwanzig Jahre zuvor aufgetreten waren. Die Wogen der »Radical Jewish Culture« haben sich seitdem geglättet, die Bewegung ist mittlerweile sogar musealisiert: Bei der 2011 im Jüdischen Museum Berlin gezeigten Ausstellung »Radical Jewish Culture. Musikszene New York seit 1990« können die Museumsbesucher sicherheitshalber die Lautstärkeregler der zahlreichen Musikbeispiele und Konzertmitschnitte selbst bedienen. Dennoch hat man die provokative Geste, mit der ab Anfang der 1990er-Jahre die Protagonisten der Radical Jewish Culture die schon seit Jahrzehnten vorhandene jüdische Farbe der New Yorker Musikgeschichte ins Zentrum rückten, in die Ausstellung hinübergerettet. Waren im New Yorker Punk der »Blank Generation«, jener ersten Generation von nach der Shoah geborenen Juden, noch die Rückbezüge auf Fragen jüdischer Identität und auf die Shoah mal mehr (»Eat kosher salami« – The Ramones) und mal weniger subtil (»The world is holocaust« – Blondie), so formierte sich in den 1980er-Jahren, in kritischer Auseinandersetzung mit der Klezmer-Renaissance, im Umfeld der Knitting Factory (mit Bands wie den Klezmatics oder Hasidic New Wave) das »Jewish Alternative Movement«, das diese Themen in den Mittelpunkt stellte.

Das Versöhnliche der gegenwärtigen Klezmerrezeption entlarvte man als »Balsam gegen kollektive Schuldgefühle.« Der Pianist Antony Coleman erzählt von einer Deutschlandtour mit dem Saxophonisten Roy Nathanson: »Unsere beiden Klezmer-Songs bekamen, insbesondere in Deutschland, standing ovations, während der Applaus bei unseren anderen Stücken eher verhalten war. Da habe ich mir gesagt: ›Sie hören es einfach nicht! Ich fühle mich wie der Beweis, dass der Holocaust niemals stattgefunden hat.‹«

Fast ironisch wirkt daher die Tatsache, dass ausgerechnet in München die New Yorker Musiker 1992 zum ersten Mal unter dem Namen Radical Jewish Culture in Erscheinung traten und die Erwartung an »jüdische Musik« durcheinanderwirbelten und gleichzeitig das Publikum mit der Realität der Shoah konfrontierten. Neben durchaus in Klezmertraditionen stehenden Künstlern hatte Zorn in das von ihm kuratierte Musikprogramm auch Musiker wie Lou Reed oder Henry Rollins integriert, die hier erstmals als explizit jüdische Musiker auftraten und mit ihrem subkulturellen Background dem hochkulturellen Event eine Provokation im Sinne des Punk einpflanzten.

Die Betonung des jüdischen Backgrounds der Beteiligten – bei vielen der Musiker die einzige Gemeinsamkeit – muss man im örtlichen und zeitlichen Kontext sehen: Dem erstarkten Antisemitismus im wiedervereinigten Deutschland wollten die Musiker ein selbstbewusstes, sichtbares und radikales Judentum entgegensetzen. In einem im Vorfeld verfassten Manifest beklagen Zorn und der Gitarrist Marc Ribot (»Yo! I Killed Your God«) die Unsichtbarkeit jüdischer Künstler in der Kulturgeschichte des 20. Jahrhunderts und geben zu bedenken: »Muss jüdische Musik per se hebräische Skalen und jüdische Themen verwenden, oder ist jüdische Musik nicht einfach nur die Musik, die von Juden gespielt wird?« Ohne diese Frage grundsätzlich zu klären – das Manifest wirft ohnehin angenehmerweise mehr Fragen auf, als es beantwortet –, lautete die Antwort 1992 in München: weil Henry Rollins, mit bürgerlichem Namen John Garfield, jüdische Eltern hat, ist auch der Hardcore der Rollins Band jüdisch. Wenn sich jedoch, so Ribot in einem Interview, diese Einforderung von Sichtbarkeit zu einer Form der ethnischen Selbstdarstellung verfestige, sei dies problematisch. Für diesen Moment, Anfang der 1990er, war es dagegen von immenser Bedeutung, eine jüdische Identität neu zu formulieren, die osteuropäische jüdische Musiktraditionen ebenso einbezieht wie den Jazz, Punk und Experimente Steve Reichs oder Mauricio Kagels und die Shoah wie auch den aktuellen Antisemitismus mitdenkt.

Das wichtigste musikalische Manifest dieser Suche ist Zorns Komposition *Kristallnacht*. Das Stück ist singulär in seinem Bemühen, über das musikalische Material die Gewalt des 9. November 1938 abzubilden. Bereits in »Shtetl«, dem ersten Satz des Stücks, schieben sich hinter Klezmerklänge Reden Hitlers. Im zweiten, »Never Again« betitelten Satz kommt dann zutage, wie Zorns beim Zuhörer ein körperliches Unbehagen hervorzurufen sucht: Die minutenlangen Geräusche zersplitternden Glases schwellen zu einer schier unerträglichen Lautstärke an – die Linernotes der CD-Aufnahme verweisen darauf, daß die Komposition Ohrenschäden hervorrufen kann. Während der Uraufführung beim Münchner Festival durfte keiner der Besucher den Saal verlassen und sich auf diese Weise der Auseinandersetzung mit der schmerzhaften jüdischen Geschichte entziehen.

Die letzten Sätze von *Kristallnacht* thematisieren den Neuanfang mit der Staatsgründung Israels und verweisen damit bereits auf die nachfolgenden Arbeiten der Radical Jewish Culture. Auf Zorns 1995 gegründetem Label Tzadik sind unzählige Alben erschienen, die auf unterschiedlichste Weise von einer »Schatzgräberei innerhalb der jüdischen Tradition« geprägt sind, wie Gershom Scholem als Ideengeber in der Berliner Ausstellung zitiert wird. Die Ergebnisse dieser Schatzgräberei reichen von Free-Jazz- und Noise-Experimenten über Klezmer bis hin zur Neuen Musik; oftmals führen sie die verschiedenen Einflüsse zusammen.

Das zwischen 1993 und 2006 entstandene »Masada«-Werk Zorns sticht dabei sowohl durch seinen Umfang heraus – es ist in Anlehnung an die Anzahl der Gebote in der Thora auf 613 Stücke angelegt – als auch durch seine breite Rezeption heraus. »Masada darf nie wieder fallen«, schworen bis 1991 israelische Soldaten am Ende ihrer Grundausbildung in jener Festung, die, im Jahre 70 die letzte Bastion gegen die Römer, zum Symbol des jüdischen Widerstandes geworden ist. Aus der Spurensuche in der jüdischen (Musik-)Geschichte sowie ihrer Übertragung in die Gegenwart ist ein neues Selbstbewusstsein entstanden. Da kann man keine Rücksicht auf die Hörgewohnheiten von Mailänder Konzertbesuchern nehmen.

»Bei uns ist überall Ausland«
Migrationsgeschichten

Paul Klee

Walter Benjamin

Peter Weiss

Mordecai Richler

Aglaja Veteranyi

»Dabei wusste ich wohl, woher ich kam und
was es bedeutete, nur war es eben nicht alles.«

Tijan Sila

»Er möchte wohl verweilen« Paul Klee, Walter Benjamin und ihr Angelus Novus

»Diesseitig bin ich gar nicht fassbar«, schrieb Paul Klee 1920 in der Zeitschrift *Der Ararat*. »Denn ich wohne grad so gut bei den Toten wie bei den Ungeborenen«. Diese »geistige Wirklichkeit«, die für den 1879 geborenen Maler in den Jahren des Ersten Weltkriegs immer zentraler wurde, war für ihn einerseits religiös konnotiert, andererseits aber auch jene Welt, die zeitgleich die Surrealisten als »Zwischenwelt« interessierte: »Dorthin vermögen die Kinder, die Verrückten, die Primitiven noch oder wieder zu blicken.« Diese Zwischenwelt war in den Bildern von Paul Klee auch bevölkert von Engeln, die sich das Geschehen auf der Erde betrachten, über 80 Zeichnungen, Aquarelle und Gemälde mit Engelsfiguren des 1940 verstorbenen Klee sind erhalten. Diese Engel seien ironisch und tragisch zugleich, hat sein Enkel Alexander Klee einmal angemerkt, sie seien nicht nur spirituell zu verstehen, sondern auch ein Mittel, Distanz zu wahren, den Blick auf das Weltgeschehen in der Schwebe zu halten.

1906 zog Paul Klee nach München, freundete sich mit Franz Marc und Wassily Kandinsy an und wurde Teil der Redaktion des einflussreichen expressionistischen Almanach *Der Blaue Reiter*. 1916 erhielt Klee seine Einberufung als Soldat, einen Tag, nachdem er vom Tod seines Freundes Franz Marc an der Front erfahren hatte. Parallel zu seiner Zeit als Soldat wurde er als Künstler bekannter, der Galerist Herwarth Walden stellte ihn 1916 und 1917 aus, in dieser Zeit begann Klee auch intensiver, sich mit der Figur des Engels zu beschäftigen. 1918 entstand der »Angelus Decendens«, ein farbenfroher Engel, der mit ausgebreiteten Flügeln zur Erde hinabsteigt und die Dunkelheit des Ersten Weltkriegs vertreibt, ein Gegenstück zum zwei Jahre später entworfenen, ungleich düsteren »Angelus Novus«, jener Engelsfigur im Werk Paul Klees, die alle anderen überragt, vor allem durch Walter Benjamins Interpretation des Aquarells als »Engel der Geschichte«. Die nur 31 x 24 Zentimeter große Aquarell-Zeichnung aus

Tusche und Ölkreide ist dank Benjamins Auseinandersetzung zu einem der bekanntesten Werke von Paul Klee avanciert, das nicht mehr zu trennen ist vom Sturm, der »vom Paradiese« her weht, der »sich in seinen Flügeln verfangen hat«, wie Benjamin zu dem Kunstwerk ausgeführt hat.

Hundert Jahre alt wurde das Aquarell »Angelus Novus« 2020 und hat im Laufe dieser Zeit nicht nur Walter Benjamin inspiriert und seine Schriften geprägt, sondern auch auf seine späteren Besitzer und Bewahrer ausgestrahlt. Heute wird der Engel im Depot des Israel Museums in Jerusalem aufbewahrt und kann nur auf Anfrage betrachtet werden. »Das Bild beginnt sich zu zersetzen«, erklärte mir eine Museumsmitarbeiterin vor einigen Jahren im Fahrstuhl auf dem Weg in die Depoträume. Kein Wunder, dass das Aquarell nach hundert Jahren angegriffen ist, nicht viele Bilder tragen eine solch Kontinente übergreifende Geschichte in sich, wurden versteckt, verschifft und eingenäht ins Jackett über Grenzen geschmuggelt.

Walter Benjamin erwarb das Bild für 1.000 Reichsmark im Frühling 1921 in der Galerie Hans Goltz, als er seinen Freund Gershom Scholem in München besuchte. »Er brachte mir das Bild mit der Bitte, es aufzubewahren, bis er in Berlin, wo große persönliche Schwierigkeiten in seinem Leben eingetreten waren, wieder eine feste Behausung haben würde«, erinnerte sich Scholem in einem Essay 1972. Bis zum November 1921 hing es in Scholems Münchner Wohnung, und inspirierte ihn im Juli des Jahres zum Gedicht »Gruß vom Angelus«, das er Benjamin zum Geburtstag schickte: »Ich bin ein unsymbolisch Ding / Bedeute was ich bin / Du drehst umsonst den Zauberring / Ich habe keinen Sinn«. Dies hielt Walter Benjamin jedoch nicht davon ab, nach einem Sinn im Aquarell zu suchen und dem Bild eine weitere Bedeutung einzuschreiben. Schon lange vor dem 1940 verfassten Text Über den Begriff der Geschichte hatte er sich mit dem Aquarell beschäftigt, als »Meditationsbild und Memento einer geistigen Berufung«, wie Scholem erklärte. 1922 plante Benjamin sogar eine Zeitschrift mit dem Titel *Angelus Novus*, womit das Flüchtige der Gegenwart zum Ausdruck kommen sollte, wie er in einem Text über das nie realisierte Projekt ausgeführt hat: »Werden doch sogar nach einer talmudischen Legende die Engel geschaffen, um, nachdem sie vor Gott ihren Hymnus gesungen, aufzuhören und in Nichts zu vergehen. Daß der Zeitschrift solche Aktualität zufalle, die allein wahr ist, möge ihr Name bedeuten.« Auch in verschiedenen kürzeren Texten der 1920er- und 30er-Jahre fand Klees Bild Erwähnung, insbesondere in Zeiten existenzieller Not kam Benjamin auf den »Angelus Novus« zurück. Den Sommer 1933 verbrachte er, kurz bevor er sich im September endgültig entschied, nach Paris ins Exil zu gehen, auf Ibiza. »Ich pflücke Blumen am Rand des Existenzminimums«, schrieb er von dort in einem Brief. In dieser Situation zwischen den Orten blickte Benjamin auf sein Leben zurück und reflektierte ausgehend von Paul Klee im kurzen Text »Agesilaus Santander« über seine Herkunft, seine jüdische Identität und sein Leben als Schriftsteller und setzte dabei den »Angelus Novus« in den Kontext dessen, was er verloren hatte: »Der Engel aber ähnelt allem, wovon ich mich habe trennen müssen: den Menschen und zumal den Dingen. In den Dingen, die ich nicht mehr habe, haust er.«

Das Aquarell selbst musste Benjamin bei seiner Flucht aus Deutschland zurücklassen, erst 1935 konnte eine Freundin es von Berlin nach Paris bringen, wo Benjamin zwischen 1933 und 1940 an 13 unterschiedlichen Orten lebte und an seinem nicht vollendeten *Passagen*-Werk arbeitete. Nach Kriegsausbruch wurde er im Herbst 1939 für drei Monate in einem Internierungslager in Nevers festgehalten, nach seiner Rückkehr begann Benjamin, mit Unterstützung des mittlerweile in New York ansässigen Instituts für Sozialforschung seine Flucht aus Europa vorzubereiten und einen letzten Text zu verfassen: Über den Begriff der Geschichte. »Der Krieg und die Konstellation, die ihn mit sich brachte, hat mich dazu geführt, einige Gedanken niederzulegen«, schrieb er im April 1940 an Gretel Adorno. »Es gibt ein Bild von Klee, das Angelus Novus heißt. Ein Engel ist darauf dargestellt, der aussieht, als wäre er im Begriff, sich von etwas zu entfernen, worauf er starrt. Seine Augen sind aufgerissen, sein Mund steht offen und seine Flügel sind ausgespannt. Der Engel der Geschichte muss so aussehen«, heißt es in der neunten These in Über den Begriff der Geschichte. Ein »Engel der Geschichte«, der zwischen Vergangenheit und Zukunft festhängt: »Er möchte wohl verweilen, die Toten wecken und das Zerschlagene zusammenfügen. Aber ein Sturm weht vom Paradiese her, der sich in seinen Flügeln verfangen hat und so stark ist, daß der Engel sie nicht mehr schließen kann.« Ausgehend von Klees Aquarell entwickelte Benjamin das Denkbild des »Engels der Geschichte«, das ihn zu Reflexionen über das Verhältnis von Geschichte, Tradition, Marxismus und

Messianismus führte. Der Text verbindet eine Fortschrittskritik mit einer Kritik der Geschichtsphilosophie, einer Absage an die Idee eines »Weltgeistes«, der den Gang der Geschichte bestimmt, stattdessen entfaltet sich vor den Augen des »Engels der Geschichte« eine »einzige Katastrophe, die unablässig Trümmer auf Trümmer häuft und sie ihm vor die Füße schleudert.« Erlösung aus der Katastrophe bringt, je nach Hintergrund der zahllosen Interpreten des Textes, ein Messias oder die Revolution: »Marx sagt, die Revolutionen sind die Lokmotiven der Weltgeschichte. Aber vielleicht ist dem gänzlich anders. Vielleicht sind die Revolutionen der Griff des in diesem Zuge reisenden Menschengeschlechts nach der Notbremse«, heißt es anderswo in Über den Begriff der Geschichte.

Als Benjamin im Juni 1940 gemeinsam mit seiner Schwester Dora nach Marseille aufbrach, um dort das von Adorno und Horkheimer organisierte Einreisevisum in die USA abzuholen, hatte er das Aquarell von Klee nicht im Gepäck. Der »Engel der Geschichte« verblieb auch in Paris, als Benjamin aufgrund der verschlossenen Grenzen im September aufbrach, um über die Pyrenäen illegal nach Spanien zu gelangen. Aus Angst vor einer Auslieferung an die Deutschen nahm er sich in der Nacht vom 26. auf den 27. September 1940 im spanischen Grenzort Portbou das Leben. Der »Angelus Novus« überdauerte die Zeit der deutschen Besatzung Frankreichs versteckt in der französischen Nationalbibliothek. Mitte der Dreißiger hatte Benjamin Georges Bataille kennengelernt, der damals Bibliothekar an der Nationalbibliothek war und Benjamin pornographische Bücher für seine Recherche zu einem Essay besorgte. Mit dem 1897 geborenen Schriftsteller, an dessen inoffiziellem »Collège de Sociologie« Benjamin auch einen Vortrag halten sollte, verband ihn ein Interesse an der Grenzüberschreitung. In seinem Text über den Surrealismus hatte Benjamin etwa von der »Lockerung des Ich durch den Rausch« geschrieben, nach der auch Bataille suchte. Als Benjamin 1940 die Stadt verließ, vertraute er Bataille seine Aufzeichnungen zum *Passagen*-Werk, persönliche Unterlagen sowie den »Angelus Novus« an. Bataille versteckte alles in der Nationalbibliothek, doch scheinbar ohne sich alle Standorte zu notieren, denn noch 1981 entdeckte Giorgio Agamben dort verloren geglaubte Aufzeichnungen Benjamins, darunter viele Sonette und Gedichte. Das Aquarell und die Manuskripte übergab Bataille 1945 dem gemeinsamen Freund Pierre Missac, der sich bereit erklärt hatte, für die Verschiffung des

Nachlasses von Benjamin an Adorno zu sorgen. Missac publizierte nach dem Krieg zahlreiche Texte zu Benjamin und verfasste kurz vor seinem Tod 1986 einen Essay zu den geschichtsphilosophischen Thesen, der in seiner assoziativen Struktur an Benjamins Herangehensweise erinnert, keine Texte der »Kontemplation, sondern im Gehen« zu verfassen.

Als Missac das Material 1947 über die US-Botschaft in Paris zu Adorno nach New York bringen ließ, war noch nicht bekannt, dass Benjamin in einem Testament von 1932 Gershom Scholem, der 1924 in das britische Mandatsgebiet Palästina ausgewandert war, als Erben des Bildes eingesetzt hatte. Daher hing das Bild bis zu Adornos Tod 1969 in seiner Wohnung, zuerst in New York, später in Frankfurt. In einem Brief an Scholem schrieb Adorno einmal im Zusammenhang mit dem Bild: »Noch möchte ich hinzufügen, daß mich die Vorstellung von den allzu vergänglichen Engeln aufs tiefste und merkwürdigste berührt hat.« Doch nicht nur der Engel hat ihn »berührt«, auch die mit dem »Engel der Geschichte« verbundene Kritik der Geschichtsphilosophie Benjamins ist in seinem Werk spürbar, wenn er etwa gemeinsam mit Horkheimer in der »Dialektik der Aufklärung« schreibt, die Vernichtungsfähigkeit des Menschen verspreche »so groß zu werden, daß tabula rasa gemacht ist. Entweder zerfleischt sie sich selbst, oder sie reißt die gesamte Fauna und Flora mit hinab, und wenn die Erde dann noch jung genug ist, muss auf einer viel tieferen Stufe die ganze chose noch einmal anfangen.«

1961 setzte sich Adorno mit Benjamins Sohn Stefan wegen des Bildes in Verbindung und bekam von ihm die Erlaubnis, das Bild bis zu seinem Tod zu behalten. 1969 kam es dann auf der Trauerfeier für Adorno im Hause Siegfried Unselds zu einem Eklat, als Scholem, der inzwischen das Testament von 1932 gelesen hatte, Stefan Benjamin um den »Angelus Novus« bat. Dieser erkannte das Testament nicht an und Scholem bestand auf der Herausgabe des Bildes durch Gretel Adorno. Drei Jahre dauerte der Streit zwischen Benjamins Sohn und Scholem, währenddessen blieb das Bild in Gretel Adornos Frankfurter Wohnung. Erst als Stefan Benjamin 1972 starb, kam es zu einer Einigung: Unseld verständigte sich mit Stefan Benjamins Witwe auf eine Übergabe des Bildes. Anlässlich einer Feierlichkeit zum 80. Geburtstag Benjamins in Frankfurt war Scholem für den Vortrag »Walter Benjamin und sein Engel« eingeladen, im Anschluss überreichte Unseld ihm das Aquarell. Scholem schmuggelte es schließlich eingenäht ins Futter seines Jacketts nach Israel: »Ich machte mir Sorgen wegen des israelischen Zolls. Ist dir klar, was ich dort hätte bezahlen müssen?«, lässt Carl Djerassi in seinem Theaterstück *Vier Juden auf dem Parnass* Scholem diesen bizarren Aspekt in der Geschichte des Bildes erklären. Seit 1989 befindet sich der »Angelus Novus« im Israel Museum in Jerusalem. Dass er heute zu fragil ist, um ausgestellt zu werden, fügt dem zerbrechlichen Engel der Geschichte, den Walter Benjamin im Aquarell gesehen hat, ungewollt eine weitere Facette hinzu. Und dank des Zeitalters seiner technischen Reproduzierbarkeit ist das Kunstwerk keineswegs auf ein Dasein im Depot beschränkt, sondern heute so präsent wie niemals zuvor.

Nirgendwo zu Hause
Peter Weiss

Als im Frühjahr 2008 der gesamte bildnerische Nachlass von Peter Weiss aus dem Depot seiner Witwe Gunilla Palmstierna-Weiss in Stockholm gestohlen wurde – fast 500 Ölbilder, Zeichnungen, Grafiken und Collagen – war das Interesse an dem im Mai 1982 verstorbenen, posthum mit dem Georg-Büchner-Preis ausgezeichneten Schriftsteller, jüdischen Emigranten, Maler, Regisseur, Kommunisten und Verfasser des »letzten gemeinsamen Nenners« der deutschen Linken, wie Gerhard Scheit die Ästhetik des Widerstands einmal genannt hat, in Deutschland nahezu verschwunden: von der Presse wie der Öffentlichkeit ist der Diebstahl weitestgehend ignoriert worden. Während das bildnerische Werk von Peter Weiss verloren zu sein scheint – lediglich vereinzelte Ölbilder sind zwischenzeitlich wieder aufgetaucht –, sind seine Arbeiten als Regisseur mittlerweile zugänglich gemacht worden.

Im schwedischen Exil hatte Weiss begonnen, sich mit der Geschichte des Experimentalfilms zu beschäftigen und schließlich ab 1952 auch eigene Filme zu drehen. Film sei der »beste Ausdruck für die Zeit, in der wir leben«, gab er 1958 in einem Gespräch zu Protokoll. Seine Gemälde und Zeichnungen – im Stil des »magischen Realismus« –, die er seit seinem Kunststudium Mitte der 1930er produzierte, waren ihm dagegen suspekt geworden. In einem Gespräch sagte Weiss 1980 rückblickend: »Während der 40er Jahre befand man sich in einem Chaos, wo überhaupt keine Werte mehr bestanden, wo die ganze Wirklichkeit auseinanderbrach. Und deshalb bin ich selbst in meiner Entwicklung dann zu einer Suche gekommen: Wie kann man diese zerrissene Welt überhaupt noch ausdrücken? Wie kann man überhaupt noch leben, als man erfahren hat, was in den Konzentrationslagern geschehen ist?« Die zehnjährige Phase des Filmschaffens, die Weiss später als Übergangsperiode hin zum Schreiben bezeichnet hat, war eine von der Beschäftigung mit dem Surrealismus beeinflusste Suche nach einem Ausdruck für diese »zerrissene Welt«. Sein eigenes Ausgeliefertsein dieser Welt gegenüber, die Flucht der Familie aus Deutschland aufgrund des jüdischen Hintergrundes seines Vaters, wird Weiss jedoch erst in seinem literarischen Werk in den Mittelpunkt stellen – auch in dieser Hinsicht sind die Filme eine Phase des Übergangs von der Innerlichkeit der Gemälde hin zum politischen Dramatiker und Autoren. 1962 beendete Weiss seine Laufbahn als Filmregisseur, nachdem erste literarische Werke von ihm in Deutschland erschienen waren. Kurz darauf begann die Arbeit am Drama *Die Ermittlung*, worin er das Material des Frankfurter Auschwitzprozesses, Aussagen von Opfern wie Tätern, zu einem »Oratorium in 11 Gesängen« verarbeitete. Im Rahmen des Prozesses nahm Weiss 1963 an einem Ortstermin in Auschwitz teil und schrieb im Anschluss in dem Essay »Meine Ortschaft«: »Es ist eine Ortschaft, für die ich bestimmt war und der ich entkam. Ich habe selbst nichts in dieser Ortschaft erfahren. Ich habe keine andere Beziehung zu ihr, als dass mein Name auf den Listen derer stand, die dorthin für immer übersiedelt werden sollten.« Der Essay war eine Auftragsarbeit für die von Klaus Wagenbach herausgegebene Anthologie *Atlas. Deutsche Autoren über ihren Ort* – in den meisten Fällen Texte über Heimat- und Geburtsorte. Für den plötzlich als deutschen Schriftsteller eingemeindeten Weiss gab es einen solchen Ort nicht, Auschwitz war der Ort, der ihn definierte; er sei bestimmt von einem Gefühl der »Unzugehörigkeit« schrieb Weiss in *Abschied von den Eltern* 1961.

Peter Weiss wurde 1916 in Nowawes bei Berlin geboren. In einem Interview beschrieb er seine eigene »Unzugehörigkeit« sowie die seiner Familie: »Ich bin gebürtiger Tschechoslowake, obgleich ich meine Kindheit in Deutschland verlebte – ich war nie Deutscher. Mein Vater lebte als tschechoslowakischer Bürger in Deutschland. Meine Mutter war gebürtige Schweizerin; der eine Teil ihrer Eltern stammte aus Straßburg ... Sie sehen, ich komme aus einer Familie, die eigentlich nirgendwo herkommt, es gibt keinen Hintergrund.« Sein Vater Eugen, ein assimilierter jüdischer Textilhändler, bereitete nach der Machtergreifung Hitlers die Ausreise vor. Ende 1934 siedelte die Familie Weiss zunächst nach London über, wo der Jugendliche Peter Weiss einerseits erstmals – erfolglos – mit einer Ausstellung seiner Bilder an die Öffentlichkeit trat und andererseits der von seinen damaligen Freunden als unpolitisch charakterisierte Weiss mit der Möglichkeit konfrontiert wurde, sich in den politischen Kampf einzubringen. Sein Freund Jacques Ayschmann, der später auch in der Ästhetik des Widerstands als literarische Figur auftauchte, meldete sich 1936 nach Ausbruch des Spanischen Bürgerkriegs als Freiwilliger, was, wie Peter Weiss im Interview sagte, »zum ersten Mal eine Welt-von-Außen in mich einbrechen« ließ. Weiss selbst entschied sich jedoch für ein Kunststudium, nachdem er Ende 1936 wiederum mit seiner Familie in die Tschechoslowakei umgezogen war. 1937 und 1938 studierte er Kunst in Prag, besuchte Hermann Hesse in der Schweiz, malte, und begann erste Texte zu verfassen. Nach der Besetzung des Sudetenlandes durch die deutsche Wehrmacht am 1. Oktober 1938 in Folge des Münchner Abkommens zogen die Eltern weiter nach Schweden, wohin Peter Weiss ihnen Anfang 1939 folgte, zunächst nach Anlingsås in Westschweden, wo er im Betrieb seines Vaters aushalf, ab 1940 lebte er schließlich als Maler in Stockholm, nahm 1946 die schwedische Staatsbürgerschaft an, und blieb bis zu seinem Tod 1982 in Stockholm. »In Schweden war für mich das Emigrationserlebnis am stärksten, weil ich die Sprache nicht beherrschte«, sagte Weiss in einem Interview zu den ersten Jahren des Exils, »es waren Jahre, die überhaupt nichts an Impulsen gaben. Diese Abgeschiedenheit und dieses Zurückgeworfensein in völliger Hilflosigkeit, eine Zukunft als Maler kam überhaupt nicht in Betracht. Trotzdem lebte ich so dahin.« Nach dem Krieg reiste Weiss für Reportagen im Auftrag der Zeitung *Stockholms-Tidingen* ins besiegte Deutschland, »ich kam als Ausländer, als Fremder, der sich ansah, was aus diesem Land geworden war, mit einer völligen Fremdheit.« Weniger als Heimkehr, denn vielmehr als Gegenüberstellung beschrieb Weiss die Reise in seinem Text »Die Besiegten«. Etwa in die gleiche Zeit fiel eine filmische Konfrontation mit den Verbrechen des Nationalsozialismus, die in sein autobiographisch geprägtes Buch *Fluchtpunkt* eingegangen ist: »Auf der blendend hellen Filmfläche sah ich die Stätten, für die ich bestimmt gewesen war, die Gestalten, zu denen ich hätte gehören sollen.« Doch trotz dieser Bilder der befreiten Konzentrationslager aus der *Wochenschau* glaubte Peter Weiss an die Kontinuität einer Avantgarde, die die Shoah überdauert hat – eine Auffassung, die er einige Jahre später ablegen würde. In seinem 1956 auf Schwedisch (auf Deutsch vollständig erst 1995) erschienenen Buch *Avantgarde Film* schrieb Weiss: »Diese avantgardistischen Arbeiten aus dem Film, der Malerei, der Literatur, haben die Katastrophe überlebt. Sie bilden keinen Abschluss, sondern stehen immer noch an einem Anfang. Sie lassen sich weiterentwickeln, fortsetzen. Je konformistischer die äußere Ordnung wird, desto lebendiger wird diese respektlose, aufwieglerische Kunst. Wir brauchen wieder gewaltsame künstlerische Handlungen – in unserem satten, zufriedenen Schlafzustand.« Auf der Suche nach einer Filmsprache, die an die Experimente der historischen Avantgarden anknüpft und eine beunruhigende Wirkung auf das Publikum hat, mit dem Ziel einer »Veränderung der Gesellschaftsordnung«, engagierte sich Weiss ab Beginn der 1950er-Jahre in der Stockholmer »Arbeitsgruppe für Film« und setzte sich daneben mit der Geschichte des experimentellen Films auseinander, eine Arbeit, die in sein Buchprojekt *Avantgarde Film* einfloss. Über die damaligen ökonomischen Bedingungen des Filmemachens schrieb Weiss in einem Brief: »Wir waren damals, 1952, eine kleine Gruppe, kamen vom Filmstudio der Stockholmer Universität her, es waren alles Amateure. Wir besaßen eine 16mm Kamera, irgendwelche Subventionen gab es nicht, wir finanzierten die Arbeit selber, die meisten waren tagsüber beruflich tätig, nutzten die freien Abende, das Wochenende.« 1952 entstand auch die erste von fünf filmischen Studien, in denen sich der Regisseur in der Tradition des Surrealismus Luis Buñuels oder den Experimenten Germaine Dulacs stehend an die Möglichkeiten des Mediums Film herantastete. Von Anfang an war seine Lebensgefährtin Gunilla Palmstierna wichtiger Teil der Projekte, als Schauspielerin, Ausstatterin oder Ideengeberin. Sie erinnerte sich 1986: »Der Rohfilm war meistens irgendwo geklaut oder wir haben ihn geschenkt bekommen, das waren keine low-budget-Filme, sondern das waren Filme, die völlig ohne Geld gemacht wurden.«

Die erste Studie *Das Aufwachen* zeigt, mit Weiss selbst in der Hauptrolle, die »Situation einer Existenz, wie ich sie einmal geführt habe«, Aufstehen, Zähneputzen, Toilettenbesuch – Alltag, der irgendwann ins Surreale kippt; der Weiss-Forscher Sepp Hiekisch-Picard liest darin die Visualisierung der Erfahrungen von Emigration und Isolation. Die zweite Studie markiert noch stärker den Übergang des Malers Peter Weiss zum Regisseur; der Kurzfilm mit dem Titel *Halluzinationen* beruht auf zwölf Zeichnungen, die den Ausgangspunkt der Szenen bilden. In *Avantgarde Film* schreibt Weiss über sein eigenes Filmexperiment: »Das Geschehen liegt vollständig auf der emotionalen Ebene. Durchgehend wurde die Absicht verfolgt, Körperteile von verschiedenen Personen derart in einem Bild zu arrangieren, dass sie zusammen neue, mehr oder weniger deformierte Gestalten bilden.« In Richtung des literarischen Frühwerks weist dagegen die vierte Studie *Befreiung* von 1954, die Weiss in einem Gespräch mit Harun Farocki als Nebenprodukt seines Buches *Abschied von den Eltern* kontextualisiert, seinem literarischen Befreiungsschlag von der Enge und den Zwängen seines Elternhauses, was sich auch motivisch in dem Kurzfilm aufgegriffen findet: ein Mann schleppt sein Alter Ego durch verschiedene Räume, ein vergangenes Ich, das er loszuwerden versucht. Dabei trifft er in einem Raum auf ein Elternpaar, das teilnahmslos in Sesseln sitzt und von dem Sohn ebenfalls hinter sich gelassen wird. Zwei Jahre und eine Studie später ließ Weiss tatsächlich sein altes Ich als Experimentalfilmer hinter sich und wandte sich dem Dokumentarfilm zu, weg von der Suche nach dem eigenen Ich und hin zu gesellschaftlichen Missständen. In kurzer Folge entstanden zwischen 1956 – dem Jahr, in dem auch seine theoretische Auseinandersetzung *Avantgarde Film* erschien – und 1958 vier Kurzdokus, die sich mit Obdachlosen und Alkoholikern in Stockholm (*Gesichter im Schatten*), Alltag im Jugendgefängnis (*Im Namen des Gesetzes*) und Jugendalkoholismus (*Was machen wir jetzt?*) beschäftigen (*Nichts ungewöhnliches*, eine Auftragsarbeit für den Informationsdienst für Versicherungen, fällt als kommerziellere Arbeit über Verkehrsunfälle in Stockholm heraus), geplant war außerdem ein Film über Psychiatrien. Inspiriert von Buñuels *Land ohne Brot*, einem Kurzfilm über das Elend des spanischen Landproletariats, hatte Weiss auf Basis seiner Erfahrungen mit Filmexperimenten ebenfalls auf die gesellschaftliche Realität zu reagieren versucht. Aus heutiger Perspektive am interessantesten erscheint dabei der Film *Im Namen des Gesetzes*, der sich aufgrund der behördlichen Vorgabe, keine Gesichter der jugendlichen Gefängnisinsassen zu filmen, formal an der Grenze zwischen Dokumentar- und Experimentalfilm bewegt. Gemeinsam mit dem Co-Regisseur Hans Nordenström lebte Weiss für einige Tage mit den Häftlingen zusammen, bevor sie mit den Filmaufnahmen begannen. Der Film verzichtet auf einen Kommentar, er dokumentiert lediglich den Alltag gesichtsloser junger Männer im Gefängnis, komponiert eine »Erzählung aus Gefängnisbildern«. »Unmenschlichkeit wird gezeigt, also die völlig verkehrte Verhaltensweise von Institutionen gegenüber jugendlichen Missetätern, für die sie keine andere Art von Strafe hat als das Einlochen«, sagte Weiss im Gespräch mit Farocki. Daneben wurde Weiss in der Folge mit der schwedischen Filmzensur konfrontiert, die eine angedeutete Onanieszene sowie Duschszenen zu kürzen forderten; Weiss lieferte sich daraufhin einen erbitterten, erfolglosen publizistischen Kampf gegen Zensur, organisierte mit seinen Filmkollegen aus der »Arbeitsgruppe für Film« Demonstrationen und konzentrierte sich nach weiteren unangenehmen Erfahrungen in der Filmbranche 1962 endgültig auf das Schreiben. Die Arbeit mit dem Film hat jedoch dort ihre Spuren hinterlassen, gerade in die frühen Schriften sind Elemente der Bildsprache und Montagetechnik des surrealistischen Films zu finden. In seinem Essay »Laokoon oder Über die Grenzen der Sprache« von 1965 begründete Weiss die Abwendung vom Film und der Malerei noch einmal: »Bilder begnügen sich mit dem Schmerz. Worte wollen vom Ursprung des Schmerzes wissen.«

Die Suche nach einem Zusammendenken von Ästhetik und Politik, wie Weiss es in Ansätzen in seinen Dokumentarfilmen der 1950er versucht hat, rückte in seinem Großprojekt der Ästhetik des Widerstands erneut in den Mittelpunkt, in dem viele der Fragen berührt werden, die in den politischen und den kunsttheoretischen Debatten der Linken seit den 1920er-Jahren wichtig waren. Wie endgültig die Entscheidung für die Literatur und gegen den Film war, zeigt die Antwort von Weiss auf die Anfrage, den Spanienteil seiner Ästhetik des Widerstands zu verfilmen: »Daraus noch einmal einen Film zu machen, das wäre nicht wichtig genug.«

»St. Urbans Reiter« Mordecai Richler

Als Mordecai Richlers Eltern zu Beginn des 20. Jahrhunderts vor Pogromen aus Galizien nach Kanada flohen, brachten sie nicht nur die Jiddische Sprache mit in die Neue Welt, sondern hatten auch die osteuropäisch-jüdische Kulturgeschichte mit im Gepäck, die im Werk des 1931 geborenen Autoren immer wieder aufblitzte. Etwa in Form des Golem, von dem es im Roman *Der Traum des Jakob Hersh* heißt: »Der Golem ist, zu ihrer Information, der Körper ohne Seele. Rabbi Juda Ben Bezalel formte ihn im sechzehnten Jahrhundert aus Lehm, um die Juden von Prag vor einem Pogrom zu bewahren, und in meiner Vorstellung wandert er noch heute in der Welt umher, um aufzutauchen, sobald irgendwo ein Beschützer gebraucht wird.« Der Protagonist Jakob Hersh ist überzeugt, sein Cousin Joey, der in seiner Jugend den Freunden in der Montrealer St. Urbain Street, dem Herzen des jüdischen Viertel, rät, sich antisemitische Ausfälle nicht gefallen zu lassen und zurückzuschlagen, sei ein solcher Golem, eine »Art jüdischer Batman«. 1948 taucht Joey dann auch in der Rolle als Beschützer der Juden auf einem weißen Hengst im israelischen Unabhängigkeitskrieg auf.

Auch in seinen Essays griff Richler dieses Motiv auf, wenn er in einem Text der späten Sechziger Jahre schreibt, Superman, The Human Torch und andere Comic-Superhelden seien ihm als Kind wie Golems vorgekommen. Nicht nur angesichts des deutschen Nationalsozialismus erschienen diese Charaktere wie Rettungsanker, auch die kanadische Gesellschaft, insbesondere das frankophone Québec war geprägt von alltäglichem Antisemitismus.

Jiddisch war zwar in Kanada zu Beginn des 20. Jahrhunderts durch jüdische Einwanderer aus Osteuropa zur drittgrößten gesprochenen Sprache geworden, und es existiert auch heute noch eine Jiddisch sprechende Gemeinde in Montreal, dennoch waren Juden in Kanada, insbesondere im frankophonen Teil, nicht wirklich in die Gesellschaft integriert. Dieses Verhältnis der Mehrheitsgesellschaft zur jüdischen Minderheit durchzieht alle Romane Richlers, deren Protagonisten meist einfachen jüdischen Verhältnissen entstammen und sich in einer Gesellschaft, die ihnen permanent vermittelt, sie eigentlich nicht haben zu wollen, durchsetzen müssen. Er selbst sah sich als englischsprachiger Jude im frankophonen Teil Kanadas als »Minderheit innerhalb einer Minderheit«. Wie schwierig diese Lebensumstände waren, kommt in Richlers Romanen unter anderem dadurch zum Ausdruck, dass die Charaktere immer wieder in Situationen geraten, in denen sie sich der Willkür der Gesellschaft ausgeliefert fühlen. Etwa der Nazi-Insignien sammelnde Jakob Hersh, gegen den in Großbritannien ein Verfahren läuft, da er das deutsche Au-Pair-Mädchen Ingrid vergewaltigt haben soll – ein Vorwurf der sich als haltlos erweist –, oder Barney Panofsky in *Wie Barney es sieht*, der zwar vom Vorwurf freigesprochen wird, seinen besten Freund Boogie ermordet zu haben, sich aber bis zuletzt nicht sicher ist, ob er nicht doch schuldig sein könnte – zum Zeitpunkt des mysteriösen Verschwindens von Boogie war Panofsky zu betrunken und zur Zeit der Niederschrift seiner Erinnerungen beginnt zusätzlich eine Alzheimererkrankung seine Erinnerungen zu trüben.

Jakob Hersh und Barney Panofsky verlassen in den Romanen, zumindest für eine Weile, die Enge Kanadas und gehen nach Europa, ein Schritt, den auch Richler als 19-Jähriger gegangen war, als er auf den Spuren seiner literarischen Idole einige Jahre in Paris verbrachte, wo er unter anderem Allen Ginsberg kennenlernte, bevor er sich bis zu seiner Rückkehr nach Kanada 1972 in London niederließ. Richlers Weggang aus Montreal deutet sein Biograph George Woodcock als eine Flucht vor dem Gefühl, als Jude in der kanadischen Gesellschaft in einer seltsamen Verteidigungshaltung leben zu müssen. Zwar ließ nach 1945 der offene Alltagsantisemitismus nach, aber spätestens mit dem Beginn der Bombenanschläge der militanten Separationsbewegung »Front du Libération du Québec« – in Europa oftmals als antikoloniale Befreiungsbewegung verklärt – Ende der 1960er-Jahre, die sich in erster Linie gegen die nicht-französischsprachigen Minderheiten richtete, fühlten sich viele Juden in Québec nicht mehr sicher und zogen nach Ontario, die nächstgelegene Provinz Kanadas.

Die Separationsbestrebungen des frankophonen Teils Kanadas bilden auch einen der roten Fäden in *Wie Barney es sieht*, dem letzten Roman des 2001 verstorbenen Autoren: zur Handlungszeit 1995 fand ein, letztendlich erfolgloses, Referendum über die Unabhängigkeit der Provinz Québec statt. Angewidert von der separatistischen Forderung der Frankokanadier – für ihn mit dem Antisemitismus verknüpft – und auch dem meisten anderen, was ihn auf der Welt umgibt, schreibt der Protagonist Barney seine Autobiografie, mit allen Ungereimtheiten und Lücken, die dazugehören – und die nach der Alzheimererkrankung von seinem Sohn Michael mit Fußnoten versehen und pedantisch korrigiert wird. Barney ist mit der Produktion von schlechten kanadischen Soaps zu Geld gekommen, trauert seiner großen Liebe Miriam hinterher, die ihn ein paar Jahren zuvor verlassen hat und lässt den Prozess gegen ihn Revue passieren, bei dem er aus Mangel einer Leiche – Boogies Überreste werden erst Jahre später gefunden – freigesprochen wurde. Ein Wunder, denn vom Richter Euclid Lazure hatte er nicht viel Gutes erwartet: »Wie die meisten nachdenklichen alteingesessenen Bürger Québecs, die während des Zweiten Weltkriegs aufwuchsen, hatte er als sensibler junger Fatzke mit dem Faschismus geflirtet. Er war in der kreuzfidelen Menge gewesen, die 1942 die Main entlangmarschierte, die Schaufenster von jüdischen Geschäften einwarf und ›Bringt sie um! Bringt sie um!‹ schrie. Aber er hatte seine Jugendsünden öffentlich bereut.« Panofsky ist ein unsympathischer Grantler, dessen Welthass, gerade wenn er an solch große gesellschaftliche Zusammenhänge andockt, nachvollziehbar ist, sich aber auch oft im Genervtsein angesichts der Gegenwart zeigt: »Kohlepapier, falls irgendjemand von Ihnen alt genug ist, um noch zu wissen, was das ist. Denn in jenen Tagen benutzten wir nicht nur Kohlepapier, sondern es antwortete uns auch ein menschliches Wesen, wenn wir jemanden anriefen, und nicht ein Anrufbeantworter mit einer gewollt witzigen Ansage. War man in einem italienischen Restaurant, wurde einem noch etwas serviert, was sich Spaghetti nannte, häufig mit Hackfleischsoße. Es hieß noch nicht Pasta mit Räucherlachs oder Linguine in allen Regenbogenfarben oder Penne mit einem dampfenden vegetarischen Haufen darauf, der aussieht wie Hundekotze. Ich schwadroniere wieder einmal. Schweife ab. Tut mir leid.« Die Version seines Lebens, die er dem Leser auftischt, springt in der Chronologie, erzählt manche Begebenheiten mehrfach und unterschiedlich, hangelt sich an seinen drei Ehen entlang und stellt den Leser immer wieder vor die Frage, was von all dem Erzählten der Wahrheit entspricht und was nicht. Barney selbst gibt freimütig zu: »Wenn ich eine aufregende Geschichte erzähle, neige ich dazu, ihr Effet zu geben. Offen gestanden, ich bin ein geborener Aufpolierer. Aber kann ein Schriftsteller, zumal ein Anfänger wie ich, überhaupt etwas anderes sein?«

Die Protagonisten bei Richler sind jüdische Aufschneider, die gegen eine antisemitische Mehrheitsgesellschaft kämpfen und sarkastisch ihren Weg gehen, der immer wieder auch in Sackgassen führt. Das Werk Richlers scheint davon angetrieben, Nietzsches Ausspruch zu widerlegen, Juden seien »niemals eine ritterliche Rasse« gewesen, was man schon daran erkenne, wie sie auf ein Pferd stiegen. »Ritterlich« sind die Juden bei Richler zwar nicht, aber auf Pferden reiten sie, für Israel, gegen die antisemitische Gesellschaft, nach Europa und zurück nach Kanada. Allen voran Jakob Hershs Cousin Joey: »Dort draußen ritt er, in diesem Augenblick. St. Urbans Reiter. Im Galopp, mit donnernden Hufen. Sieh dich vor, Mengele, die Juden kommen!«

Deutsch als Fremdsprache
Aglaja Veteranyi

»Wir sind orthodox, wir sind jüdisch, wir sind international!«, hat Aglaja Veteranyi in ihrem 1999 veröffentlichten Debütroman geschrieben, »mein Großvater hatte eine Zirkusarena, er war Kaufmann, Kapitän, zog von Land zu Land, verließ nie sein Dorf und war Lokomotivführer. Er war Grieche, Rumäne, Bauer, Türke, Jude, Adliger, Zigeuner, Orthodoxer.« Immer wieder haben sich Veteranyis Texte mit dem fragilen Leben zwischen den Kulturen beschäftigt, mit autobiografischen Annäherungen an die eigene Familie und der grotesken Überzeichnung ihrer Lebenswelt, voller Widersprüche und Absurditäten, wie im obigen Zitat bereits anklingt. »Paradiesvogel« nannte das Feuilleton die in Zürich lebende und auf Deutsch schreibende Autorin, sah sich im Klischee einer überdrehten, osteuropäischen Zirkuswelt bestätigt, denn ihre Herkunft aus einer Artistenfamilie – der Vater war ein ungarischer Clown, die Mutter eine rumänische Hochseilartistin – stand stets im Zentrum der Texte von Veteranyi, insbesondere in ihren beiden einzigen Romanen *Warum das Kind in der Polenta kocht* (1999) und *Das Regal der letzten Atemzüge* (2002). Mit der Zuschreibung als »Paradiesvogel« ignoriert man jedoch ihre Abgrenzungen in alle Richtungen: die Fremdheit und Entfremdung, die sie in ihren Texten thematisiert, betrifft ebenso ihre »Heimat« Rumänien und ihre Wahlheimat Schweiz wie auch ihre eigene Familie – und nicht zuletzt ist ihre Literatur selbst von einer permanenten Flucht vor Festlegungen geprägt, lässt sich kaum klar verorten zwischen Prosafragment, Lyrik, Avantgarde-Bezügen und Sprachspiel. Und »paradiesisch« sind die Zustände, die sie in ihren Romanen beschrieben hat, keinesfalls, immer wieder schwingt eine Brutalität mit, die sich mal gegen andere und mal gegen die Protagonistin selbst richtet. »Ich selbstmordete mich täglich, hängte mich am Heizkörper auf, oder baumelte vom Balkon herunter. Ich starb an Dunkelheit, Sommer, Traurigkeit oder an langer Haut.

Vor allem starb ich an meiner Mutter, die mir aus dem Gesicht wuchs«, heißt es etwa in *Das Regal der letzten Atemzüge*. Der unvollendete Roman konnte erst posthum erscheinen, am 3. Februar 2002 beging Veteranyi, wenige Monate vor ihrem 40. Geburtstag, in Zürich Selbstmord.

Aglaja Veteranyi wurde 1962 in Bukarest geboren, wenige Jahre darauf floh sie mit ihrer Familie in den Westen, lebte in unterschiedlichen Ländern, ab 1977 in der Schweiz. Eine Schule besuchte sie nie, in einem Interview erklärte sie: »Ich war nicht dafür vorgesehen, in der Außenwelt zu bestehen, sondern im Zirkus zu arbeiten.« Während ihrer ersten Jahre in der Schweiz brachte sich die Analphabetin selbst Schreiben und Lesen bei, das »Deutsch als Fremdsprache« setzte sie in ihren Texten als kennzeichnendes Stilmittel ein, als zusätzliche Form der Distanzierung von ihrer Person und der Idee von Heimat: »Bei uns ist überall Ausland. Meine Mutter sagt, die Leute zuhause sind arm wie verkochte Knochen«, heißt es in der Urfassung von *Wenn das Kind in der Polenta kocht*. Veteranyi besuchte eine Schauspielschule und lebte ab den frühen 1980ern als freie Schriftstellerin und Schauspielerin in Zürich. Vor dem Erscheinen ihres Debütromans 1999 hatte sie in unzähligen Literaturzeitschriften und Anthologien publiziert, sich mit ihren Texten allerdings stets den Erwartungen des Literaturbetriebs an »Migrantenliteratur« verweigert, sich eher in der Tradition literarischer Avantgarden des 20. Jahrhunderts verortet, Migranten wie die Rumänen Tristan Tzara und Marcel Janco zu Vorbildern erkoren, die während des Ersten Weltkriegs ebenfalls nach Zürich gekommen waren und dort mit Hugo Ball und anderen Dada und das Cabaret Voltaire gründeten. Nicht nur teilte Veteranyi den Spaß der Dadaisten an auch albernen Wort- und Sprachspielen, auch führte sie die Welt in ihrer Kurzprosa als eine Welt vor, deren Verkommenheit man nur mit melancholischer Ironie begegnen kann. »Endlich habe ich einen Reisepass bekommen! Ich werde mir jetzt ein Leben wachsen lassen, um die Welt zu sehen«, heißt es in der Prosaminiatur »Hier, wo ich wohne«, die ihre reale Lebenswelt als »Fremde« mit einer verfremdeten, surrealen Umwelt konfrontiert. Veteranyi arbeitete in unterschiedlichen Konstellation an der Überschreitung bürgerlicher Vorstellungen von Literatur, gründete 1992 den experimentellen Autorenzusammenschluss »Netz«, 1993 zusammen mit René Oberholzer die Gruppe »Die Wortpumpe« und 1996 schließlich mit ihrem Lebensgefährten Jens Nielsen die Performance-Theatergruppe

»Die Engelsmaschine« in Cabaret-Voltaire-Tradition. Jens Nielsen ist es auch zu verdanken, dass die Autorin nicht vollständig in Vergessenheit gerät, denn die Wirkung des Überraschungserfolgs *Wenn das Kind in der Polenta kocht* hielt nicht über ihren Tod hinaus an. Bereits 2004 unterstützte Nielsen die Edition von Kurztexten, Gedichten und Theaterstücken, die unter dem Titel *Vom geträumten Meer, den gemieteten Socken und Frau Butter* publiziert wurde, und 2018 sind zwei weitere Bände mit unveröffentlichten Texten erschienen, *Wörter statt Möbel* und *Café Papa*. Im Nachwort zu *Wörter statt Möbel* erklärt Jens Nielsen das Schreiben von Veteranyi als den Versuch, den Leser zu einem neuen Lesen zu bewegen und dem reflektierten Einordnen des Gelesenen entgegenzuwirken, »indem sie dem Denken etwas in den Weg stellte. Ein Hindernis. Aber keines, das das Denken sofort anregt, sondern eines, das es dahin bringt, kurz auszusetzen.« Ihre Ästhetik, ihr Blick für Absonderliches, wiedersetzt sich dem einfachen Verständnis, man stolpert über die Hindernisse in der Sprache, erst im zweiten oder dritten Lesen erschließen sich die Zusammenhänge. »Sie stieg in ihre Heimat, die war so groß wie eine Fußsohle, und begann wild zu singen. Später kam die Polizei und bewarf die Fremde mit Wörtern aus Buchstaben«, heißt es etwa im Kurztext »F wie Heimat«. Nicht nur hier erinnert der Stil an Daniil Charms, dem sie mit dem in *Café Papa* enthaltenen Text »Vorsicht bissige Hühnersuppe« ein literarisches Denkmal gesetzt hat. Sein Werk bietet ebenso wie das von Veteranyi nicht, was von einem Literaten erwartet wird: ein Großwerk. Auch die beiden Romane von Veteranyi machen nicht den Versuch, als Großwerk aufzutreten, sondern sind vielmehr aus kleinen Szenen und Skizzen zusammengesetzt, die durch Verknappung und Verkürzung ihre Wirkung entfalten. Die beiden Bände aus dem Nachlass unterstreichen, dass Veteranyi eine Meisterin der kleinen Form war, der radikalen Verkürzung. Auch in diesem Insistieren auf der kleinen Form bildete sie die eigene Distanz zum Literaturbetrieb ab, der in ihr eine Fremde, einen »Paradiesvogel« sehen wollte, und in der Verknappung »Kalendersprüche« oder »Satz-Artistik« am Werk sah. »Wie viele Stile, literarische Gattungen oder Bewegungen, auch ganz kleine, haben nur den einen Traum: eine sprachliche Großfunktion zu erfüllen, Dienste zu leisten als offizielle, als Staatssprache. Doch es geht um den entgegengesetzten Traum: klein werden können, ein Klein-Werden schaffen«, haben Deleuze und Guattari über Kafkas Werk geschrieben. Veteranyi hat mit ihrem Werk einen solchen Fluchtweg aus den konventionellen Bahnen der Literatur aufgezeigt, und eine andere Form von »Migrantenliteratur« entworfen, eine solche, die stets auf Distanz zu einer Idee von Heimat bleibt, zur alten wie auch zur neuen, und die eigene Flucht immer wieder aufs neue inszeniert: »Gezeugt in Krakau und geboren in Bukarest. Die Hände meiner Hebamme kamen aus Deutschland. Mein Blinddarm blieb in der Tschechoslowakei, in einem Militärhospital. Meine Mandeln bleiben in Madrid.«

»irgendwie gehört er nicht dazu«
Heimatblicke vom Rande

Elfriede Jelinek

Thomas Harlan

Ulrich Seidl

Peter Kurzeck

Rolf Dieter Brinkmann

»… du Land, du Deutsch, du, gehe, du, du, doch du,
gehe, doch hin, knie, hin, du Tag, du Sau.«
Thomas Harlan

»störenfried der ruhe«
Elfriede Jelinek

»der fremde steht ganz alleine inmitten einer feindlichen umwelt«, schreibt Elfriede Jelinek in ihrem Prosadebüt von 1969. Für die von Peter Handke herausgegebene Anthologie *Der gewöhnliche Schrecken* hatte sie die kurze Erzählung »der fremde! störenfried der ruhe eines sommerabends der ruhe eines friedhofs« verfasst, in der ein Eindringling die Idylle einer Kleinstadt in Österreich durcheinanderbringt, denn »irgendwie gehört er nicht dazu«. Handke hatte für seine »Gruselgeschichtenanthologie« Texte in Auftrag gegeben, die »Horror nicht als Inhalt« abbilden, sondern »als Methode darüber zu schreiben, und zwar nicht stupid realistisch.« Und in der Tat ist Jelineks Erzählung weniger inhaltlich gruselig als vielmehr in ihrer Form verstörend, was nicht nur an der konsequenten Kleinschreibung und den fehlenden Satzeichen liegt. Diese Entscheidung war auch von der Wiener Gruppe um H.C. Artmann, Oswald Wiener und anderen inspiriert, von Jelinek im Jahr darauf in *wir sind lockvögel baby!* auch auf Romanlänge konsequent umgesetzt. Alle trügerischen Selbstverständlichkeiten wollte die Anfang der Fünfziger gegründete Autorenvereinigung der Sprache mit dieser formalen Konsequenz austreiben, auch als Reaktion auf eine Gesellschaft, die sich selbst zum ersten Opfer des Nationalsozialismus stilisierte und hinter Phrasen die eigene Schuld versteckte, verdrängte, statt zu erinnern. Auch im Werk von Elfriede Jelinek ist diese Verdrängung eines der zentralen Themen, dem sie sich über die von ihr verwendete Sprache annähert. »Das Haus der Sprache ist mir leider zusammengekracht«, schreibt Jelinek in den Neunzigern in ihrem Zombie-Roman *Die Kinder der Toten*, in dem die Untoten als Chiffre für »unsere Geschichte, die nie ganz tot ist und der immer die Hand aus dem Grab wächst« zu lesen sind, wie sie in einem Interview ausführt. Die Sprache ist ebenso eine Wiedergängerin, eine Untote, in der sich die Verdrängung und das Vergessen vollzieht. »Wir müssen uns an dieser Geschichte abarbeiten, und wenn es kein Gedicht nach Auschwitz geben darf, dann würde ich sagen, es darf auch kein Gedicht geben, in dem Auschwitz nicht ist. Es muss immer da sein, auch wenn es weg ist. Und man wird trotzdem nicht fertig damit«, erklärt sie weiter. Angelegt ist diese Auseinandersetzung mit der Geschichte über die Figur des lebenden Toten bereits in »der fremde! störenfried der ruhe eines sommerabends der ruhe eines friedhofs«. »Fremd« ist dieser Eindringling, der sich als Vampir herausstellt, allerdings nur in den Augen der Kleinstadtbewohner, die ihm diese Rolle zuschreiben. Der vermeintliche Fremde stammt selbst aus der Stadt, hat einst hier gelebt, »weiß er mehr als er zugibt«, aber »obwohl der fremde mit den dorfbewohnern auf du & du ist gelingt es ihm nur schwer mit ihnen wirklich warm zu werden.« Er wird schließlich, nachdem er einige der Anwohner gebissen hat, und immer wieder ankündigt, einen größeren Plan bald in die Tat umzusetzen, selbst zum Opfer: »nun wird er gejagt der jäger ist zum wild geworden.« Als Fremder, »jemand der nicht hierher gehört« und daher wieder vertrieben werden muss, lässt er den wahren Horror sichtbar werden, den die Kleinstadt selbst hervorbringt: »alles sieht heiter friedlich und geruhsam aus. aber das ist nur schein.« Hinter diesem Schein tut sich die »menschenmauer gebildet aus leibern rümpfen und gliedmaßen« auf, die vom Verdrängten der Geschichte zeugt, von der Entmenschlichung und Grausamkeit. Der Fremde, der nicht der ist, »für den er sich ausgibt sondern ein andrer«, wird vor allem deshalb als Bedrohung empfunden, weil er an diejenigen erinnert, die ebenso wie er »hier in der umgebung jeden weg und jeden stein« kannten, aber genauso aus der Kleinstadt gejagt wurden, wie der Fremde am Ende der Erzählung.

»Was seid ihr doch für unheimliche Gesellen. Wir lebendigen atmenden Menschen stehen im schönsten Gegensatz zu euch«, erklärt in Jelineks Theaterstück *Krankheit oder Moderne Frauen* von 1984 Dr. Heidkliff der lesbischen Vampirin Emily. Diese Gegenüberstellung von tot und lebendig, fremd und heimisch ist es, die Jelinek interessiert, über die aus dem bedrohlichen Vampir der Fremde konstruiert wird, der auf diese Weise schließlich zur Beute der »lebendig atmenden Menschen« werden kann. Der Fremde wird zur Gefahr, da seine Präsenz die Abgründe in der Kleinstadtgemeinschaft aufzeigt, die durchaus wörtlich zu verstehen sind: »ehe es sich die wirtstochter versieht öffnet sich genau unter ihr eine falltür. mit einem gellenden schrei auf den lippen stürzt sie in einen bodenlosen abgrund.«

Auf sprachlicher Ebene spiegelt Jelinek in der Erzählung die Undurchdringlichkeit einer Kleinstadt, in der jeder jeden kennt, alle »über ihre kleinen größeren und größten sorgen« plaudern und »jeder für jeden da« ist: Es ist kaum möglich einzudringen in den Text, in die Psychologie der Figuren, sie werden lediglich an ihrer Oberfläche erfasst. Der Textfluss wirkt, als beschreibe der Erzähler, was er gerade auf einer Kinoleinwand vor Augen habe, während er darüber hinaus diese Leinwand auch als Projektionsfläche für seine eigene Fantasien nutzt. Im Jahr vor der Publikation war George A. Romeros *Night of the Living Dead* in die Kinos gekommen, der Jelinek nach eigenen Angaben in ihrem Schreiben geprägt hat. Und in der Tat ist es ein filmischer Blick, den der Erzähler bei Jelinek auf das Geschehen wirft: »auch das stubenmädchen (im bild links) schaut skeptisch.« Dieses Zitat findet sich auch in Nicolas Mahlers Comicadaption der Jelinek-Erzählung. Der Wiener Zeichner und die Nobelpreisträgerin ergänzen sich fabelhaft: Mahler überträgt die von Jelinek in Sprache übersetzten Filmbilder zurück in Zeichnungen. »Meine Arbeit ist eigentlich immer das Streichen«, hat er in einem Interview die Entstehung seiner Literaturadaptionen beschrieben. Schon Jelinek hatte die Sprache weniger zum Erzählen einer Horrorstory als vielmehr als Material genutzt, um eine verstörende Stimmung zu erzeugen. In der erneuten Reduktion der Sprache – wie auch den reduzierten Zeichnungen, die sich bei einem Panel pro Seite auf das Wesentliche konzentrieren – dringt Mahler noch weiter zum Kern dessen vor, was in Jelineks Sprachfluss immer wieder verschwimmen soll: wie nämlich aus dem Zusammenspiel medialer Bilder und Phrasen, Projektionen, Kleinstadtenge und Kleinbürgerängsten ein Fremder konstruiert, als Bedrohung wahrgenommen und aus der Gemeinschaft ausgestoßen wird. Mahler konzentriert sich auf die Wahrnehmung des Fremden durch die Kleinstadtbewohner, ständig »grübeln« sie über ihn, sind »nachdenklich« oder schauen »skeptisch«: »irgendetwas scheint nicht zu stimmen.« Optisch erinnert der Fremde an Nosferatu aus der Murnau-Verfilmung von 1922, die klauenartigen Hände des Filmvampirs nennt auch der Vampir in Mahlers Comic sein eigen. Zumindest wenn er in dieser Körperform auftritt, der Horror ergibt sich für die Stadtbewohner vor allem daraus, dass der Fremde einen wandelbaren Körper hat, jederzeit und überall auftauchen kann: »ein gesicht taucht hinter den scheiben auf. wem gehört es. drei verschiedene menschen haben drei verschiedene besitzer des gesichtes an drei verschiedenen orten aber zur gleichen zeit gesehen. das ist merkwürdig diese präzise beobachtungsgabe bei unsrem etwas zerstreuten landvolk.« Der Fremde ist also nicht auf den ersten Blick erkennbar, ist mal der Nosferatu-Vampir, mal »sportlich und sehr männlich« und mal »ein sehr hübsches mädel«. Nicht auf den ersten Blick als »der Fremde« identifizierbar zu sein, macht den Besucher umso mehr zu einer Bedrohung der Kleinstadtgemeinschaft. Es würde an dieser Stelle zu weit führen, den von Jelinek angerissenen Diskurs der engen Verflechtung des Vampirs mit dem antisemitischen Bild des ewigen Juden auszuführen. Angelegt ist diese Auseinandersetzung in den von Jelinek wie auch Mahler in der Comicversion aufgezeigten Projektionen, denen der Fremde durch die Kleinstadtbevölkerung ausgesetzt ist, aber durchaus. Erzählt wird von diesen Projektionen, die einen »Fremden« konstruieren, um ihn als bedrohliche Figur auszustoßen, auch über jenen eigentümlichen Humor, der wiederum Jelinek und Mahler verbindet: Kalauer, Wort- und Sprachspiele, die wörtliche Übertragung von Metaphern in Bilder: »in ihrer rauhen schale steckt ein weicher kern. der fremde der ihre rauhe schale schnell durchhat beschäftigt sich intensiv mit ihrem weichen kern. der saft rinnt ihm dabei in den hemdkragen so beeilt er sich.« Die künstlerischen Umsetzungen bei Jelinek und Mahler unterscheiden sich vor allem dadurch, dass bei Jelinek über die sprachlichen Bruchstücke aus Film und Fernsehen, Oberflächenbeschreibungen von Klischees des Horrorfilms, die sie in die Erzählung integriert hat, auch eine Medienkritik formuliert wird, eine Kritik an der »Infantilgesellschaft«, wie es im Untertitel ihres Romans *Michael* von 1972 heißt. Mahler dagegen stellt zwar auch Klischeebilder des Horrors in seinem Comic aus, konzentriert sich jedoch auf die Erscheinung des Fremden und die Ängste der Kleinstadtbewohner.

»Was bleiben soll, ist immer fort. Es ist jedenfalls nicht da. Was bleibt einem also übrig«, hat Jelinek in ihrer Nobelpreisrede über die Sprache formuliert, »das Flüchtigste«, die sich immer wieder entzieht, der sie sich jedoch bedienen muss. Ihren Untoten ist dieses Flüchtige ebenfalls eingeschrieben, den »Kadavern der Sprache«, wie die Autorin die Wiedergänger in *Die Kinder der Toten* nennt. In diesem unsicheren Sprachraum bewegen sich Figuren wie jener Fremde, der Vampir aus dem ersten Prosatext Jelineks, der noch lange in ihrem Werk nachhallen sollte. Nicht umsonst schließt Mahler seinen Comic mit den Sätzen: »verschiedene menschen atmen erleichtert auf. es ist als ob der fremde nie dagewesen wäre. das gegenteil ist in wahrheit der fall.«

»Du Hundeland, Sauvater ...« Thomas Harlan

»Ich bin der Sohn meiner Eltern. Das ist eine Katastrophe. Die hat mich bestimmt«, erklärte Thomas Harlan einige Jahre vor seinem Tod in einem Interview. 1940 war der elfjährige Thomas Harlan begeisterter HJ-Führer, preisgekrönt für das Schürzen von Seemannsknoten, Joseph Goebbels, ein Freund des Hauses Harlan, behandelte ihn wie seinen eigenen Sohn und dank des Ruhmes seines Vaters Veit Harlan traf Thomas sogar Adolf Hitler persönlich.

Sohn des von Hitlers geliebten Regisseurs und der Schauspielerin Hilde Körber zu sein wurde für den 1929 geborenen Thomas Harlan schließlich zum Antrieb, dieser Vergangenheit so weit wie möglich zu entfliehen. Doch diese Flucht war, wie Harlan eingestand, gleichzeitig auch eine Flucht vor der Liebe zu seinem Vater, mit dem er sich an dessen Totenbett auf Capri 1964 versöhnte und 1954 sogar ein Filmprojekt durchführte – ausgerechnet über den Antifaschisten und Spion Dr. Richard Sorge. Der Film wurde, Ironie der Geschichte, 1955 wegen »kommunistischer Tendenzen« verboten – ein Film des noch fünf Jahre zuvor wegen Verbrechen gegen die Menschheit angeklagten *Jud Süß*-Regisseurs Veit Harlan. Zu den Widersprüchen in Thomas Harlans Leben gehörte auch, dass er noch kurz zuvor gemeinsam mit Klaus Kinski Kinos angezündet hatte, die Filme seines Vaters zeigten. »Der Widerspruch ist zu groß zwischen Suche nach Frieden einerseits und Brandstiftung andererseits«, sagte er später.

Am Anfang stand nach dem Ende des Krieges jedoch das freiwillige Exil des Sechzehnjährigen. Vor den Deutschen, die ihn aus Dankbarkeit für die aufbauenden Propagandafilme seines Vaters umarmten und ihm ihren Dank aussprachen, floh er nach Frankreich und ließ nicht nur Deutschland hinter sich, sondern auch die verhasste Sprache. »Ich erinnerte mich auf Französisch nicht einmal mehr an meine Mutter, geschweige denn an meinen Vater, an nichts eigentlich, so beruhigend war die

Sache.« Er studierte an der Sorbonne Philosophie und Mathematik, lebte unter anderem mit Gilles Deleuze zusammen, hielt sich mit Arbeiten für das Radio über Wasser und arbeitete an ersten literarischen Entwürfen. In Frankreich hielt er sich auch auf, als sein Vater 1950 von einem Richter freigesprochen wurde, der als NS-Staatsanwalt an zahlreichen Todesurteilen beteiligt gewesen war. Noch eine solche Kontinuität, die das bestimmende Motiv in Thomas Harlans Leben werden sollte. In der Konsequenz zündete er also Kinos an und warf seinem Vater vor allem vor, Regisseur geblieben zu sein, weiter Filme gedreht zu haben. Und er entschloss sich, unter seinem Namen Thomas Harlan, während seine beiden Schwestern den Nachnamen längst abgelegt hatten, einen Film zu drehen: über Israel.

1952 hatte er bei den Theaterfestspielen in Venedig Klaus Kinski kennengelernt, der damals in Berlin am Hebbeltheater spielte. Gemeinsam entwickelten sie den Plan eines Films über den jungen Staat. »Unsere ganze Sehnsucht gilt Israel«, gab Klaus Kinski 1953 dem *Hamburger Echo* zu Protokoll. Weil es die israelische Verfassung nichtjüdischen Deutschen damals verbot, in Israel einzureisen, Harlan aber die nicht unproblematische Sehnsucht trieb, seine selbstdefinierte Form von Wiedergutmachung zu leisten, übergingen die beiden dieses Hindernis mit gefälschten türkischen Pässen, die Kinski und Harlan über ein Empfehlungsschreiben der Baronin Rothschild – die auch Geld für das Projekt zur Verfügung stellte – bekamen. 1953 reisten sie tatsächlich mit dem Schiff nach Haifa und betraten als erste nichtjüdische Deutsche Israel. Dank ihrer Empfehlungen und ihrem monatelangen Hebräisch- und Jiddischstudium wurden sie nicht nur zu David Ben Gurion vorgelassen, sondern reisten auch mehrere Monate unerkannt durch das Land und interviewten Widerstandskämpfer und Überlebende, bis ihre Tarnung schließlich aufflog, sie das Land fluchtartig verlassen mussten und das Projekt ins Wasser fiel.

Die Eindrücke bildeten jedoch die Grundlage für die nächste Station im Leben Thomas Harlans, die ihn von der Identifikation mit den Opfern zum Hass auf die Täter führte. Aus dem gesammelten Material über jüdischen Widerstand während des Nationalsozialismus und Recherchen in Warschau entstanden zwei Theaterstücke über den Aufstand des Warschauer Ghettos 1943, *Bluma* und *Ich selbst und kein Engel*, zwei der frühesten deutschsprachigen literarischen Auseinandersetzungen mit dem Nationalsozialismus. *Ich selbst und kein Engel* wurde vom neu gegründeten »Jungen Ensemble« an einem Westberliner Theater inszeniert. In dem Stück kamen die Täter auch nur am Rande vor, es beschäftigte sich vielmehr mit dem Konflikt zwischen dem Judenrat und den kommunistischen und zionistischen jüdischen Kampforganisationen im Vorfeld des Aufstands. Das Stück erschien im DDR-Verlag *Henschel*, der im Klappentext schrieb: »›Wo steht der Feind heute‹ ist die Hauptfrage des Autors und vor allem jener, die sich heute in einer Welt spätbürgerlicher Scheindemokratie Klarheit in Gedanken und Taten bewahren wollen.« Um diese Frage nach dem Feind mit absoluter Klarheit zu beantworten und die Intention seines Stücks deutlich zu machen, betrat Harlan bei der fünfzigsten Aufführung die Bühne und sagte, wie er sich später im Interview erinnerte: »Vergesst bitte nicht, diese ganzen Verbrecher, die das getan haben, die sitzen heute in der Bundesrepublik, die haben die und die Plätze und Positionen in eurer Gesellschaft.« »Diese ganzen Verbrecher« waren unter anderem Franz Six und Heinz Jost, von denen Harlan zusätzlich in einem Aufruf forderte, sie aufgrund ihrer noch nicht verhandelten NS-Verbrechen vor Gericht zu stellen. Es folgten ein Medienskandal und ein Stinkbombenanschlag durch die Nazigruppe »Jungbluth« auf das Theater.

Heinz Jost war unter anderem verantwortlich für Massenerschießungen im Baltikum gewesen und trotz lebenslanger Haftstrafe 1951 schon wieder auf freiem Fuß, Franz Sixt wurde in Nürnberg für seine Rolle in den Einsatzgruppen in der Sowjetunion zu zwanzig Jahren Gefängnis verurteilt und 1952 wieder aus der Haft entlassen. Sixt nahm sich den einflussreichen Rechtsanwalt Ernst Achenbach, FDP-Politiker, Freund von Hans Filbinger und Vorsitzender des Auswärtigen Ausschusses im Bundestag, der Harlan mit einer Anzeige wegen übler Nachrede drohte. Vor 1945 war Achenbach der Verantwortliche für die Judendeportationen aus Frankreich gewesen, nach 1945 eine der treibenden Kräfte der bundesdeutschen Amnestien verurteilter NS-Täter, und der Versuche, neue Verfahren unmöglich zu machen.

Harlan fehlten die Beweise für seine Anschuldigungen und so ging er nach Polen, wo er während der Recherchen zu *Ich selbst und kein Engel* viele Freunde gewonnen hatte, unter anderem die Historikerin Krystyna Zwylska, die wiederum den damaligen Ministerpräsidenten Józef Cyrankiewicz kannte. Durch diese glücklichen Umstände bekam Harlan ungehindert Zugang zu allen polnischen Archiven und fand, wie er sagte,

»in zwei Wochen soviel, das können Sie sich gar nicht vorstellen. Und so blieb ich statt zwei Wochen gleich ein paar Jahre.« Von 1959 bis 1963. Am Ende hatte er 30 Mitarbeiter, die mit ihm gemeinsam an dem großen Projekt arbeiteten, Beweise gegen NS-Verbrecher an deutsche und polnische Staatsanwaltschaften zu übermitteln. Über 2.000 Ermittlungen gegen deutsche Kriegsverbrecher sind in Polen aufgrund von Harlans Recherchen eingeleitet worden – wie viele davon wirklich zu Anklagen führten weiß man allerdings nicht. Irgendwann während der Zeit in Polen meldete sich Fritz Bauer bei Harlan, es entstand eine langjährige Freundschaft. Ab diesem Zeitpunkt gab Harlan seine Erkenntnisse auch an die zentrale Stelle zur Aufklärung nationalsozialistischer Verbrechen in Ludwigsburg weiter; lange Zeit war er die einzige osteuropäische Quelle für die Arbeit in Ludwigsburg. Ein negatives Ergebnis dieser Arbeit war eine Strafanzeige wegen Landesverrates gegen Harlan, gestellt vom Staatssekretär im Kanzleramt Hans Globke, Mitautor des Kommentars zu den Nürnberger Gesetzen von 1935; das Ermittlungsverfahren dauerte 10 Jahren, führte zu keiner Anklage, jedoch dazu, dass Harlans deutscher Reisepass nicht verlängert wurde.

Harlan und sein Team recherchierten über Detekteien aktuelle Wohnorte, Finanzen und Erbschaften von über 6.000 ehemaligen Naziverbrechern, deren Biografien zu einem großen Buchprojekt mit dem Titel *Das Vierte Reich* zusammengefasst werden sollten. Ein Gemeinschaftsprojekt des polnischen Parteiverlages und des kommunistischen italienischen Verlegers und Millionärs Giangiacomo Feltrinelli, der 1972 in Mailand beim Versuch starb, einen Hochspannungsmast in die Luft zu sprengen. Dieses Buchprojekt, das zentrale, nie vollendete Lebenswerk Harlans, hätte in 30 Kapiteln die Machtstrukturen der nationalsozialistischen Herrschaft bis in die letzten Glieder darstellen, alle bisher unsichtbaren Verantwortlichen benennen und vor allem deren spätere Rollen in der BRD aufzeigen sollen – es hätte im Ergebnis die Biografien von rund 17.000 Tätern umfasst, Harlan hatte die Biografien jedes Zugführers der Reichsbahn, der an den Deportationen beteiligt war, katalogisiert.

Nachdem sich zuerst die politischen Machtverhältnisse in Polen Anfang der 1960er änderten und das Großprojekt in Frage stand, ging Harlan in die Schweiz, wo *Das Vierte Reich* endgültig zu Grabe getragen wurde. Grund war ein Arbeitsbesuch des ersten Leiters der Zentralen Stelle zur

Aufklärung nationalsozialistischer Verbrechen in Ludwigsburg, Erwin Schüle. Zwei Tage nach dem Treffen fiel Harlan ein Dokument in die Hände, nach dem Schüle 1949 in Leningrad wegen Massenmordes zum Tode verurteilt, aber 1950 bereits wieder entlassen worden war. Harlan stellt Strafanzeige gegen Schüle und entschied schließlich 1969, seine Arbeit in der bisherigen Form aufzugeben: »Du fandest dich als Fachmann wieder unter Verfolgern, die selbst hätten verfolgt werden müssen, mit denen du gemeinsame Sache machen solltest.« Schüle wurde nach den Vorwürfen als Generalstaatsanwalt nach Stuttgart versetzt, wo er später zum Ankläger der in Stammheim inhaftierten RAF-Mitglieder wurde. Diese Begebenheit bildete den Kern des Films *Wundkanal*, den Harlan in den 1980ern realisierte.

Nach dieser Zeit in Archiven begann für Harlan eine Zeit der direkteren politischen Aktionen. In Italien wurde er Teil der Gruppe »Lotta Continua« und zog nach Amerika, von wo aus er über Stiftungen Geld für den Widerstand in Chile organisierte. 1975 ging er nach Portugal und drehte dort den Film *Torre Bela* über die Nelkenrevolution.

Schon kurz darauf kehrte er allerdings zu seinem Hauptthema, der »Rückkehr der Funktionärsmassen des Dritten Reiches an die Macht«, zurück und begann mit der Arbeit an seinem bekanntesten Film *Wundkanal*, der bei der Uraufführung bei den Filmfestspielen von Venedig 1984 ebenso einen Skandal auslöste wie im Jahr darauf bei der Berlinale; dort drohte das Bundesinnenministerium, den Etat für die Filmfestspiele zu kürzen und die Produktionsfirma von *Wundkanal* versuchte, die Rückgabe der Fördermittel einzuklagen. Harlan musste wegen des drohenden Ruins die Filmrechte verkaufen, weswegen der Film, aufgrund der Politik der neuen Rechteinhaber, bis zur DVD-Veröffentlichung 2009 nicht mehr zu sehen war.

Auslöser des Skandals war vor allem die Wahl des Hauptdarstellers in *Wundkanal*: der Naziverbrecher Alfred Filbert wurde unter dem Vorwand, einen Film über sein Leben drehen zu wollen und einer Gage von 50.000 Mark zur Mitwirkung überredet – den größten Ausschlag für das »Ja« Filberts dürfte allerdings der Nachname des Regisseurs gegeben haben, er war ein glühender Fan des Films *Immensee* von Veit Harlan. 1962 war Filbert wegen 6.800 gemeinschaftlich begangenen Morden zu lebenslanger Haft verurteilt worden und 1977 wegen eines Augenleidens wieder frei gekommen. »Der war gesünder als wir alle«, sagte Harlan zu dieser typischen NS-Verbrecher-Geschichte. Diesen Hauptdarsteller konfrontierte der Film mit einer kruden Zusammenführung von NS-Verbrechen und der RAF-Geschichte: Filbert, im Film Doktor S., wird von einem RAF-Kommando entführt, das ihn über die Toten in Stammheim und über seine Rolle im NS-Staat verhört. Dabei führt es ihm permanent die Widersprüche in seinen Aussagen vor.

Die Nebeneinanderstellung der ermordeten Juden und der Toten in Stammheim wirkt deplaziert, hinzu kommt Harlans eigene schräge Theorie: »Baader, Ensslin und Raspe brachten sich um, um zu beweisen, dass sie umgebracht werden sollten.« Damit verscherzte es sich Harlan auch noch mit der deutschen Linken, die mit ihm sowieso schon immer Probleme hatte, vor allem wegen seiner Position zu Israel: »Das einzige Land, für das ich mich je in die Schanze werfen würde.«

Harlans Filmteam bei *Wundkanal* bestand aus Angehörigen von Opfern der Shoah, die mit der Fassung rangen, wenn Filbert weniger seine befehligten Massenerschießungen als vielmehr sein eigenes Schicksal zu Tränen rührte. Filbert endete mit fünf real gebrochenen Rippen und der Film mit einer Darstellung der Funktionsweise eines autoritären Charakters: Filbert verhört sich in dem für ihn nach den Entwürfen Leonardo da Vincis erbauten Spiegel-Gefängnis, in dem der Gefangene ständig mit seiner Spiegelung konfrontiert ist, schließlich selbst zu seinen Verbrechen. Thomas Harlan bemerkte rückblickend über diese Entwicklung Filberts: »In dem Moment, wo er von sich selbst befragt wird, siehst du, dass allein die Macht, jemanden befragen zu können so befriedigend ist, dass er sogar dann mitmacht, wenn es gegen ihn geht.«

Parallel zu *Wundkanal* entstand der Dokumentarfilm *Notre Nazi* von Robert Kramer, der zeigt, wie die Aggressionen am Set zunahmen, weil es für die Filmcrew immer komplizierter wurde, sich dem Charme des alten Mannes zu entziehen und zwischen Filmebene und Realität zu trennen, ein von Harlan durchaus beabsichtigter Effekt. Diese Vermischung der Ebenen wurde auch in einem Interview mit Filbert deutlich, in dem er sagte: »Ich gehorchte Herrn Harlan, wie ich vorher Heydrich gehorcht habe.«

Nach seinem letzten Filmprojekt *Souvenance* (1991) über den haitianischen Unabhängigkeitskampf, Voodoo-Rituale, und die Hoffnung auf die Wiederkehr des ermordeten Kaisers Jacques der Erste von Haiti musste

Harlan Ende der 1990er wegen eines Lungenemphysems nach Deutschland zurückkehren, wo er von 2001 bis zu seinem Tod 2010 dauerhaft in einem Lungensanatorium bei Berchtesgaden lebte. In der Isolation begann er wieder literarisch zu arbeiten und aus den Überresten eines abgebrochenen Filmprojekts aus den 1980ern – *Reise nach Kulmhof* – entstand während eines ersten sechswöchigen Klinikaufenthalts sein Romanerstling *Rosa* (2000). 1981, während einer Recherchereise für den Film nach Chelmo/Kulmhof, den Ort des ersten reinen Vernichtungslagers der Deutschen, hatte Harlan eine alte Frau getroffen, die in einer Höhle neben den Massengräbern lebte. Es handelte sich um Rózalia Peham, Rosa, die Harlan aus einer Strafakte kannte, die ihm in den 1960ern begegnet war, da sie Kontakt zu Franz Maderholz, einem Zahlmeister des Sonderkommandos von Kulmhof hatte. Ausgehend von diesem Zusammentreffen am Tatort des Beginns der Shoah konstruierte Harlan zwanzig Jahre später seinen ersten Roman.

Während *Rosa* den Ausgangspunkt der Vernichtung in den Blick nahm, kam Harlan in seinem literarischen Hauptwerk, dem während der folgenden sechs Jahren entstandenen Roman *Heldenfriedhof*, auf das Thema seines Lebens zurück. Er beschrieb die Rückkehr der Täter in die deutsche Gesellschaft und sezierte deren bürgerliche Nachkriegsleben, ihre mit »Wüstenrot erbauten Familien«. Diese literarische Umsetzung der Recherchearbeit zu »Das Vierte Reich« ist einer der wohl komplexesten, detailliertesten wie auch, dem Thema angemessen, sperrigsten, Romane zum Nachleben des Nationalsozialismus in Deutschland geworden, angetrieben von einem Hass auf die deutsche Nachkriegsgesellschaft, der so in der Literatur der letzten Jahre nur selten formuliert wurde: »... du Land, du Deutsch, du, gehe, du, du, doch du, gehe, doch hin, knie, hin, du Tag, du Sau, du einhelliges, Schwein du, ... du Hundeland, Sauvater ...«

Kein Hochzeitsfotograf
Ulrich Seidl

Als »Versuchsstation für den Weltuntergang« hat einmal Karl Kraus Österreich bezeichnet und auch sonst bekanntlich wenig Gutes an diesem Land gelassen. Thomas Bernhard verfügte gar in seinem letzten Willen, keiner seiner Texte sei nach seinem Tode in Österreich zu drucken oder auch nur zu zitieren. »Ausdrücklich betone ich, dass ich mit dem österreichischen Staat nichts zu tun haben will«, ließ der »Nestbeschmutzer« Bernhard die Nachwelt wissen. Ähnlich polarisiert haben dürfte in Österreich lediglich Elfriede Jelinek, über deren Literaturnobelpreisauszeichnung 2004 die *Kronenzeitung* dichtete: »Stets sah Elfriede Jelinek in Österreich den letzten Dreck. Doch jetzt ist dieser stolz auf sie: Verstört sie das nicht irgendwie?« Die gleichen Schreiber und Leser werden sich bereits 2001 über den Großen Preis der Jury in Cannes für Ulrich Seidls *Hundstage* geärgert haben. Nicht nur, dass da ein »Nestbeschmutzer« für seine Kritik einen solch wichtigen Filmpreis gewann, auch dass Seidl nach diesem Erfolg nun staatlicherseits mit Glückwünschen und Anerkennungen überschüttet wurde, oder werden musste, war das Ärgernis. Denn schließlich handelte es sich um einen Film, in dem ein Protagonist auf den Knien mit einer brennende Kerze im Hintern die österreichischen Bundeshymne singen muss. Anfeindungen sah sich Seidl bereits seit seinem ersten Filmskandal *Good News – Von Kolporteuren, toten Hunden und anderen Wienern* (1990) ausgesetzt, einem Film über die Lebens- und Arbeitsbedingungen migrantischer Zeitungsverkäufer in Wien, denen die Lebens- und Lesebedingen der österreichischen Zeitungskäufer gegengeschnitten sind.

»Ich bin kein Hochzeitsfotograf«, verteidigt Ulrich Seidl seine Filme. Und in der Tat sind die Filmarbeiten des 1952 in Wien geborenen Regisseurs das Gegenteil einer freudigen Familienzusammenkunft. Wohl nirgendwo im deutschsprachigen Kino wird konsequenter Einsamkeit abgebildet. *Hundstage* hat trotzdem weltweit immerhin etwa 300.000 Kinobesucher erreicht, weshalb die Fördergelder für Nachfolgeprojekte etwas leichter zu beschaffen waren. Projekte wie *Jesus, du weißt* (2003) und *Import Export* (2007) kreisten wie fast alle Filme Seidls zentral um Fragen der Moral, Religion und Pornographie.

Die Konfrontation mit Moral und Religion kennt Seidl aus erster Hand, er entstammt einem streng katholischen Elternhaus, verbrachte einige Jahre in einem Jesuiteninternat, bevor er nach Wien floh und mit den Eltern brach. Die konnten ihrem Sohn in seinem Bestreben, das österreichische Nationalgefühl und den Katholizismus immer aufs Neue zu sezieren, ohnehin nicht mehr folgen. Einen Film hat er ihnen gewidmet: *Jesus, du weißt*, eine Fernsehproduktion über die Wirkungen und Prägungen katholischer Erziehung, die in erster Linie unterschiedlichste Menschen beim Beten zeigt. Gesehen haben die Eltern ihn nie. »Sie hatten wohl Angst: Angst davor, etwas zu sehen, was sie nicht sehen wollten. Und auch Angst davor, sich genieren zu müssen für den Sohn, der vom rechten Weg abgekommen ist.«

Aber der eigentliche Skandal ist wohl Seidls Verknüpfung der drei Themenkomplexe Moral, Religion und Pornographie. Wie Jelineks Romane überschreiten Seidls Filme Grenzen und treten dem Zuschauer zu nahe. Sie stellen gesellschaftliche Unterdrückungs- und Gewaltstrukturen aus, zeigen deren parallele Wirkungsweise auf religiöser, sozialer wie auch sexueller Ebene. Die katholisch-restriktive Gegenwart Österreichs entlarvt sich selbst. Werner Herzog, ein Freund und Bewunderer Seidls, schrieb über *Good News*: »Mit solcher Konsequenz, mit solchem Stilwillen hat noch selten jemand im Film die furchtbare Regelmäßigkeit des Alltags, den Wahnsinn der Normalität gezeigt.«

Den Wahnsinn der Normalität und die furchtbare Regelmäßigkeit des Alltags findet man bei Seidl in jeder seiner Einstellungen. Seine ästhetische Strategie besteht darin, das Wirkliche durch frontale Kamera-Einstellungen zu überhöhen. Die Darsteller, Laienschauspieler gleichberechtigt mit professionellen, blicken frontal in die Kamera, sitzen auf Sofas vor dunklen Tapeten und wirken dort seltsam verloren. Größer könnte die Distanz zwischen Zuschauer und den Porträtierten kaum sein, was eine Identifikation mit ihnen schwierig macht, und das Schauen der Filme noch schwieriger. Stefan Grissemann beschreibt in seinem Buch über

Seidls Schaffen, wie der es mit dieser Ästhetik schafft, in einer Einstellung ganze Sozialgewaltsysteme zu registrieren und große Themen wie Sexismus, Rassismus oder autoritäre Erziehung ohne Wertungen abzubilden. Sie erklären sich in den Bildarrangements von selbst.

Der Wahnsinn der Normalität ist auch in der Sexualität anzutreffen: Bei Seidl gibt es keinen glücklichen Sex, immer ist Sexualität gekoppelt an Einsamkeit oder die Darstellung von psychischer Gewalt, die sich in grotesken Demütigungsritualen entlädt. In *Import Export* bildet die Sexualität einen Erzählstrang – neben migrantischen Arbeitsverhältnissen und einer Gegenüberstellung von »Unterschicht« in Österreich und der Ukraine –, anhand dessen die Normalität von Unterdrückungsmechanismen und Demütigungen nachvollzogen wird. Dabei wird deutlich, wie stark diese drei Themen – Sex, Migration, Klassenzugehörigkeit – einander bedingen. Sexualität wird bei Seidl zu einem gewaltsamen Kampf um Dominanz, Anerkennung und Unterdrückung.

Die eher groteske Seite von Sexualität bricht in *Tierische Liebe* (1995) durch, einem Film, der sich mit den intimen Verhältnissen von Menschen zu ihren Haustieren beschäftigt, vom emotionalen Partnerersatz bis zu sexuellen Annäherungen, was in Österreich wiederum zu einem Skandal wurde. Obwohl es nur die Abbildung einer Normalität ist, die nicht oft Einzug in den Film hält. »Die kleinen Wohnungen, in denen alle leben, die schlechten Bettbänke, die Unterhosen, die Hunde: Das alles ist normal. Was ich zeige, ist einfach Normalität«, so Seidl in einem Interview. Genauso eine Normalität ist die Selbstzerstörung durch Anorexie und Drogen in einem Leben zwischen Casting und Foto Shooting, wie Seidl es in *Models* (1998) abbildet.

Durch seine ästhetischen Strategien legt Seidl jedoch nicht nur die autoritären Mechanismen der österreichischen Gesellschaft bloß, er stellt auch die Frage nach dem eigenen Medium. Seine Filme an der Schnittstelle zwischen Dokumentarfilm und fiktionalem Kino – lediglich *Hundstage* und *Import Export* sind als Spielfilme erschienen – sind als analytisches, postdokumentarisches Kino zu verstehen. Er kritisiert den Anspruch von Dokumentarfilmern, in ihrem Medium so etwas wie Authentizität bieten zu können und unterstreicht in seinen Filmen daher gerade das Künstliche jeder Einstellung. Was er in ihnen zeigt wird dadurch nicht entwertet, vielmehr wird der Gesellschaftsanalyse zugleich eine Selbstbefragung und -kritik beigefügt, wenn das Filmische überhöht und so kenntlich gemacht wird: »Natürlich will ich mit meinen Filmen nicht nur unterhalten, sondern auch etwas bewegen: die Menschen im Kino berühren oder auch verstören. Ich will im Kino nicht Illusionen geliefert kriegen, sondern auf mich selbst zurückgeworfen werden.« Seidls Filme leisten dies, sind selbst kleine Versuchsstationen für den alltäglichen Weltuntergang. Vor allem, und dies ist wohl die Ursache für viele der gegen ihn erhobenen Anfeindungen, weigern sie sich, Antworten auf die gestellten Fragen zu liefern.

»Die ganze Gegend erzählen, die Zeit« Peter Kurzeck

Für die ARD-Dokumentation *Fremde Heimat – Das Schicksal der Vertriebenen nach 1945* wurde Peter Kurzeck als prominentestes Beispiel eines solchen »Schicksals« interviewt und man fragt sich, wie er in diese Rolle und Sendung hineingeraten ist. Der 1943 in Tachau geborene Kurzeck übersiedelte zwar 1946 mit Mutter und Schwester aus der Tschechoslowakei nach Staufenberg bei Gießen. »Heimat« aber sind weder Staufenberg und später Frankfurt – die geographischen Zentren von Kurzecks literarischem Werk –, noch Tachau. Die hessische Provinz zwischen Gießen und Marburg ist der Ort, dem sich Kurzeck literarisch in immer neuen Anläufen und Perspektiven angenähert hat, das Erinnern an die dort verlebte Kindheit und Jugend wirkt jedoch vielmehr wie eine Abstoßbewegung denn ein verklärendes Besingen von »Heimat«. In *Vorabend*, dem letzten vollendeten Roman des 2013 verstorbenen Kurzeck, beschrieb er das dortige Leben als ein Leben auf dem Sprung: »Nicht mehr lang der Sommer. Man hört es an jedem Ton. Man spürt es, weil die Töne in einem nachzittern. In diesem Jahr bin ich fast so viel gereist, wie ich da war. Nur um zwischen den Reisen mein Leben hier auszuhalten. ... Muß mir Geld leihen für die Reisen. Und merke und weiß jetzt, ich halt mein Leben mit dieser Stelle und so weit weg von mir selbst auch mit den Reisen nicht mehr lange aus.« Das hier beschriebene Leben ist das Leben des Erzählers Peter, zu einer Zeit, als er noch in einem »niederschmetternden Kramladen«, wie es in *Mein Bahnhofsviertel* (1991) heißt, in Gießen arbeitete. 1971 entschied er sich zunächst für die geistige Flucht aus der provinziellen Enge – nach Frankfurt zieht er 1979 –, und verkündete, von nun an Schriftsteller zu sein; und dies, obwohl seine Schwester ihm warnend mit auf den Weg gegeben hatte: »Aber das Schreiben ist doch bloß ein Hobby!«

Was hier schon deutlich wird: Die Bücher Peter Kurzecks handelten ausschließlich von ihm und seiner Umgebung. In dieser Konzentration auf das eigene Leben, die Beschreibung jedes noch so entlegenen biographischen Details, wiesen Kurzecks Bücher jedoch weit über die Ich-Fixiertheit und den Eskapismus autobiographischer Schriftstellerei hinaus. »Die ganze Gegend erzählen, die Zeit«, steht *Vorabend* als Motto voran. Der erste Kuss, wohlige Erinnerungen an Familienausflüge, das Radioprogramm – all das interessierte Kurzeck nur am Rande. Wenn solche Klischees der autobiographischen Erinnerungsliteratur aufgerufen wurden, dann ungefiltert und nicht rückblickend verklärend; jedes noch so kleine Detail eines Ausflugs oder Radioprogramms wurde erfasst. Martin Büsser hat in einer Rezension zu Kurzecks Roman *Ein Kirschkern im März* von 2004 geschrieben: »Als Wesentliches bleibt der Einzelne übrig, nackt, ängstlich und trotz scheinbar bedingungslos vorherrschender Subjektivität zugleich exemplarisch.« Vielleicht hatten sich dies die Macher des Dokumentarfilms *Fremde Heimat* erhofft: ein exemplarisches Schicksal in seiner Nacktheit einzufangen. Den Gefallen hat ihnen Kurzeck nicht getan. Er beschrieb ein Fremdsein, das sich in einem wesentlichen Punkt von den anderen porträtierten »Schicksalen« unterscheidet: es war ein Leiden an den Strukturen der Nachkriegszeit und keines an dem vermeintlichen Verlust einer »Heimat«. »Heimat ist da wo man sich aufhängt«, hat Franz Dobler einmal geschrieben und bei Kurzeck war Heimat der Ort, von dem man permanent wegwill.

Womöglich hat sich Kurzeck bei der Interviewanfrage der ARD einfach nur gefreut, dass sich überhaupt jemand für ihn und seine Literatur interessiert. Denn gelesen wurde der seit 1979 in KD Wolffs *Stroemfeld*-Verlag publizierte Kurzeck kaum – trotz wachsender Begeisterung der Literaturkritik und Jurys von Literaturpreisen. Kurzeck zu lesen ist anstrengend. Gerade weil seine verknappte Sprache sich versperrt gegen das, was man sonst unter dem Begriff »Erinnerungsliteratur« kennt. Sein Roman-Mammutprojekt *Das alte Jahrhundert*, von dem mit *Vorabend* nur fünf der zwölf geplanten Bände vollendet werden konnten, wollte exakt das tun, was der Titel verspricht: das vergangene Jahrhundert abbilden, in Gänze, exemplarisch an der Person Kurzeck und dem Raum Frankfurt. Ausgangspunkt dieser literarischen, sich in der Geschichte vor und zurück bewegenden Irrfahrt war das Jahr 1984, kurz nach der Trennung von seiner Lebensgefährtin Sibylle. *Übers Eis* (1997), der erste Band von *Das alte Jahrhundert*, beginnt mit einer Bestandsaufnahme: »Erst ein Regen- und dann ein Schneewinter. Als das Jahr 1984 anfing, nach der Trennung, hatte ich von einem zum andern Tag nix mehr. Auch keine Wohnung, kein Selbstbild, noch nicht einmal Schlaf ist mir übriggeblieben. Weg ist weg. Wie es scheint, fängst du dein Leben alle paar Jahre neu und von vorn an. Mitten in der Katastrophe, wie aus der Welt gefallen.«

Das Jahr des persönlichen Umbruchs 1984 blieb der Angelpunkt des Werks – und wurde im dritten Buch *Ein Kirschkern im März* auch literaturgeschichtlich eingeordnet: »Jetzt kommt dir vor, du hast schon immer gewußt, daß du einmal mittags müd heimkommen wirst und Uwe Johnson ist tot.« Uwe Johnson wurde am 12. März 1984 tot in seinem Haus in England aufgefunden. Johnsons *Jahrestage*, die in der Beschreibung eines Jahres von August 1967 bis August 1968 die Zeit des Nationalsozialismus und der Nachkriegszeit einfangen, waren Vorbild und Ansporn zugleich. In *Vorabend* wird noch ein weiterer Bezugspunkt aufgerufen: Bevor der Erzähler Peter in seiner Erinnerung in die Zeit der ersten Kinos und Einkaufszentren im Kreis Gießen eintaucht, werden einige Madeleines verputzt. Proust und Johnson bildeten die Eckpunkte und dennoch erschuf Kurzeck mit *Das alte Jahrhundert* einen ganz eigenen und einzigartigen Zugang zur Erinnerung. Über die immer wieder aufgerufenen Motive, Personen und Geschichten verzahnen sich die Romane zu einem präzisen Porträt des 20. Jahrhunderts, insbesondere der Fünfziger bis Achtziger. Von 1984 aus erinnert sich der Erzähler zurück an die Zeit vor der Trennung, das Zusammenleben mit seiner Tochter Carina und gemeinsame Ausflüge zu Freunden, die wiederum den Ausgangspunkt zu weiter zurückliegenden Erinnerungen bilden. Erinnern an das Erinnern. »Gut festhalten erst den Schmerz und dann die Erinnerung an den Schmerz«, schreibt Kurzeck in *Ein Kirschkern im März*.

Dieses Erinnern an das Erinnern nimmt auch den größten Teil von *Vorabend* ein. Am Anfang steht wieder eine Beschreibung des Zustands jener Zeit, auf die von 1984 zunächst geblickt wird, die zweite Hälfte des Jahres 1983: »Im Juni vierzig geworden und fristgerecht meine Arbeit verloren. Eine Halbtagsstelle in einem Antiquariat. Schlecht bezahlt, aber unersetzlich. Eine Arbeit, zu der man zu Fuß hingehen kann. Gerade die richtige Stelle, wenn man dicke Bücher schreibt und ein Kind hat.« In dieser Zeit besuchen der Erzähler Peter, seine Lebensgefährtin Sibylle und die gemeinsame Tochter Carina für ein Wochenende Freunde in Frankfurt-Eschersheim. »Eigentlich müssen Wege in Echtzeit erzählt werden« findet der Erzähler und so nimmt bereits die Anreise – aus Frankfurt-Bockenheim – und das Ankommen bei den Freunden viele Seiten ein. Was danach folgt ist eine der präzisesten und ausführlichsten literarischen Beschreibungen der kleinen Veränderungen in den Strukturen der Bundesrepublik der Nachkriegsjahre bin hinein in die 1970er. Die große Politik interessierte Kurzeck als Stoff nicht, sein Fokus lag ausschließlich auf den schleichenden Veränderungen in der Gesellschaftsstruktur. Zwar bewegen sich die Protagonisten im linken Milieu Frankfurts, lesen den *Pflasterstrand*, bringen ihre Tochter allmorgendlich zum Kinderladen, doch spielte dies für das Erzählen Kurzecks keine Rolle. Er kommentierte und kritisierte weniger, verstand sich vielmehr als Chronist von Lebensläufen und Orten, die sonst niemals Literatur geworden und damit dem Vergessen anheimgefallen wären. »Muß die ganze Gegend erzählen und alles, was nicht mehr da ist«, sagt Peter in *Vorabend*.

Diese »ganze Gegend« sind in *Vorabend* vor allem Staufenberg und Lollar, zwei Kleinstädte bei Gießen. Beschrieben wird etwa die Eröffnung des ersten Kinos in Lollar in den 1950ern und dessen Bedeutung für die dortige Jugend: plötzlich gibt es Vorbilder, die so gar nichts zu tun haben mit den Eltern und der bundesdeutschen Realität: »Selbst wie ein Filmheld auf einem Filmplakat. Marlon Brando, James Dean, Horst Buchholz. Wenn du endlich vierzehn wärst, könntest du schon anfangen, wie ein Sechzehnjähriger auszusehen. Aber müßtest dann auch eine andere Jacke mindestens. Und wenn du dann wirklich sechzehn bist, wer bist du dann?« Popkultur als Entnazifizierung auf dem Land. Zuerst das Kino, dann die Autos und die Einkaufszentren: plötzlich geht in der hessischen Provinz alles ganz schnell und wird vor allem immer schneller: »Das ganze Land, die Zeit selbst fängt zu fahren an.« Bundesstraßen werden gebaut, Straßen ausgebaut und Autos gekauft. Aus der Perspektive der Igel des Landkreises Gießen wird diese gesellschaftliche Veränderung geschildert: »Voller Anspannung die Igel. Hecheln, halten immer wieder die Luft an. Ununterbrochen die Autos und sie spüren den Fahrtwind. Bei jedem Auto ein Ruck. Sie stehen und begreifen es nicht. Angst nicht, aber Herzklopfen. Mit roten Augen die Igel und alles an ihnen entzündet.« Kurzeck zeigte mit solchen Schilderungen die Veränderungen der Nachkriegszeit, in der mit dem Neuanfang auch die Vergangenheit mehr und mehr verdrängt wurde.

Die Straßen werden breiter, die Dörfer vernetzter, doch gleichzeitig nimmt dadurch die Einsamkeit der Menschen nicht ab. Nicht früher war alles besser, vielmehr war das Früher genauso wenig gut wie die Gegenwart, und diese Nicht-Entwicklung wollte Kurzeck aufzeigen: die Bundesrepublik präsentiert sich in Kurzecks Romanen als ein an Tempo zulegendes und dennoch stagnierendes Land, dessen Realität der Erzähler nur das Verlieren in der Erinnerung entgegenhalten kann.

Mit am beeindruckendsten gelang Kurzeck in *Vorabend* das ausführliche Porträt seines Schwagers, eines Arbeiters in den Buderus-Werken, dessen Kreativität dort ebenso wie von der Nachbarschaft ausgenutzt wird und der sich ohne Murren mit seinem Schicksal abgefunden hat. Sein Motorrad und die Familienurlaube im Hamburger Rotlichtviertel bleiben als Ablenkung vom Alltag. »Später am Küchentisch. Erst die Zeitung, dann Essen, dann nochmal die Zeitung. Die Gießener Allgemeine, die früher Freie Presse hieß. Sie teilen sie mit seinen Eltern, die im Erdgeschoß wohnen. Er liest die Zeitung nicht, er hat sie nur vor sich liegen. Und manchmal blättert er um. ... Oft gleich nach dem Essen weiß mein Schwager schon nicht mehr, was er gegessen hat. Aber merkt ja außer ihm keiner.« Ohne Häme aber auch ohne Verklärung zeigt Kurzeck das Scheitern an den eigenen Träumen und das Einrichten in der Verheißung eines kleinbürgerlichen Glücks, in dem Kommunikation kaum noch stattfindet.

Selbst die vermeintliche Befreiung der sexuellen Revolution kommt jenseits der urbanen Zentren in einer absurd anmutenden Verzerrung an: »Partnertausch, Aktfotos, Sexfilme, Oswald Kolle, James Bond. Eine Sommernacht. Vielleicht steht die Zeit still. Und wenn sie dann noch ein paar Gläser Picon, Cinzano und Apfelkorn getrunken haben und in der Nachbarschaft ist es schon dunkel oder zwei Gärten weiter auch ein Gartengrillfest, dann ziehen sie sich zielstrebig aus und steigen mit viel Gelächter alle zusammen in das aufblasbare Gummiplanschbecken aus dem Gartencenter vom Baumarkt.«

Die Fluchtbewegung Kurzecks hatte mit Frankfurt im übrigen kein Ende gefunden, die Hälfte des Jahres lebte er bis zu seinem Tod in Uzès in Südfrankreich, um, wie er in einem Interview beschrieben hat, aus dem geographischen Abstand einen unverstellten Blick auf Deutschland werfen zu können. Deutschland blieb die »fremde Heimat«, deren Konturen aus der Distanz besser zu erkennen sind.

Vom Federbüschel Martin Walser vs. Rolf Dieter Brinkmann und die Neueste Stimmung im Westen

Das geplante Berliner Denkmal für die ermordeten Juden Europas sei »die Betonierung des Zentrums der Hauptstadt mit einem fußballfeldgroßen Alptraum. Die Monumentalisierung der Schande«, führte Martin Walser 1998 in seiner berüchtigten Paulskirchenrede aus. Die Verleihung des Friedenspreises des deutschen Buchhandels nutzte der Schriftsteller, um sich Luft zu machen, sich persönlich und die Deutschen zu befreien von der »Moralkeule Auschwitz«, die von Medien und Politik geschwungen werde, um den Deutschen ihre Schuld wieder und wieder vorzuführen. Stella Hindemith merkte einige Jahre später in der *Zeit* an, die Rede und die ihr folgende Debatte seien inhaltlich, formal und in ihrer Funktion ein Lehrstück des Rechtspopulismus gewesen, »von der Forderung nach einem Schlussstrich unter der Geschichte über die Behauptung, das Mahnmal für die ermordeten Juden Europas sei eine Schande, über Medien, die als Handlanger einiger weniger auftreten und eine kleine Gruppe Leute, die die Macht haben, den öffentlichen Diskurs zu manipulieren und ›die Deutschen‹ in Geiselhaft nehmen.« Die der Rede folgende Feuilletondebatte verschob die Grenzen des Sagbaren noch ein wenig weiter. »Ich war in diesem Feld beschäftigt, da waren Sie noch mit ganz anderen Dingen beschäftigt«, warf Walser beispielsweise Bubis während eines Gesprächs im Dezember 1998 vor. Walser meinte dabei die Aufarbeitung des Nationalsozialismus.

Walser selbst forderte somit einen Blick zurück in jene Zeit, als Bubis »noch mit ganz anderen Dingen« beschäftigt war – gemeint sind damit die späten Sechziger, als Bubis in Frankfurt im Immobilienhandel tätig war. Und der Blick auf den jungen Walser der Sechziger kann tatsächlich viel über den Walser der Gegenwart erzählen. 1970 veröffentlichte der damalige DKP-Sympathisant in Hans-Magnus Enzensbergers *Kursbuch* den Essay »Über die neuste Stimmung im Westen«, in dem er sich in die Tradition des engagierten Schriftstellers einsortierte, eine Tradition des öffentlichen kritischen Wortes, in der er sicherlich auch seine Rede von 1998 verorten würde. 1968 hatte er neben Bewunderung für Brecht vor allem Lob für die Wortmeldungen von Günter Grass: »Ich muß Grass einfach bewundern, wenn er auf seine SPD-Tour geht; bewundern nicht wegen des Bekenntnisses zum SPD-Inhalt, sondern wegen seiner Fähigkeit, eine praktische Konsequenz zu ziehen.« Doch zum Leidwesen von Walser hatten nicht alle Gegenwartsautoren solche »praktischen Konsequenzen« im Sinn. Die »neueste Stimmung im Westen« stand in Walsers Augen für eine politische wie auch künstlerische Naivität, für einen »schick zeitgenössisch frisierten Künstlerquatsch«, wie er es im Essay formuliert. Solchen »Künstlerquatsch« produzierten Autoren wie Peter Handke und Rolf Dieter Brinkmann, sowie all jene US-amerikanischen Schriftsteller, Musiker und Theoretiker, die Brinkmann gemeinsam mit Ralf Reiner Rygulla kurz zuvor in der Anthologie *Acid* zusammengetragen hatte: Leslie Fiedler, Frank Zappa, Leonard Cohen, Chester Anderson, Jonas Mekas und andere. »Die neueste Stimmung artikuliert sich, wenn Rolf D. Brinkmann einem Kritiker gegenüber nach einem Maschinengewehr ruft«, führt Walser aus, dies sei keine politische Meinung, keine Stimme eines engagierten Autoren, sondern »der Autor als Botschaft«. Wenn Leslie Fiedler Western, Science Fiction und Pornographie als wichtige Elemente der neuen Literatur benennt, Traum, Rausch und Ekstase höher bewertet als den »Nutzen« der Kunst für die Gesellschaft, kann Walser nur mit dem Kopf schütteln, diese Wortmeldungen seien »so weit als möglich weg von einer Ausdruckspraxis, die die Welt noch mit Hilfe kritischer Abbilder korrigieren wollte, oder die, selbst wenn die Schreiber das nicht beabsichtigt hatten, ganz von selbst brauchbar schien als ein Mittel zur Ausbildung eines kritischen und dadurch zur Veränderung drängenden Bewußtseins vom gesellschaftlichen Zustand.« Stattdessen muss sich Walser von Jonas Mekas sagen lassen: »Seit die Welt besteht, haben sie sie verändert. Und – 'nen erstklassigen Mist haben sie daraus gemacht. Das ›Engagement‹ des nutzlosen Künstlers besteht darin, sich der Welt zu öffnen.« Diese Autoren der »neuesten Stimmung« wollen sich nicht der Welt öffnen, sich nicht einfügen in die »praktische Konsequenz« eines Grass, nicht in den Sozialismus, wie Walser ihn sich vorstellt. Stattdessen nennen sie sich selbst die »neuen Irrationalisten« (Fiedler), die »neuen Juden« (Cohen) oder die »Kosmonauten des Innern« (Brinkmann), wären »am liebsten nur mit sich selbst identisch«, wie Walser es Peter Handke vorhält: »Daß einer keine Alternative weiß, geschenkt. Aber daß es ihm egal ist, daß er keine weiß, das sollte ihm, glaube ich, nicht egal sein.« Die »Bewußtseinserweiterung nach Innen« statt die Revolution anzustreben, bei sich selbst mit der Veränderung der Welt zu beginnen, statt die Grass'sche »SPD-Tour« zu vollziehen, ist in Walsers Augen nicht nur unverständlich, sondern sogar gefährlich: »Ich halte es für möglich, daß in diesen neuesten Stimmungen die Bewußtseinspräparate für die neueste Form des Faschismus hergestellt werden.« Blickt man auf das Individuum und nicht die gesamte Gesellschaft, nach Innen statt nach Außen, produziert man von Traum, Drogen und Porno beeinflusste Lyrik statt engagierter Literatur, so »stirbt mit jedem Ausflug ins Innere eine demokratische Möglichkeit ab und die Möglichkeit zum Gegenteil – und das heißt Faschismus – nimmt zu.« Doch was tun mit den zum Faschismus tendierenden »narzißtischen Existenzen«, die der Gesellschaft keinen Nutzen bringen? Um dies zu beantworten, zieht Walser Darwin heran: »Der Federbüschel auf der Brust des wilden Truthahns dürfte keinerlei Nutzen haben, und es ist zweifelhaft, ob er in den Augen der Henne als Zierde gilt. Hätte sich dieser Büschel erst im Zustande der Domestikation gezeigt, so würden wir ihn zweifellos eine Monstrosität nennen.« Dass diese von Darwin beschriebene Monstrosität von Evolutionstheoretikern auch als »Entartung« beschrieben wurde, muss der Popliteraturkritiker nicht gewusst haben. Dass jemand 1970 unliebsame Kunst, weil er sie nicht versteht als überflüssig bezeichnet, das »sollte ihm, glaube ich, nicht egal sein«, angesichts der damals noch sehr jungen nationalsozialistischen Vergangenheit. »Nichts macht so frei wie die Sprache der Literatur«, weiß er dreißig Jahre später in der Paulskirche, diese Freiheit ist für ihn 1970 jedoch nicht die »Freiheit der Andersdenkenden«, wie man es bei einem auch an Rosa Luxemburg geschulten Kommunisten wie Walser erwarten dürfte, sondern seine persönliche Freiheit, in blumigen Metaphern »unnützer«, monströser Kunst, nicht nur das Existenzrecht abzusprechen, sondern sie darüber hinaus zu einem Wegbereiter des Faschismus zu erklären. Seinen Essay beendet er mit den Worten: »Der Schriftsteller, der eine gesellschaftliche Lizenz zum Narzißmus ausbeutet, ist auf die feinste Weise domestiziert, deshalb ist seine scheinbar wilde oder bizarre oder verachtungsreiche oder feindselige persönliche Aufführung samt seinen privilegierten Freiheitstänzen nichts als monströs.« Einzig die Genugtuung, dass seit 1970 Peter Handke, Leonard Cohen oder Frank Zappa gesellschaftlich wirkungsvoller waren, als Walser mit all seinen Romanen zusammen, lässt da noch etwas aufatmen. Doch Handke behält recht: »Ich muß freilich sagen, daß mich, wenn ich solche Sätze lese, sekundenlang eine kalte Amoklaufwut befällt.«

Die Außenseiterbande

Tove Jansson

Zdeněk Miler

Richard Brautigan

Julio Cortázar

Carol Dunlop

Dennis Cooper

Bill Watterson

Jeffrey Lewis

Björk

Pete & Pete Wrigley

»Immer radikal, niemals konsequent.«
Jörg Schröder

»Das wichtigste ist doch die Geselligkeit« Tove Jansson und die Mumins

»Meine Liebe, das Leben ist kurz und trist. Amüsieren wir uns«, sagt der Muminvater zu seiner Frau, packt ein Bündel und zieht mit ihr in eine »Höhle für Schmuggler und entflohene Sträflinge« am Meer. Er lässt Haus und Kind zurück und hofft, auf diese Weise der Tristesse seines Lebens entkommen und endlich Abenteuer erleben zu können. »Keine Sorge, es tut ihm gut, mal auf sich gestellt zu sein«, beruhigt er seine Frau, die sich um das Wohl ihres Kindes Mumin sorgt. Erst kurz zuvor hatten sich die drei nach vielen Jahren der Trennung zufällig wiedergefunden, in buchstäblich allerletzter Sekunde, bevor Mumin in seiner Einsamkeit Selbstmord begehen konnte. »Ach, ich gehe wohl besser ins Wasser ... Ein Jammer, dass ich so gut schwimmen kann ... Wenn alle anderen Väter, Mütter und Frauen haben, will ich lieber sterben als allein zu sein ...«, hatte Mumin verkündet und damit das Bild widerlegt, das die meisten von den Geschichten um die nilpferdähnlichen Mumintrolle und ihre Freunde haben dürften: das Bild einer leicht surrealen, aber doch heilen Welt und intakten Familie, in der kleine Abenteuer den Alltag aufregend erscheinen lassen. Tatsächlich jedoch sind die Comics und auch die Kinderbücher der finnischen Zeichnerin und Autorin Tove Janssons durchzogen von einer Melancholie, von Ängsten und der Bedrohung der Lebenswelt der Mumins durch ihre Umwelt.

Schon in den 1930er-Jahren hatte Jansson die Idee zu ihrem Muminkosmos, einer von Trollen, Snorks, Hemulen, Huscheltieren und anderen Fabelwesen bevölkerten Lebenswelt, in der die menschliche Zivilisation nur ab und an in Form von Autos, Strandurlauben oder Polizisten aufscheint, aber nie die Oberhand gewinnen kann. Auch wenn die Mumins, ebenso wie die mit ihnen verwandten Snorks, äußerlich an Nilpferde erinnern, so täuscht diese Parallele. »Kraft meines akademischen Rangs erkläre ich, dass die Mumins nicht im entferntesten mit Flusspferden verwandt sind«, verliest ein Zoologe in der Comicepisode »Ein Urwald im Mumintal« sein Forschungsergebnis.

Die Comicstripreihe begann schon ungewöhnlich: Mumin ist genervt von Besuch, der sich bei ihm einquartiert hat und zieht mit Schnüferl in die Welt hinaus. Unterwegs wird Mumin – nicht das einzige Mal in der Serie – verhaftet und von Schnüferl aus dem Gefängnis befreit, sie werden fast verprügelt, verwüsten einen Zoo, werden expressionistische Künstler und Mumin verliebt sich in Snorkfräulein. Während die Handlung noch sprunghaft voranschreitet, man der Zeichnerin anmerkt, dass sie von Idee zu Idee hechtet um die täglichen Zeitungsstrips zu füllen, sie noch auf der Suche nach einer für sie geeigneten Form ist – immerhin debütierte sie 1954 als Comiczeichnerin –, scheint sie diese Form bereits mit der zweiten Episode, jener, die mit dem angedrohten Selbstmord Mumins beginnt, gefunden zu haben.

In den frühen Vierzigern schrieb Jansson das erste von neun Kinderbüchern aus dem Kosmos der Mumins, *Mumins lange Reise*, in dem die verstreute Muminfamilie von Naturkatastrophen bedroht wird und, ähnlich wie in der erwähnten Comic-Episode, zunächst wieder zusammenfinden muss. Die bedrohliche weltpolitische Situation mag sich in der thematisierten Unruhe und der Verlustangst widerspiegeln – Jansson beschäftigte sich damals als politische Karikaturistin auch beruflich mit den Entwicklungen in Nazideutschland –, ebenso wie die Suche ihrer Eltern Signe Hammarsten und Viktor Jansson, die beide ebenfalls als Künstler arbeiteten, nach Auswegen aus bürgerlichen Lebensentwürfen. Wenn auch getrennt werden muss zwischen den Kinderbüchern, die zwischen 1945 und 1970 erschienen sind, und den ab 1954 im Auftrag der britischen Zeitung *The Evening News* entstandenen Mumin-Comics, die sich explizit an Erwachsene richteten, so finden sich doch in beiden Medien parallele Motive: den jungen Lesern der Kinderbücher wurde zugetraut, sich mit »Erwachsenenthemen« wie Krankheit, Tod oder Weltuntergangsphantasien auseinanderzusetzen, während die Comicleser die oft kindliche und naive Sicht der Mumins auf die Welt akzeptieren mussten. Alle Bücher Janssons sind durchzogen von der melancholischen Sehnsucht nach einem anderen Leben, nach Abenteuern, und gleichzeitig der Angst vor dem Verlust von Sicherheiten: immer wieder bedrohen Kometen, Überschwemmungen und Stürme die Lebenswelt der Mumins. Die Sicherheit im Zusammenhalt der Familie und die Sehnsucht nach etwas anderem sind bei den Mumins kein Widerspruch, sondern vielmehr ihr Grundantrieb: sie unterstützen sich in ihren Ängsten und Sehnsüchten, gewähren sich große Freiheiten und halten dennoch zusammen. Widersprüche auszuhalten scheint der Kitt zu sein, der das Mumintal zusammenhält: die Mumins sind einerseits friedliebend und töten doch ein Wildschwein, um es zu essen, woraufhin seine Witwe sie zur Rede stellt; sie sind technikskeptisch und fliegen doch mit dem Hubschrauber zum Picknick auf die einsame Insel ... Tove Jansson hat über ihre eigene Intention beim Schreiben gesagt: »Die Muminfamilie, die ich zu beschreiben versuche, ist schlichtweg glücklich, ohne sich dessen bewusst zu sein. Sie haben es gemütlich miteinander, und sie gewähren sich gegenseitig volle Freiheit: Freiheit, allein zu sein, die Freiheit auf eigene Art zu denken und zu fühlen und eigene Geheimnisse zu haben, bis zu dem Moment, wo sie bereit sind, sie zu teilen. Keiner verursacht je einem anderen ein schlechtes Gewissen.« Selbst Beziehungen sind geprägt von einer gewissen Freiheit: Die durchaus erotisch angelegte Liebe zwischen dem kindlich-jugendlichen Mumin und dem Snorkfräulein wird immer wieder strapaziert von Liebeleien der beiden mit anderen Figuren aus dem Muminkosmos, die Beziehung der beiden stellt das jedoch nicht in Frage. Und auch Familie ist bei den Mumins kein starres Gefüge, sondern ein stets wandelbares Konstrukt, das es zulässt, neue Mitglieder in die Familienstrukturen zu integrieren, ohne dass dies problematisiert werden müsste; so adoptieren die Mumineltern spontan Schnüferl, ein nagetierartiges, egoistisches Wesen, das in der Buchreihe nach vier Bänden plötzlich verschwindet. Diese Offenheit birgt allerdings auch die Gefahr, dass die »depperte Gastfreundschaft« der Mumins – wie der mürrische Grümlar sie bezeichnet, der sich gleich für einen ganzen Winter bei der Familie einnistet – immer wieder ausgenutzt wird. Doch auch dies kann der offenen Struktur der Muminfamilie nichts anhaben, alle werden integriert, der Polizist wie auch der Gangster Stinky, die geisterhaften Ahnen, die unsympathische Tante Jane, Piraten, Schussel, Botaniker und Zoologen. Thematisch wird in den Comics ein weites Feld abgesteckt, das von Geschlechterbildern über Homosexualität und Körpernormen bis hin zu Umweltzerstörung und Alkoholismus reicht, wenn auch meist nicht explizit, sondern im Subtext verhandelt. All dies ist erstaunlich genug für einen Comic und eine Kinderbuchreihe, die in den 1950er-Jahren ihren Höhepunkt erlebten, gezeichnet zum einen von einer Frau, was ungewöhnlich ist für die Comicszene dieser Zeit, die zum anderen offen mit ihrer Lebensgefährtin, der Grafikerin Tuulikki Pietilä zusammenlebte. Das Rebellische, das Tove Janssons Leben und das der Mumins verbindet, findet sich in den Comics immer wieder ironisch angesprochen: »Wogegen sollen wir denn rebellieren? Die Polizei?« »Nein, der Inspektor ist ein Freund von mir.« »Oder gegen die Unterwelt?« »Nö. Stinky ist auch mein Freund. Gründen wir einfach einen Club der Rebellen. Das wichtigste ist doch die Geselligkeit.« »Und die Clubkrawatte.« »Klubleben im Mumintal« heißt die Episode, aus der dieser Dialog zwischen dem Muminvater und einem Freund stammt, und diese zeigt den anarchischen Spaß der Autorin, ihre Figuren in abstruse Situationen zu schicken und ihnen dabei zuzusehen, wie sie Diebesgut (in diesem Fall eine Kuh) im Keller verstecken, den Inspektor ausrauben oder sich gegenseitig mit Zwillen beschießen.

Tove Jansson selber zeichnete nur die ersten 21 Episoden ihrer Mumincomics und übergab die Reihe bereits 1959 an ihren Bruder Lars, der sie bis 1975 weiterführte und dessen Tochter Sophia Jansson heute die Firma *Moomins Characters* leitet. Die Erfinderin selbst hatte irgendwann genug vom Erfolg ihrer Figuren, die nicht nur in Büchern und Comics, sondern auch in Zeichentrickserien, Theaterstücken, auf Kaffeetassen, T-Shirts und als Stofftiere Verbreitung fanden und konzentrierte sich auf Romane, die nichts mit den Fabelwesen zu tun hatten, sondern oftmals autobiografisch geprägt waren, und die Malerei. In ihrem letzten Buch über die Mumins, *Herbst im Mumintal* von 1970, sind die Mumins von Beginn an verschwunden, ihr Haus ist verlassen, die Freunde, die sie besuchen kommen, wissen nichts über ihren Verbleib und warten vergebens auf ihre Rückkehr. Ein mysteriöses Ende der vermutlich erfolgreichsten Buchreihe Finnlands aller Zeiten. Auch die von Jansson gezeichneten Comicepisoden enden mysteriös: »Ich bin schusslig und dusslig, voller Komplexe, von Hemmungen und Verklemmungen ganz zu schweigen!«, ruft Dussel, der keinen Erfolg bei seiner Angebeteten hat, in dieser finalen Episode »Dussel auf der Balz«, in der sich das halbe Mumintal von Psychiater Dr. Schrünkel behandeln lässt, der selbst unter diversen Komplexen, Hemmungen und Verklemmungen leidet. Am Ende der Geschichte ist Mumin aufgrund eines Medikaments geschrumpft, Snorkfräulein begießt ihn im letzten Panel mit einem vermeintlichen Gegenmittel und sagt flehend: »Oje, ich hoffe, er wird wieder ganz der alte!« Wie er dies wird, bleibt der Phantasie der Leser überlassen, in der nächsten, dann von Tove Janssons Bruder Lars gezeichneten Episode, ist er jedenfalls wieder zu Normalgröße herangereift. Um es mit den Worten des Gangsters Stinky zu sagen: »Ihr Mumins seid zwar die größten Knallköpfe, die ich kenne, aber wenigstens versteht ihr es zu leben!!«

Scheinbar entrückt
Zdeněk Miler und sein Maulwurf

Der kleine Maulwurf hat 1968 symbolisch die tschechoslowakische Kultur zu Grabe getragen. In der Episode »Der Maulwurf und das Radio« findet der Protagonist der erfolgreichsten Animationsserie des Landes im Wald ein Radio, das ihm zwar Jazz, Fußball und die Nachrichten überträgt, jedoch gleichzeitig seiner Freunde beraubt, die genervt vom Lärm den Wald verlassen. Nachdem das Radio seinen Geist aufgegeben hat, schaufelt der kleine Maulwurf – »Krtek«, wie er im Original heißt – dem Gerät ein Grab. Kurz darauf kehren seine Freunde zurück und bringen wieder die eigene Kultur des Waldes zurück: die Vögel singen, die Frösche quaken. Ein seltsames Bild in einem Animationsfilm für Kinder, als auf die politische und kulturelle Öffnung des Landes mit der Niederschlagung des Prager Frühling im August 1968 tatsächlich der Rückzug auf die eigene Kultur einsetzte und Einflüsse, die jenseits des Sozialistischen Realismus sowjetischer Prägung lagen, durch Zensur und gestrichene Fördergelder zurückgedrängt wurden. Wie genau sich der kleine Maulwurf und sein Schöpfer Zdeněk Miler zu diesen politischen Entwicklungen verhielten, bleibt in der Schwebe, »Der Maulwurf und das Radio« zeichnet sowohl das Radio als auch dessen Verlust als positiv. Für den Waldbewohner jedenfalls begann kurz darauf eine Karriere, die den Eisernen Vorhang überwinden konnte und bis heute andauert, auch wenn ein Funktionär der Filmindustrie den Maulwurf am liebsten aus dem Programm verbannt hätte, weil er in seinem Garten gerade persönlichen Ärger mit solchen Tieren hatte.

Über den Millionär, der die Sonne raubte hieß 1948 eine der ersten Produktionen des jungen Animationsfilmers Zdeněk Miler, damals noch mit einem erwachsenen Publikum vor Augen. Die gestohlene Sonne bewahrt der egoistische Millionär in seinem Haus auf, beim Happy End steht sie wieder als Allgemeingut am Himmel. Während Über den Millionär, der die Sonne raubte Egoismus und soziale Ungerechtigkeit anprangerte, geriet *Der Mohnkuchen* von 1953 zu einem Lehrfilm, der den gesamten Entstehungsprozess vom Mähen des Getreides bis zum Backen eines Kuchens abbildete und aufzeigte, dass unzählige Menschen an der Produktion beteiligt sind. Die Filme stachen aus den Auftragsproduktionen der verstaatlichten tschechoslowakischen Filmindustrie heraus, sie wurden, nach einer Auszeichnung auf dem Filmfestival in Venedig, als osteuropäische Version von Disney gehandelt. Dennoch war, als Zdeněk Miler aufgrund des Erfolgs seiner bisherigen Arbeiten 1954 den staatlichen Auftrag erhielt, einen Animationsfilm für Kinder über die Herstellung von Kleidung zu produzieren, kaum abzusehen, was sich aus seiner eher zufälligen Entscheidung, einen kleinen Maulwurf zum Protagonisten zu wählen, entwickeln würde. *Wie der kleine Maulwurf zu seiner Hose kam* wurde 1957 bei den Filmfestspielen in Venedig mit einem Silbernen Löwen ausgezeichnet und legte den Grundstein für über 60 Episoden über »Krtek«, den kleinen Maulwurf.

Der 1921 geborene Miler hatte von 1936 bis 1942 Graphik und Fotografie in Prag studiert und nach der Befreiung von der deutschen Besatzung als Zeichner, Regisseur und Autor in einer Zeichentrickfirma zu arbeiten begonnen. Die verstaatlichte Filmindustrie in der Tschechoslowakei orientierte sich spätestens ab 1948, als die Komunistická strana Československa (KSČ) an die Macht kam, an der kulturpolitischen Agenda der Sowjetunion und den damit verbundenen Vorstellungen von Kunst. Da kamen die Lehrfilme für Kinder von KSČ-Mitglied Zdeněk Miler gerade recht. Technisch war die Tschechoslowakei auf dem aktuellsten Stand, der Krieg hatte nicht allzu viel an Filminfrastruktur zerstört, außerdem bestand eine lange Tradition, auf die sich die Animationsfilmindustrie beziehen konnte, Puppentheater, Märchenverfilmungen, aber auch die Avantgarden der Zwischenkriegsjahre – Elemente des tschechoslowakischen Variante des Surrealismus finden sich auch immer wieder in den Filmen um den kleinen Maulwurf.

1954, als Miler mit dem ersten Maulwurf-Film beauftragt war, herrschte im Land politisch ein angespanntes Klima: Während nach dem Tod Stalins 1953 in vielen Ländern des Warschauer Pakts eine Phase der Liberalisierung begonnen hatte, dauerte es in der Tschechoslowakei noch ein ganzes Jahrzehnt, bis eine politische und kulturelle Öffnung einsetzte.

Diese wirkte sich dann auch unmittelbar auf Filme für Kinder aus: während sie bis in die frühen Sechziger vor allem als Teil des Erziehungssystems gesehen wurden, als pädagogischer Auftrag für die nachwachsende Generation, drangen danach Alltagsprobleme und realistische Auseinandersetzungen mit Kinderwelten in den Vordergrund. Auch in den Maulwurf-Filmen spiegelt sich diese Entwicklung: waren sich die frühen Werke wie *Der Maulwurf und sein rotes Auto* oder *Der Maulwurf und die Rakete* vor allem auf den Nutzen von Technologie und eine Hoffnung auf die Zukunft konzentrierten, stellten spätere Filme stärker die zwischenmenschlichen Beziehungen in den Mittelpunkt, Ängste und Unsicherheiten und das Verhältnis des Einzelnen zu seiner Umwelt.

Während nach dem August 1968 durch Zensur und Berufsverbote viele Regisseure der Tschechoslowakischen Neuen Welle – jener Filmbewegung, die wie keine andere für einen kulturellen Aufbruch gestanden hatte – wie Miloš Forman oder Vojtěch Jasný ins Ausland gingen, hatten die Filmemacher im Bereich des Kinderfilm weniger mit Repressionen zu kämpfen. Allerdings haben sich auch im Bereich Kinderfilm die Produktionen nach der sogenannten Normalisierung seltener mit gesellschaftspolitischen Themen auseinandergesetzt. Der Maulwurf bildete dabei eine Ausnahme, die Filme um ihn und seine Freunde die Maus, den Frosch und andere Waldbewohner wurden zunehmend politischer. Dies hatte auch mit der Rolle des WDR als wichtigem Co-Produzenten der Serie zu tun. Ab den frühen Siebzigern stieg der Sender aus vor allem zwei Gründen in die Produktion ein: die Filme aus der Tschechoslowakei füllten einerseits in der BRD eine Lücke, da es dort keine Tradition an eigens für Kinder produzierten Programmen gab und andererseits waren Serien aus dem Osten günstiger als ihre US-amerikanischen Pendants. Über den WDR wurde die Serie auch in der westlichen Welt zu einem Erfolg, über den sich bis heute Merchandise und Lizenzen verkaufen. Über den Umweg des WDR drangen ab den späten Siebzigern auch linke gesellschaftliche Debatten des Westens in die Serie ein und erfüllten zunehmend einen pädagogischen Bildungsauftrag, der sich eigentlich mit den Idealen des Sozialistischen Realismus hätte beißen müssen, allein der ökonomische Erfolg der Serie, der auch der staatlichen tschechoslowakischen Filmindustrie zugute kam, garantierte dem Maulwurf Freiheiten, die andere Produktionen nicht hatten. *Der Maulwurf kommt in die Stadt* oder *Der Maulwurf im Traum* etwa, beides Produktionen aus den frühen Achtzigern, konfrontierten den Maulwurf mit den negativen Auswirkungen der Zivilisation. In ersterem wird der Wald gerodet und in der Stadt, die an seiner Stelle erbaut wird, haben die Tiere keinen Platz mehr; in letzterem wird die Abhängigkeit der Menschen von ihren technischen Errungenschaften kritisch hinterfragt.

Als Zdeněk Miler 2011 starb, war der Maulwurf in über 80 Ländern weltweit zu sehen, eine Plüschversion hatte mit der Endevour das Weltall besucht und die begleitenden Bücher zur Fernsehserie sind bis heute Millionenseller. Trotz der ausgestellten Naivität des Maulwurfs und seiner Lebenswelt, die scheinbar entrückt von politischen Erschütterungen existiert, hat die Serie doch die Beben in sich aufgenommen, die in den Produktionsjahren von 1957 bis 2002 das Weltgeschehen bestimmt haben.

»Wenn die Wörter zu Ende sind« Richard Brautigan

Er hat mit Dennis Hopper gesoffen und für John Lennon eine Spoken-Words-Platte aufgenommen, war mit Peter Fonda befreundet und ist mit *Forellenfischen in Amerika* zum Kultautor der amerikanischen Subkultur der 1960er geworden. Philippe Djian schrieb nach Richard Brautigans Tod eine Erzählung über ihn und nannte sie »Ein Grund, das Leben zu lieben«. Wer aber war dieser seltsame schnauzbärtige Mensch, der im September 1984 die Zeitschaltuhren seines Hauses im kalifornischen Bolinas so programmierte, dass Radio und Licht über Wochen regelmäßig an und aus gingen, und sich dann erschoss? Über sein Privatleben ist nicht viel bekannt, über seine Kindheit noch weniger. Seine Tochter Ianthe Brautigan hat einige Fakten zusammengetragen und zusammen mit eigenen Erinnerungen im Buch *Den Tod holen* veröffentlicht. Brautigan wuchs in Armut auf und brach den Kontakt zu seiner Familie ab, nachdem sie ihn in eine psychiatrische Anstalt gesteckt hatte, wo er Elektroschocks bekam, nur weil er seine Entscheidung mitgeteilt hatte, Schriftsteller werden zu wollen. Er war Alkoholiker, war zwei Mal verheiratet, starb verarmt. Er interessierte sich für Japan und Zen-Buddhismus, litt an Depressionen. Er wurde oft mit den Autoren der Beat-Generation assoziiert, war für diese, 1935 geboren, aber eigentlich zu jung, genauso wie er für die Hippies 1968 auf dem Höhepunkt seines Erfolgs als 33-Jähriger wiederum zu alt war. Die wohl schönste Beschreibung seiner Person stammt von ihm selbst und findet sich in seinem vierten Roman *Die Abtreibung*. Darin arbeitet der Protagonist in einer Bibliothek, in die jeder seine Bücher bringen kann, nie jedoch jemand kommt, um ein Buch auszuleihen. Dort sind Bücher zu finden mit Titeln wie *Stereo und Gott, Sieg in Vietnam, Ufo gegen CBS* – oder *Elche* von Richard Brautigan: »Der Verfasser war groß und blond und hatte einen langen flachsgelben Schnurrbart, der ihm ein anachronistisches Aussehen verlieh. Er sah aus als wäre er eigentlich in einer anderen Ära zu Hause. Das war das dritte oder vierte Buch, das er in die Bibliothek brachte. Jedes Mal, wenn er ein Buch hereinbrachte, wirkte er ein wenig älter, ein wenig müder. ›Worum geht's diesmal‹, fragte ich, weil er so aussah, als wollte er, daß ich ihn etwas fragte. ›Einfach noch 'n Buch‹, sagte er. Ich habe mich wohl getäuscht, und er wollte gar nicht, daß ich ihn etwas fragte.«

Ebenso wie die Bücher in dieser Bibliothek einzig vom Bibliothekar ihrem Vergessen entrissen werden, hatte Brautigan in den letzten Jahren seines Lebens nur eine kleine treue Fangemeinde, während seine Bücher bei der Kritik wie dem großen Publikum durchfielen. Auch ohne die Einstellung der Zeitschaltuhren vor seinem Tod hätte ihn wohl so schnell niemand vermisst, erst ein von seiner Tochter Ianthe Brautigan beauftragter Detektiv fand seine Leiche am 25. Oktober 1984.

Richard Brautigan hätte sich wahrscheinlich gut mit Kurt Cobain verstanden, schreibt Ianthe in dem Buch über ihren Vater. Nicht nur hätten sie sich über das Aufwachsen in der Washingtoner Provinz unterhalten können, auch teilten sie eine Faszination für Waffen und das Problem, ohne es zu wollen, zum Sprecher einer ganzen Generation ernannt worden zu sein. *Forellenfischen in Amerika*, durch das Brautigan für eine Weile diese Rolle auferlegt wurde, war sein zweiter Roman, wobei die Bezeichnung »Roman« die Aneinanderreihung skurriler Episoden nicht wirklich trifft. Beim Wiederlesen wundert man sich, warum gerade dieses Buch millionenfach verkauft und zur Standardlektüre amerikanischer Hippies geworden ist, da es weder als politisches Statement noch als Aussteigergeschichte wirklich funktioniert. Zwar schrieb die *FAZ*, dass keiner »den Ausverkauf der Natur, den Sündenfall der Industriegesellschaft so realistisch und phantastisch, so sentimental und gleichermaßen humorvoll beklagt wie Brautigan«, doch klingt diese Anklage dann unter Umständen wie in jener Episode, in der der Erzähler auf dem Speicher einer alten Frau das »Forellentagebuch des Alonso Hagen« findet, das die auf dem Heimweg verlorenen Forellen jenes Alonso über Jahre hinweg dokumentiert: »Alonso Hagen war 160mal fischen gegangen und hat dabei 2231 Forellen bei einem Siebenjahresdurchschnitt von 13,9 verlorenen Forellen auf jedem Fischzug verloren.« Das klingt anders als etwa Jerry Rubins *Do it!*-Yippie-Manifest oder Kerouacs *On the Road*. Und doch ist es typisch für den Schreibstil Brautigans, dessen Prosa durchzogen ist von solch seltsamen Alltagsepisoden. Vielleicht ist es das Leben in und mit der Natur gewesen, das Forellenfischen, das ihn für die Hippies attraktiv erscheinen ließ. Unter der Oberfläche jedoch, jenseits der Natur, lauert eine Melancholie und Traurigkeit gepaart mit einer Reflexion über den Tod, die so gar nicht zur Hippieästhetik passen will. In seinem letzten Roman *Ende einer Kindheit* erschießt der zwölfjährige Erzähler aus Versehen seinen Freund David, weil er ihn für einen Fasan hält. Nur weil er sich an jenem Tag statt einem Hamburger Patronen gekauft hat, drehen sich seine Gedanken auch 31 Jahre nach dem Ereignis noch immer noch um diesen Film in seinem Kopf, den er »Hamburger-Friedhof« genannt hat: »Ich habe ein riesiges Filmstudio in meinem Kopf, in dem ich seit dem 17. Februar 1948 an diesem Film arbeite.« Die gleiche permanente Anwesenheit der Möglichkeit des Todes mussten auch Brautigans Angehörige im wirklichen Leben verkraften. »Wenn du nicht da wärst, hätte ich mich gestern Nacht umgebracht, aber ich wollte nicht, daß du mich findest«, erzählte er seiner vierzehnjährigen Tochter eines Morgens.

Aber Brautigans Werk auf eine Reflexion seiner Selbstmordgedanken zu reduzieren, verfehlt es kolossal. Zwar schaut der Tod immer wieder zwischen den Zeilen hervor, dennoch ist sein Werk bestimmt von einer poetischen Kraft, von einer produktiven inneren Unruhe und einer Sehnsucht nach einem Leben jenseits der Normen. Roman für Roman erschuf er eine eigene Welt, die nichts mehr mit der Realität zu tun hatte, aber keinen Zweifel daran ließ, dass es nicht um reinen Eskapismus, sondern eine Kritik an bestehenden Verhältnissen ging, die ihn trotz aller Fluchtmöglichkeiten, die San Francisco in den 1960ern zu bieten hatte, unzufrieden zurückließ. Am konsequentesten hat Brautigan in seinem dritten Roman *In Wassermelonen Zucker* eine Welt jenseits der Realität ausgearbeitet. Die ersten Sätze lauten: »In Wassermelonen Zucker ereignen sich die Taten und Dinge immer und immer wieder, so wie sich mein Leben in Wassermelonen Zucker ereignet. Ich erzähle Ihnen davon, weil ich hier bin und Sie weit fort sind.« Damit ist eigentlich alles über Brautigans Schreibimpuls gesagt. Er könne eben nun mal nichts anderes als Schreiben, hat er mal irgendwo zu Protokoll gegeben.

In den 1970ern verfasste er neben weiteren Gedichtbänden hauptsächlich Genreparodien, einen Hard-Boiled-Krimi (*Träume von Babylon*), einen Western (*Das Hawkline-Monster*) und einen japanischen Roman

(*Sombrero vom Himmel*). Wie diese drei Bücher fiel auch sein perverser Kriminalroman *Willard und seine Bowlingtrophäen* beim Publikum durch, da diese Formexperimente überhaupt nicht mehr der erwarteten naturverbundenen Hippie-Prosa entsprach, die von ihm erwartet wurde, sondern sich seine Literatur irgendwo zwischen Western, Porno und Science-Fiction einpendelte. Im erwähnten Krimi etwa nehmen die Sex-Fesselspielchen und die Geschlechtskrankheiten der Protagonisten einen großen Raum ein, während *Sombrero vom Himmel* in einem Blutbad endet. Nachdem er mit *Der Tokio-Montana-Express* von 1980 und *Ende einer Kindheit* von 1982 zumindest in den Feuilletons wieder an seine Erfolge der 60er anknüpfen konnte, erschoss er sich. Vielleicht hatte er einfach keine Lust mehr irgendwem irgendetwas beweisen zu müssen, vielleicht hatte er aber auch einfach das Gefühl, alles Wichtige gesagt zu haben. Irgendwo hat er mal geschrieben: »Wenn die Wörter zu Ende sind, ist immer jemand tot.«

Magie auf dem Rastplatz
Julio Cortázar und Carol Dunlop

»Wir widmen diese Expedition allen Bekloppten dieser Welt und insbesondere jenem englischen Gentleman, der im 18. Jahrhundert die Strecke London–Edinburgh rückwärts gehend zurücklegte und dabei Wiedertäuferhymnen sang.« – Im Mai 1982 fuhren Julio Cortázar und seine Ehefrau Carol Dunlop mit einem VW-Bus, den sie Fafnir getauft hatten, von Paris nach Marseille. Eine Abenteuerreise zweier forschender Schriftsteller auf der Autobahn im Angesicht des Todes. Am Ende des Jahres starb Dunlop an einer langjährigen Krebserkrankung, Cortázar ein Jahr später; eine Dunkelheit, die langsam heraufzog: »Während draußen das Wetter unverändert schön blieb, zog sich im Haus ganz langsam der Gewittersturm zusammen. Gegenstände, die uns bislang freundlich gesinnt waren, begannen sich nach und nach unseren geringsten alltäglichen Gesten zu widersetzen.« Nach den Gegenständen widersetzten sich auch die Körper: »Zwei Tage später bemächtigten sich die dunklen Kräfte des Bärchens, und tage- und nächtelang schien es, als würden sie das Spiel gewinnen. Doch die Dämonen wußten nicht, daß Bärchen selbst in der Dunkelheit noch das Licht einfangen und im Notfall sogar seine Intensität zu verdoppeln wissen, vor allem wenn der Wolf sie aus dem Schatten einer unüberschreitbaren Grenze auf die gute Seite hinüberzieht.« Auf dieser guten Seite lag auch die Autobahn von Paris nach Marseille, auf die sich das Bärchen, Carol Dunlop, und der Wolf, Julio Cortázar, in Begleitung ihres Drachen Fafnir am 23. Mai 1983 um 14:47 begaben und die sie erst am 23. Juni um 10:38 wieder verließen. Ihr Leben wurde für einen Monat zu einem wissenschaftlich-literarischen Experiment in der Tradition des Surrealismus. Die Autobahn verwandelte sich in »Parkingland«, einen weißen Fleck auf der Landkarte, den die zwei gut ausgerüsteten Forschungsreisenden durch ihre Beobachtungen mit Farbe füllen wollten. In Paris wurden zunächst Regeln festgelegt: »1. Die Strecke Paris –

Marseille zurücklegen, ohne ein einziges Mal die Autobahn zu verlassen. 2. Alle Rastplätze erforschen, und zwar jeweils zwei pro Tag, wobei auf dem zweiten immer und ohne Ausnahme die Nacht zu verbringen ist. 3. Auf jedem Rastplatz wissenschaftliche Erhebungen durchführen und die entsprechenden Beobachtungen aufzeichnen. 4. In Anlehnung an die Reiseberichte der großen Forscher der Vergangenheit ein Buch über die Expedition schreiben.«

Aus der Expedition entstand 1983 tatsächlich ein Buch, das Vermächtnis und die letzte Veröffentlichung des 1914 in Brüssel geborenen argentinischen Schriftstellers: *Die Autonauten auf der Kosmobahn. Eine zeitlose Reise Paris – Marseille.* Ein wilder Mix aus Tagebuch, Erzählungen, Zeichnungen, Bordbuch, Krimi, Fotos und Reflexionen über dies und das – was Cortázar und Dunlop eben auf der Autobahn begegnete. Ein intermediales Spiel zur Erkundung neuer Wahrnehmungsräume und der Annäherung von Kunst und Leben.

Freunde besuchten die beiden auf der Autobahn und versorgten das Paar mit frischen Lebensmitteln, ebenso tauchten aber auch die literarischen Gestalten Calac und Polanco auf den Rastplätzen auf, Fiktion und Realität überschnitten sich zunehmend. Calac und Polanco mäanderten schon lange durch das literarische Werk Cortázars, in *Die Autonauten auf der Kosmobahn* übernahmen sie die Rolle der besserwisserischen, philosophierenden und unerwünschten Besucher. Ein solches Verwirrspiel mit den Lesern um Realität und Fiktion war typisch für das Werk Cortázars, der seit seinen ersten Veröffentlichungen in den späten 1940ern versuchte, die Grenzen zwischen Fiktion und Realität, Literatur und Leser aufzulösen. Etwa mit seinem 1963 veröffentlichten Hauptwerk *Rayuela – Himmel und Hölle*, dessen Lektüre wie das im deutschen Untertitel genannte Kinderspiel funktioniert: ein Springen zwischen den Seiten, vor und zurück im Buch – wenn man sich als Leser denn darauf einlassen will.

In der Tradition des Magischen Realismus, einer dem Surrealismus nahestehenden Kunstströmung, sah Cortázar sein Schreiben und bei kaum einem anderen Buch ist diese Umschreibung besser geeignet als bei den *Autonauten*. Die beiden Forscher dringen in das unbekannte Parkingland ein, beschreiben die Eigenschaften der Flora und Fauna, geographische Besonderheiten, die Eigenheiten der Einwohner, abgerundet durch Fotos – Beweise der Realität der Reise, der Rastplätze, des Campingbusdrachen Fafnir. Doch gerade Fotos zeichnen sich im Werk Cortázars eher durch das Gegenteil einer solchen Zeugenschaft aus. Cortázars Erzählung »Der Teufelsgeifer« etwa nutzte Michelangelo Antonioni als literarische Vorlage für seinen Film *Blow-up*, in dem es gerade Fotos sind, die mehr und mehr Fragen an das Verhältnis von Wirklichkeit, Wahrnehmung, Imagination und Halluzination stellen. Magischer Realismus eben, wobei offen bleibt, ob die Magie in die Realität eindringt, oder die Realität in die Magie.

In das Spiel mit Realität und Fiktion im *Autonauten*-Buch dringt jedoch plötzlich eine ganz konkrete Realität ein: »Das einzige Problem ist, daß die Ameisen wie die Nazis nie allein auftreten, sondern in überwältigenden Massen, und der Zauber des Individuellen löst sich im Horror der tumben Masse auf.« Sind es hier noch Ameisen-Nazis, die den Bus angreifen, so kommen Cortázar und Dunlop beim Anblick des begrenzenden Stacheldrahtzaunes eines Rastplatzes plötzlich noch weitergehende Assoziationen: »Parkingland ist schön; es gehört uns, wir sind hier frei und wir lieben es. Aber seine Grenze ist der Spiegel anderer Grenzen, die durch die Geschichte zu etwas Grauenvollem gemacht wurden; es ist, als sähe man das Bild von Treblinka, von Auschwitz.« Im Zaun, der das Spielfeld Parkingland umgibt, spiegeln sich andere Grenzen; unvermittelt wird das Spiel der beiden unterbrochen und auf Realitäten jenseits des Experiments verwiesen. Einerseits drängt sich sofort die Frage der Angemessenheit eines solchen Vergleiches auf, gleichzeitig wollten Cortázar und Dunlop vermutlich die entgegengesetzte Frage stellen: die Frage nach der Angemessenheit solcher verspielter Literaturexperimente angesichts einer Realität wie Treblinka. »Man darf die Gesellschaft nie unterschätzen, wie sehr man sie auch verachten mag«, heißt es an anderer Stelle im Buch. Cortázar und Dunlop hatten sich im Zweifel immer für die Politik und gegen die Literatur entschieden, Cortázar unterstützte Menschenrechts- und Alphabetisierungskampagnen in Südamerika, die kubanische Revolution und die Sandinistas in Nicaragua. Im Nachwort zu den *Autonauten* führte er aus: »Kaum war unsere Expedition zu Ende, kehrten wir in unser militantes Leben zurück und reisten einmal mehr nach Nicaragua, wo es so viel zu tun gab und gibt.«

Doch trotz aller Militanz auf der einen und Verspieltheit auf der anderen Seite ist *Die Autonauten auf der Kosmobahn* vor allem ein melancholisches

Buch über eine große Liebe und die Unfassbarkeit des Todes. Die Zärtlichkeit, mit der sich das Bärchen und der Wolf gegenseitig beschreiben, insbesondere im Kontrast zur Traurigkeit des Nachwortes, das Cortázar allein auf der Welt zurückgelassen verfassen musste, lassen den Schmerz erahnen, der die beiden auf ihrer Reise begleitet hat. Mit diesem Wissen um die Krebserkrankungen der beiden liest sich das Buch wie ihr Versuch, das Wissen um den Tod in Paris zurückzulassen und im Niemandsland der Autobahn, einem Raum, der nicht als Lebensraum sondern rein funktional gedacht ist, einen Ort zu finden, der Tod und Krankheit nicht kennt, sondern nur das Spiel, die Zweisamkeit und die Liebe. Diese Hoffnung wird von Carol Dunlop formuliert: »So groß die Dunkelheit auch sein mag, es gibt keine Finsternis, die mich zur Umkehr zwingen könnte. Wir werden die Autobahn nicht verlassen, Geliebter, weder in Marseille noch sonstwo. Es gibt keinen anderen Rückweg als die Spirale.« Dass es immer auch ein Jenseits der Autobahnen gibt, den Zwang zur Rückkehr in die Realität, zeigen jedoch die Stacheldrahtzäume. Cortázar schloss sein Nachwort mit einem Ende und einem Weiter: »Ich weiß wohl, Bärchen, daß du dasselbe getan hättest, wenn ich vor dir hätte gehen müssen, und daß deine Hand zusammen mit meiner diese letzten Worte schreibt, in denen der Schmerz nicht stärker ist als das Leben, das du mich leben gelehrt hast, wie wir es vielleicht bei diesem Abenteuer zeigen konnten, das hier ein Ende findet, aber dennoch weitergeht, in unserem Drachen weitergeht, für immer auf unserer Autobahn weitergeht.«

»Verdichtet und klar wie Punksongs« Dennis Cooper

»Ich bin nicht der Sprecher der Gay Community, ich bin ein Mensch, ein menschliches Wesen. Ich bin ein Künstler, ich erzähle Geschichten«, hat Bob Mould, Sänger und Gitarrist von Hüsker Dü, Dennis Cooper in einem Interview erklärt. Diese Sichtweise gilt auch für den 1953 in Kalifornien geborenen Cooper selbst, der sich ebenfalls nie zu einem Sprecher irgendeiner Gruppe berufen gefühlt hat. Anders als Bob Mould, dessen Songtexte weniger von offenem homosexuellem Begehren als zurückhaltenden Andeutungen geprägt waren und der sich erst spät geoutet hat, aus Angst vor den Reaktionen der in Teilen homophoben Punkszene, ist Cooper von Beginn an offensiv mit seiner Homosexualität umgegangen. Die Art und Weise jedoch, in der er sie in Kunst übersetzt hat, sorgte immer wieder für Kontroversen. Seine Romane sind geprägt von drastischer Sexualität, Gewaltphantasien, Drogen und Obsessionen, mit denen die meist jugendlichen, männlichen Protagonisten sich auseinandersetzen müssen. *Dreier* etwa, ein 1994 erschienener Roman voller Anspielungen auf Hüsker-Dü-Songs, erzählt zwei Tage aus dem Leben des Jugendlichen Ziggy, Adoptivsohn zweier sexuell übergriffiger schwuler Väter, der sich in eine Welt zwischen Punk, Drogen und dem Verfassen eines Fanzines über sexuellen Missbrauch rettet.

Dreier ist Teil eines fünfbändigen Romanzyklus, der Cooper berühmt gemacht hat: die in 17 Sprachen übersetzte Romanreihe *George Miles*. Ausgangspunkt der Bücher war der Selbstmord eines Liebhabers von Cooper, jenem George Miles, mit dem er bereits seit seiner Jugend befreundet war. Eine bipolare Störung, unter der Miles litt, führte die Beziehung der beiden in zahlreiche Abgründe, und eben solche Abgründe stehen im Mittelpunkt der fünf Romane, die trotz der Inspiration aus der realen Welt und Protagonisten mit dem Namen Dennis nicht als reine Autobiographie gelesen werden können. *Sprung*, der zweite Band der Reihe, hat dabei wohl die meisten Kontroversen ausgelöst. Cooper erzählt darin die Adoleszenz seines Protagonisten Dennis, der als Jugendlicher eine sexuelle Obsession für eine Reihe von pornografischen Fotografien entwickelt, die einen vergewaltigten und ermordeten jungen Mann zeigen, eine Obsession, die ihn dazu treibt, eigene sexuelle Gewaltphantasien zu entwerfen, die er in Briefen aus den Niederlanden, wohin er schließlich – wie auch Cooper selbst in dieser Zeit – auswandert, Freunden schildert und die große Teile des Buches einnehmen. Trotz dieser Drastik gibt es wohl kaum einen Roman, der intensiver die Einsamkeit des Menschen in Worte gefasst hat. Die jungen Protagonisten bei Cooper tun sich schwer, sich zu artikulieren, ihre Gefühle entladen sich oft in Gewalt – reale wie herbeifantasierte –, ihre Sprache ist reduziert auf ein Murmeln und Stottern, ein Sprechen in Zitaten und abgebrochenen Sätzen. Als »verdichtet und klar wie Punksongs« hat Clemens Setz die Romane Coopers einmal treffend beschrieben, und unter noch einem anderen Aspekt sind die Bücher geprägt von der Skepsis des Punk: Sexualität wird bei Cooper anders als bei der Hippie-Generation nicht mehr als Akt der Befreiung verstanden, sondern als Ort der Gewalt, der Machtverhältnisse und der Verwundbarkeit.

Ins Deutsche waren lange Zeit lediglich die fünf Romane des *George Miles*-Zyklus übersetzt, die bereits seit vielen Jahren vergriffen sind, ins Gespräch geriet Cooper allerdings auch hierzulande noch einmal kurzzeitig im Sommer 2016, als sein über zehn Jahre gewachsener Blog *DC's* ohne Vorwarnung von *Google* vollständig gelöscht wurde und alle Daten – online veröffentlichte Romane, Gastbeiträge, Fotos etc. – auch dem Urheber nicht ausgehändigt wurden. Nach einem langen Rechtsstreit hat Cooper die Daten zurückerhalten. *DC's* war wegen angeblichem kinderpornografischen Material gemeldet worden, wie Cooper schließlich erfuhr und was er scharf zurückwies; er vermutet, dass vielen die Drastik seiner Literatur und die offene Schilderung von Sexualität jugendlicher homosexueller Protagonisten aufgestoßen ist.

Wenige Jahre vor dieser Kontroverse hat sich Cooper bereits literarisch mit der Frage auseinandergesetzt, was die virtuelle Welt erinnert, wenn ein Mensch aus der realen Welt verschwindet. Während es für die Daten von Coopers Blog lange Zeit so aussah, als seien sie tatsächlich ohne Spuren zu hinterlassen aus der Welt verschwunden, findet der Protagonist des Romans *God Jr.* in der virtuellen Welt Spuren seines Sohnes, der ums Leben gekommen ist. *God Jr.* Behandelt ähnliche Themen wie die meisten anderen Werke Coopers: der Roman ist eine ergreifende Studie über Tod und Verlust, über Einsamkeit und Trauer. Und über hilflose Strategien, diesem Zustand zu entkommen, sei es durch Drogen oder Welthass. Die sonst bei Cooper so omnipräsente Sexualität stellt in *God Jr.* noch nicht einmal mehr eine Fluchtmöglichkeit dar, wenn die Protagonisten mal einen Gedanken an sie verschwenden, so meist nur um zu konstatieren, dass sie keinen Sex haben, haben wollen oder haben können.

Tommy, der jugendliche Sohn von Jim und Bette, ist bei einem Autounfall gestorben, Jim seitdem von den Beinen abwärts gelähmt. »Ich war zwischen einigen Wrackteilen eingequetscht. Tommy flog durch die Windschutzscheibe. Ich bin so oft an dieser Stelle vorbeigefahren, dass er beinahe ausgelöscht worden ist. Bald wird sein Tod der Bilder entbehren oder auch des größeren Teils einer Geschichte.« Jim war der Fahrer des Wagens, er fühlt sich schuldig und kompensiert diese Schuld damit, dass er auf seinem Grundstück ein riesiges Denkmal bauen lässt, ein Monument, dessen Entwurf er in Skizzen seines Sohnes gefunden hat. Als er realisiert, dass das Bauwerk nicht der Phantasie seines Sohnes, sondern einem Nintendo-Videospiel entstammt, weswegen er schließlich auch von dem Konzern wegen Diebstahl geistigen Eigentums verklagt wird, verliert er sich im Drogenrausch in den virtuellen Welten des Spiels und begibt sich in der Rolle eines Bären, den auch Tommy als Character benutzt hatte, auf die Suche nach Spuren seines Sohnes. Erst hier, nach dem Tod des Sohnes und jenseits der Realität, fühlt er eine Verbundenheit mit seinem Sohn, die er zu Lebzeiten seines Kindes nicht zu spüren bekam. In den Diskussionen mit anderen Figuren im Spiel entdeckt er einen Weg, sich dem Tod des Sohnes zu stellen, und erst mit dem Tod seines Characters und dem Restart des Spieles findet er zumindest vorerst in sein Leben zurück: »Sagen wir, ich habe gerade die Welt ausradiert und meine dabei nicht zerstört. Sagen wir, als Tommy in jener Nacht starb, hinterließ er ein Geschenk, wie klein auch immer. Sagen wir, er gab mir die Kraft, die Nacht, in der ich ihn getötet und das Spiel durch Missgeschick verloren habe, auszulöschen.«

Auf dem Weg zu dieser Erkenntnis muss der Bär, der innerhalb der Welt des Spiels als eine Art Gott missdeutet wird, zahlreiche andere Figuren des aus dem Weg räumen, bevor er auf einen blutrünstigen Schneemann trifft. So schleicht sich die Gewalt unbemerkt wieder in den Roman ein, eine Gewalt, die sich in erster Linie in der virtuellen Welt entlädt, aber auch hier symbolisch steht für die Einsamkeit und Verlorenheit der Menschen, von denen Cooper erzählt. In *God Jr.* variiert er dieses Thema, indem er es in eine heterosexuelle Welt verlegt, die Abgründe, die sich für seine Protagonisten durch die Gesellschaft, in der sie Leben müssen auftun, sind überall die gleichen. Der Gewalt und dem Druck begegnet Cooper mit seinen von Gewalt und Sex durchsetzten Texten. Dass sich diese Gesellschaft davon provoziert fühlt, ist durchaus Teil des Konzepts. »Hör zu, wenn die Leute es nicht mögen, sollen sie mich am Arsch lecken. Sollen sie doch in der Hölle schmoren«, erklärt Bob Mould in dem bereits zitierten Interview über seine Musik. Und wiederum gilt dies auch für die Literatur von Dennis Cooper.

»Vielleicht wenn du älter bist« Bill Watterson und Calvin & Hobbes

»Was weißt du über die Liebe, Hobbes?«, fragt der sechsjährige Calvin seinen Tigerfreund beim Spaziergang im Wald. Doch Hobbes will sein Wissen nicht teilen. »Vielleicht wenn du älter bist«, tröstet er Calvin. Die gesamte Tragik und die Melancholie, die *Calvin und Hobbes* durchzieht, ist in diesem Comic-Strip gebündelt. Tragik, denn Calvin wird niemals die Erfahrungen des Tigers teilen, er wird in der Laufzeit des Comics von 1985 bis 1995 nicht älter werden, immer gefangen bleiben im Körper des sechsjährigen Kindes, dem zentrale Aspekte des Wissens um die Welt – und die Liebe – vorenthalten bleiben. So wird er seiner Klassenkameradin Susi Derkins niemals seine Liebe gestehen können, weil er nicht erkennt, dass es dieses Gefühl ist, das ihn antreibt, ihr stets aufs Neue einen Streich zu spielen. Und Melancholie, weil der Leser weiß, dass Calvin in der realen Welt nicht für immer Kind bleiben würde, nicht ewig dem Diktat der Erwachsenenwelt widerstehen und die Grenzen seiner Welt mit Hilfe des Tigers Hobbes selbst definieren und erweitern könnte.

Das hat auch der Zeichner Bill Watterson erkannt und die Serie nach zehn Jahren, auf dem Höhepunkt ihres Erfolges, eingestellt. Die Grundkonstellation von *Calvin und Hobbes* um den sechsjährigen Calvin und seinen Stofftiger Hobbes, der immer dann zum Leben erwacht, wenn die beiden unbeobachtet sind, bietet ein tiefgründiges Bild einer weder verklärten noch dämonisierten Kindheit, mit all ihren Kämpfen und Frustrationen, Glücksmomenten und Utopien. Schnell wird deutlich, dass die Kindheit Calvins einem Kampf gegen die Phantasielosigkeit der Erwachsenen gleicht. Die Eltern, Lehrer und anderen Erwachsenen betrachten das Abdriften Calvins in Phantasiewelten mit Misstrauen, das in Calvins Wahrnehmung einer Verschwörung der Erwachsenen gegen die Kindheit gleicht. »Ich glaube, der Rektor ist ein außerirdischer Spion. Er versucht, unseren kindlich-unschuldigen Geist zu beeinflussen, damit wir keinen

Widerstand leisten können, wenn seine Leute die Erde erobern!«, ist sich Calvin sicher. Und womöglich ist der Rektor tatsächlich ein außerirdischer Spion, die Grenzen zwischen Realität und Phantasie jedenfalls sind fließend, Calvin kann zum Raumfaherer oder Superhelden, zum Detektiv oder Dinosaurier werden, in der Zeit reisen, sich in eine Fliege verwandeln und natürlich, am wichtigsten, mit seinem Stofftiger Hobbes kommunizieren. Dies sind die Glücksmomente des Comics, aus dem Ablösen von den Zwängen der Realität schöpft Calvin die Kraft, jeden Morgen aufs neue aufzustehen, in der Schule von Lehrern und Mitschülern gequält und von den Abgründen des Alltags nicht aufgefressen zu werden. »Leute, die mit Wehmut an die Kindheit denken, sind offensichtlich nie Kinder gewesen«, denkt Calvin, nachdem er von seinem Mitschüler Moe mit dem Gesicht in den Dreck gestoßen wurde. Der schlimmste Alptraum ist der Alltag, das Bekannte, das aufreibende immer Gleiche. Calvin durchbricht mit Hilfe von Hobbes dieses ewige Warten auf das Ende der Unfreiheit in der Kindheit, die Zwänge des Zubettgehens, Badens und der Schule und wird doch immer wieder zurückgeworfen auf den Nullpunkt: der Traum vieler Erwachsener, nicht älter zu werden (oder wieder in die Kindheit zurückversetzt zu werden) wird zum Alptraum eines Kindes. Aber natürlich ist Calvin nicht einfach ein Kind, er ist, wie seine Geistesverwandten aus dem Kosmos der *Peanuts*, ein Erwachsener in Kindergestalt, und doch bleibt er mehr Kind, als die Peanuts es sein können. Die imaginären Reisen und Möglichkeiten zur Flucht aus der Realität sind bei den *Peanuts* Snoopy vorbehalten, Calvin ist dagegen beides: ein Kind mit den Reflexionsvermögen eines Erwachsenen und ein Erwachsener mit der Phantasie eines Kindes. »Bei *Calvin und Hobbes* habe ich meine Kindheit verwendet – zum Teil eins zu eins, zum Teil natürlich wild fabulierend und zum Teil als Metapher für meine späteren Jahre als junger Erwachsener –, um über mein Leben und die Dinge zu reden, die mich interessiert haben«, schreibt Bill Watterson, der Schöpfer der Reihe. Diese Interessen sind selten explizit politisch, Umweltverschmutzung und der Kalte Krieg kommen am Rande vor, Karl Marx wird herbeizitiert, dann aber nicht weiter vertieft. Politisch und daher in linken Kulturzentren, Philosophiefachschaften und auf Demo-Flyern so beliebt, sind die Strips dennoch: im Aufscheinen einer besseren Welt jenseits der beengenden Realität. Und im Scheitern dieser Utopie. Calvin und Hobbes versuchen diese bessere

Welt jeden Tag aufs neue zu erträumen, und werden jeden Tag mit der Realität konfrontiert, die sie aus ihren Tagträumen und Weltraumabenteuern reißt.

Bill Watterson hat sich stets geweigert, seine Figuren jenseits der Strips auftauchen zu lassen, es existieren weder T-Shirts noch Tassen, keine Unterhosen oder Puppen von Calvin und Hobbes. Watterson verzichtete auf Millionen, weil, wie er schreibt, solche Produkte »nicht zum Geist oder der Botschaft meiner Strips« passten. In der Überführung der Figuren in die Realität würde die Brüchigkeit und Ambivalenz, die im Scheitern der Utopie und dem stets neu belebten Glauben daran steckt, verloren gehen. Weniger bekannt ist, dass Watterson mit seinem Strip auch selbst gegen Zwänge und Vorgaben des Zeitungscomics kämpfte, und dabei kleine und große Siege errang, die wiederum ästhetisch den Strips zugute kamen. Will ein Zeichner Comics an Tageszeitungen verkaufen, so ist er gezwungen, sich den ökonomischen Zwängen der Zeitungen anzupassen, die weit in die künstlerischen Freiheiten eingreifen. Die bunten Sonntagsstrips etwa haben, so lautet die Vorgabe, aus drei Panelreihen zu bestehen, deren erste keinen Bezug zur eigentlichen Geschichte haben darf, damit die Zeitung sie, etwa im Falle einer Werbeanzeige, für die der Platz benötigt wird, wegkürzen kann. Watterson setzte durch, dass seine Strips nur in Gänze abgedruckt werden dürfen. Er schreibt dazu: »Im Grunde wollte ich einfach nur Panels zeichnen, die der Geschichte und den Zeichnungen gerecht wurden, anstatt alles in vorgefertigte Kästchen zu zwängen, die von den Zeitungsredakteuren nach Belieben weggelassen, verkleinert oder umarrangiert werden konnten.« Was hier so lapidar klingt, lässt sich in der Auflösung von Panelgrenzen, dem Aufbrechen starrer Schemata und einem sich aus den Freiheiten ergebenden völlig neuen Erzählen im Zeitungscomic nachvollziehen. Auch wenn einige Zeitungen den Strip nach diesen Forderungen Wattersons kündigten, ergab sich gerade aus dieser Freiheit sein lang anhaltender Erfolg; 1995 druckten weit über 2.000 Zeitungen weltweit den Strip.

Obwohl der Protagonist des Strips nach dem Schöpfer der Calvinistischen Prädestinationslehre benannt ist, nach der durch Gottes Allmacht alles vorherbestimmt ist, gibt es also Freiheiten, die sich erkämpfen lassen. Calvin ist sich seiner Namensvetters im Übrigen bewusst, bezeichnet sich jedoch eher als einen Fatalisten, während Hobbes nicht des Menschen

Wolf (oder Tiger) ist, vielmehr der vernünftige Part der Zweierbeziehung, jedoch immer mal wieder mit dem Verspeisen von Calvins Widersachern liebäugelt.

Im Aussparen von Tagespolitik und dem Betonen des Magischen wie Tragischen von Kindheit ähnelt *Calvin und Hobbes* am ehesten wohl *Pu der Bär* von A.A. Milne. Das Eigenleben der Stofftiere des Kindes Christopher-Robin im Wald – auch bei *Calvin und Hobbes* der Ort, an dem die beiden, frei von der Welt der Erwachsenen, die größte Freiheit erleben und tiefschürfende philosophischen Gespräche führen – wird nicht in Frage gestellt und bleibt das Geheimnis, das Milne mit dem Leser teilt. Watterson teilt mit seinen Lesern das Geheimnis der magischen Verwandlung von Hobbes in einen sprechenden Tiger, des Klassenraums in den Weltraum und der Badewanne in den Ozean, Verwandlungen, die den erwachsenen Protagonisten im Comic zu erkennen nicht möglich sind. Im Lesen von *Calvin und Hobbes* scheint für kurze Momente das Glück auf, das Kindheit hätte sein können, wenn das Scheitern des Glücks nicht schon an der nächsten Ecke, dem nächsten Pausenhof und dem Badezwang gewartet hätte.

»I'm a working class musician« Jeffrey Lewis

»I might not be in magazines as a heartthrob face, but in a few devoted hearts I've found a strong fan base«, singt Jeffrey Lewis im Song »Cult Boyfriend« von seinem Album *A Turn in the Dream-Song*. 2011 erschien das Album, einige Platten und Touren später hat sich an dieser Realität nicht viel geändert, obwohl Jarvis Cocker den Singer/Songwriter zwischenzeitlich als den besten Songtexter Amerikas bezeichnet hat. Dank solcher ihm ergebener Herzen kann Lewis seit einigen Jahren immerhin von seiner Musik leben, seine Alben erscheinen abwechselnd – wie in seinen Anfangstagen – in Eigenregie und beim Londoner Label *Rough Trade*. Ende der Neunziger hatte der 1975 geborene New Yorker Musiker inspiriert von der Antifolk-Szene der Stadt begonnen, eigene Songs zu schreiben, wie auch auf dem Debüt der Moldy Peaches hört man auf den frühen Aufnahmen von Jeffrey Lewis Busse im Hintergrund vorbeifahren, Lachen und Patzer. Perfektion ist nicht das Ideal dieser an Folktraditionen anknüpfenden Antifolk-Bewegung, die dem Folk allerdings mit Humor und dem Punk-Gestus des Do it Yourself begegnet ist. Und eigentlich war Jeffrey Lewis bei den legendären Open-Mic-Sessions im *Sidewalk Café* ohnehin nur als Sänger aufgetreten, um die Bühne als Plattform zu nutzen, seine am amerikanischen Underground geschulten Comics zu promoten. Seine Freunde Adam Green und Kimya Dawson von den Moldy Peaches empfahlen ihn ohne sein Wissen an *Rough Trade*, wo er prompt unter Vertrag genommen wurde – der sympathische Schrammelsound der Moldy Peaches, Jeffrey Lewis und anderen schien in seiner »offen dargebotenen Verletzlichkeit«, so Martin Büsser in seinem Buch über Antifolk, nach dem 11. September die Weltlage am unmittelbarsten zu erfassen. Ihre Songs thematisierten Ratlosigkeit, Traurigkeit und Entfremdung, verwiesen sensibel auf die politische Dimension ihres Alltags und setzten dagegen ein zwischenmenschliches Interesse: die Moldy Peaches haben nach ihren Shows das Publikum umarmt, Jeffrey Lewis hat gesungen: »What's important is whether you can carry on a human conversation.« Was sie dabei jedoch von der Naivität der Hippies unterschieden hat, war das Wissen, dass deren Utopien gescheitert sind, weswegen in ihrem eigenen Folk-Entwurf die provokative Ironie von Punk und eine Abwehr gegenüber der Hippie-Idee von Natürlichkeit und Authentizität enthalten waren. »My mouth is a liar«, hat in diesem Sinne Adam Green auf seinem Solo-Debüt von 2002 gesungen.

Diese Form der Reflexion über das Verhältnis von Innerlichkeit, Authentizität und Inszenierung zeichnet auch Jeffrey Lewis aus. Begleitet von einer zunehmend weniger verstimmten Akustikgitarre und gelegentlichen Punkausbrüchen singt Lewis auf den mittlerweile im Studio und mit Band aufgenommenen Alben ohne Pathos und Selbststilisierung von seinem eigenen Leben, von sexuellen Misserfolgen und Liebeskummer, Selbstzweifeln und Selbstausbeutung, ökonomischen Problemen und Zwängen, und von der Angst, durch das soziale Netz zu fallen. »I'm in it for the money, is that funny? I'm a working class musician with no funding in my country«, heißt es im Song »Support Tour« vom Album *Manhattan* (2015). Neben dieser Fokussierung auf die eigene Künstlerexistenz mit allen Ängsten und Widersprüchen bei maximaler Offenheit, ist Lewis immer auch traditionsbewusst. Seine Bezugspunkte sind weniger die klassischen Folk-Musiker von Joan Beaz bis Pete Seeger als vielmehr jene New Yorker Tradition, in der eine Boheme-Szene und linke Politik aufeinandertrafen, wie sie für Lewis am deutlichsten der Sänger und Poet Tuli Kupferberg verkörpert: »Tuli kam mir vor wie jemand, der sehr gut auf eins meiner eigenen Familientreffen passen würde – dieser alte Lower-East-Side-Typ, jüdischer Sozialist oder Anarchist, verschrobener Dichter«, erklärt Lewis diese für ihn prägende Boheme-Geisteshaltung in einem Interview. The Holy Modal Rounders, Velvet Underground, David Peel, Silver Apples, Patti Smith, Allen Ginsberg oder Richard Hell sind andere Bezugspunkte in Jeffrey Lewis' pophistorischem Koordinatensystem.

Kupferberg spielt darin jedoch eine besondere Rolle, weswegen Jeffrey Lewis dem 2010 verstorbenen Sänger mit einem Album ein Denkmal gesetzt hat. *Works by Tuli Kupferberg, interpreted (and/or misinterpreted) by Jeffrey Lewis & The Deposit Returners* lautet der vollständige Titel, die darauf enthaltenen 15 Songs sind von Kupferberg zwischen 1960 und

2010 geschrieben worden: Gedichte, Solo-Aufnahmen und Songs seiner Band The Fugs, der 1964 gegründeten »ersten Underground-Band«, wie der Musikjournalist Lester Bangs sie einmal genannt hat. Kupferberg, bei Gründung der Band schon über 40, der »älteste Rockstar der Welt«, wie er sich selbst bezeichnete, und der zweite Hauptsongschreiber Ed Sanders, entstammten der literarischen Beat-Szene, bevor sie sich als Musiker versuchten, die keinerlei Instrumente beherrschten. Sanders war Inhaber eines linken Buchladens und Herausgeber der Zeitschrift *Fuck You – A Magazine Of the Arts*, Kupferberg Aktivist bei der »Liga für sexuelle Freiheit« und Autor, der sogar in Allen Ginsbergs berühmtem Gedicht »Howl« mit einem Auftritt gewürdigt wurde. The Fugs seien »Beweis für eine moderne, intellektuelle, urbane Folk-Musikkultur«, so Jeffrey Lewis über die Band, deren Konzept eher an Punk denn an den Folk der Sechziger erinnert: »Wir selbst gaben einen Scheißdreck auf das Können, wir gingen nicht auf die Bühne, um große Kunst abzuliefern«, so Kupferberg; eine Form, die Antifolk-Musiker vierzig Jahre später dankbar aufgegriffen haben. Ebenso wie die konfrontativen, ironisch gebrochenen politischen Interventionen der Band: »I ain't ever gonna go to Vietnam, I prefer to stay at home and screw your mom«, heißt es da etwa im Song »Doing Alright«. Die Band bestand zunächst bis 1969 und veröffentlichte mehrere Alben in unterschiedlichen Besetzungen, 1984 taten sie sich wieder zusammen und nahmen weitere Alben auf, wieder um den Kern Ed Sanders und Tuli Kupferberg.

Zum Konzept der Band gehörte auch eine musikalische Aneignung der Cut-up-Methode von William S. Burroughs: Eigene und fremde Textfragmente wurden zusammengefügt, Werbeslogans mit Zitaten von Ezra Pound verknüpft, Folk- und Psychedelic-Elemente ebenso selbstverständlich aufgenommen wie Gospel oder jiddische Folklore. Kupferberg war 1923 in ein Jiddisch sprechendes Elternhaus geboren worden, die jüdische Kulturgeschichte spielt in den Texten der Fugs immer wieder eine Rolle, ebenso wie in den Songs von Jeffrey Lewis, diese »seltsame Mischung aus Pessimismus und Optimismus«, wie es Lewis beschreibt. Einer der »Hits« der Fugs, »Nothing« von ihrem Debütalbum, erfasst beispielsweise ironisch die Leere des Lebens und basiert dabei auf dem jiddischen Folksong »Bulbes«, der Vertonung eines alten jüdischen Witzes.

»Nothing« findet sich nicht unter den 15 Coverversionen, die Lewis zusammengestellt hat, unter anderem unter Mitwirkung von Peter Stampfel, der schon bei den Fugs Violine gespielt hatte. Kupferbergs berühmteste Songs, so Lewis, seien so perfekt, dass es schwierig gewesen wäre, diesen mit einer Neuinterpretation etwas hinzuzufügen. So hat er sich auf eher unbekannteres Material konzentriert, etwa den Beatles-Remake »I Want to Hold Your Foot« oder den unveröffentlichten frühen Fugs-Song »What Are You Going to Do After the Orgy?« Anfang der Nullerjahre waren die beiden Musiker sich begegnet, Kupferberg erkannte in Lewis Musik eine Weiterführung seiner ästhetischen Vorstellungen und kurz darauf nahmen die beiden gemeinsam Songs auf. Nachdem Kupferberg 2009 zwei Schlaganfälle erlitt und im Jahr darauf starb, hat Jeffrey Lewis Jahr für Jahr ein Erinnerungskonzert für Kupferberg organisiert, auf dem befreundete Musiker des Fugs-Gründers gemeinsam mit den Vertretern einer neuen linken New Yorker Boheme-Generation Songs und Gedichte von ihm aufführen. Aus dieser Konzertreihe entstand das Album, bereits das zweite Album von Jeffrey Lewis, das sich in Coversongs einem Künstler widmet. 2007 erschien *12 Crass Songs* mit Stücken der britischen Anarcho-Punks, die für jene politische Tradition stehen, in der sich Lewis verortet. Während bei Crass die Musik in erster Linie Beiwerk zu den ernsten, überbordenden Texten über Sexismus, Anarchismus und den Falkland-Krieg war, steht Kupferberg für die zweite Traditionslinie, über die sich Lewis definiert: ein ästhetisches Konzept, in dem Humor und jüdische Tradition, die Beat Generation und die Protestkultur der Sechziger, Folk und Psychedelic miteinander eine fruchtbare Verbindung eingehen. »Wir müssen dagegen ankämpfen, dass lahme Wichser das Universum kontrollieren«, haben die Fugs mal gesagt, und daran arbeitet auch Jeffrey Lewis mit jeden weiteren Album.

»I Care for You«
Björk

»Wie hören wir uns zuerst? – Als endloses vor sich Hinsingen und im Tanz«, schrieb Ernst Bloch 1918 in *Geist der Utopie*. Im Singen, in der Kunst, zeige sich der Vorschein des Möglichen, der Utopie, so Bloch. In *Das Prinzip Hoffnung* führte er aus: »Kunst ist ein Laboratorium und ebenso ein Fest ausgeführter Möglichkeiten.« Auf dem Weg zur Verwirklichung konkreter Utopien, der Herstellung objektiver Bedingungen für subjektives Glück, ist die Kunst ein wichtiger Begleiter. Und ein Versprechen. Björk hat im Entstehungsprozess ihres Albums *Utopia* sicher auch Ernst Bloch gelesen, nach eigenem Bekunden hat sie die gesamte Ideengeschichte der Utopie verschlungen. Alles auf *Utopia* blickt nach vorne, in Richtung zu verwirklichender Utopie – »Break the chains of the fuck-ups of our fathers«, singt Björk im Song »Tabula Rasa«.

Auch Pop ist Utopie, ein Gegenentwurf zur Normalität, zum Alltag und dem schlechten Ganzen, manchmal sogar Weg in eine bessere Welt: in den Raumschiffen von George Clinton und Sun Ra war ein temporäres Entkommen vor dem Alltagsrassismus möglich. Und Pop hat immer mit der Möglichkeit gespielt, nicht in einer Identität auszuhärten, Zuschreibungen und die Enge des Ich zu überschreiten. In dieser Transzendenz der eigenen Identität lag das utopische Moment von Pop – dass Pop immer mehr zum Gegenteil dessen geworden ist, ein Spektakel der Normalität, nimmt ihm nicht sein utopisches Potential.

Wenn Björk sich in diese Geschichte von Utopie und Pop einschreibt, so ist das Album vor allem nach seinen konkreten utopischen Entwürfen zu befragen: nach transzendierenden Momenten, politischen und ökonomischen Alternativen, nach neuen Sounds und Versprechen. Schon das Cover zeigt die neue Popidentität der Sängerin: ein nicht mehr menschliches Wesen, in dem dennoch die Züge der Isländerin zu entziffern sind, die Überschreitung der körperlichen Grenzen. Ein Entwurf des neuen

Menschen, auf den Promofotos zum Album ausgestattet mit einem umgeschnallten Dildo, der mit der Flöte in der Hand korrespondiert und auf die zweite Utopie des Albums verweist: Die Möglichkeit einer Welt ohne Männer. Oder eher: Ohne Männlichkeit. Die auf dem Album beschriebene Utopie besteht aus einer Insel, auf der nur Frauen und Kinder leben, die gemeinsam Musik machen, umgeben von unbekannten Bäumen, Vögeln und Orchideen. Das Video zu »The Gate« versetzt die »Björk« vom Plattencover in diese neue Welt, in der einerseits ein Leben im Einklang mit der Natur abgebildet wird, das sich jedoch nicht in Hippie-Romantik erschöpft, sondern die Idee von Natürlichkeit und den Rückzug ins Natürliche transzendiert, ein Leben einfordert, das Natur und Technik miteinander versöhnt: nichts in dieser Natur ist natürlich, sie ist vollständig am Computer generiert. Diesen Aspekt der Versöhnung von Natur und Technik überführt Björk auch in den Sound des Albums, das geprägt ist von Flötenarrangements. Über Monate hinweg hat sie in Island jeden Freitag mit einem aus zwanzig Frauen bestehenden Flötenensemble an den Arrangements gefeilt, nach einem Sound gesucht, der den Flöten das Natürliche nimmt, während sie gleichzeitig mit ihrem musikalischen Partner Arca an synthetischen Sounds gearbeitet hat, die wiederum luftig und organisch klingen. Das Ergebnis ist eine Soundästhetik, in der die Herkunft der Töne nicht mehr zu erkennen ist, ebenso wenig wie die leitmotivisch eingesetzten Vogelstimmen, die teilweise aus Field Recordings der Sängerin stammen, teilweise aus Samples von einem ihrer Lieblingsalben, *Hekura* von David Toop.

Für die Entstehung dieses Sounds jedoch war ein Blick zurück notwendig, ein Abklopfen der Vergangenheit nach utopischen Momenten. Schon Bloch hat Tagträume und Märchen zum weiten Feld des Utopischen gezählt und hier, in der Welt der Fabeln und Märchen hat Björk einen Verweis auf das utopische Potential der Flöte entdeckt. Isländische Märchen erzählen von Frauen, die vor der ihnen gesellschaftlich zugewiesenen Rolle mit ihren Kindern an einen unbekannten Ort fliehen, und dort Flöte spielen. In den Überlieferungen werden sie von den Männern verfolgt und für ihre Flucht mit dem Tode bestraft, in Björks Version jedoch gelingt der feministische Lebensentwurf: Sowohl im Songtext wie auch im Flötenensemble. Frauen zu supporten, ihre Position als Star auch für die Vernetzung und Verbreitung solch feministischer Ideale zu nutzen, treibt Björk schon länger um, auch weil sie als Frau immer wieder um die Anerkennung als Musikerin, Produzentin, Arrangeurin und kreatives Genie hinter all ihren Verwandlungen kämpfen musste. Eine solche hierarchiefreie Zusammenarbeit hat sie, wie sie in einem Interview einmal erklärt hat, aus dem Punk gelernt: »Ich hatte meine erste Punkband bereits mit 14 Jahren. Ein wesentliches Element aller Zusammenarbeiten von mir ist es, dass jeder die gleichen Rechte besitzt.« Aus dieser Zeit Mitte der Achtziger, in der sie eng mit den britischen Anarchopunks von Crass verbandelt war, mit Penny Rimbaud Platten aufnahm und auf *Crass Records* Alben veröffentlichte, hat sie deren Suche nach alternativen Lebensentwürfen verinnerlicht. Wie Crass geht auch bei Björk diese Suche weit über die rein musikalischen Aspekte hinaus: Während Crass in der Kommune und mit eigenem Label ihre Utopie eines Lebens außerhalb kapitalistischer Verwertungszusammenhänge zu verwirklichen versuchten, greift Björk aktuelle ökonomische Utopien auf, und bietet als erste Künstlerin die Möglichkeit an, ihr Album in einer Kryptowährung zu bezahlen, in Bitcoin, Audiocoin, Litecoin oder Dashcoin. Darüber hinaus erhält jeder Käufer eines Tonträgers über ihren Online-Store einen Downloadcode über 100 Audiocoins und soll so einen ersten Einstieg in diese digitale Währung ermöglicht bekommen. Ob diese Währung tatsächlich die Zukunft darstellt, ob sie eine Alternative zur gegenwärtigen Ökonomie bereitstellen kann? Unwahrscheinlich, aber nicht unmöglich, wie das Utopien eben an sich haben.

Und Björk schreibt auf ihrem Album selbstverständlich auch das große Popversprechen fort: Das Versprechen der Heilung durch die Liebe. »I Care for You« – Pop ist eben auch ein utopischer Ort, der sich um dich kümmert, wenn du verletzt bist, einsam, der dich in sich aufnehmen und dich umschlingen kann. Musikalisch ist *Utopia* kaum mehr Pop, die Songs sind ein orchestraler Entwurf zwischen Kammermusik und elektronischen Experimenten, auch das enge Format des Popsongs lassen sie weit hinter sich.

Björks Stimme sucht von Song zu Song nach den Versprechen von Pop, nach den Gespenstern der Popkultur, von denen auch Mark Fisher geschrieben hat. Bei Fisher ging es ja auch um Utopien, um die verlorenen Utopien, die einstigen Versprechen von Pop, um eine melancholische Sehnsucht nach der Zukunft. Der Neoliberalismus hat gesiegt, eine Utopie erscheint von der Gegenwart aus betrachtet kaum mehr vorstellbar, so Fisher, daher der Blick in den Rückspiegel so vieler Musiker, da sie über den Umweg der Vergangenheit über die verlorene Zukunft trauern können. Björk gibt sich mit diesem Blick zurück nicht zufrieden ebenso wenig wie mit dem Sieg des kapitalistischen Realismus. Stattdessen versucht sie sich an der Rückeroberung des Popversprechens, an der Neuschreibung des Utopischen im Pop. Ihr geht es um nicht weniger als um das Versprechen von Zukunft. Im letzten Song »Future Forever« singt sie »Imagine a future and be in it / Feel this incredible nurture, soak it in / Your past is a loop – turn it off«.

Kampf gegen die internationale Erwachsenenverschwörung
Pete & Pete Wrigley

In einem Dorf von 300 Einwohnern die Jugend verbringen zu müssen kann mitunter eine ziemliche Hölle sein, so sehr dies auch in der Literatur bisweilen verklärt wird. Man lebt vor sich hin, langweilt sich, beginnt mit Glück irgendwann auf Konzerte zu trampen und Fanzines mit skurrilem Inhalt zu produzieren und will irgendwie immer weg. Irgendwann wird die Straße aufgerissen, über Monate, weil das Dorf keine Kanalisation, nur einen Bach hat, in den aller Dreck geleitet wird. Nach diesem Bach ist auch die Straße benannt, in der man leben muss, »Auf der Schadenbach«, tatsächlich »der«, denn auf dem Dorf ist der Bach weiblich. Mit dieser technischen Neuerung eines Abwasserkanals in Richtung Rhein wird dann auch das Kabelfernsehen ins Dorf gebracht. Aber Fernsehen ist natürlich genauso öde wie das Dorf selbst. Etwas leichter zu ertragen vielleicht. Und für eine kurze Zeit dann tatsächlich einmal ein Hoffnungsquell.

Mitte der Neunziger, pünktlich zur schlimmsten Zeit meiner Jugend, strahlte der Kabelsender *Nickelodeon* die Serie *The Adventures of Pete & Pete* aus, wahrscheinlich das Beste, was das Kabel je ins Dorf getragen hat. Auf den ersten Blick entsteht vielleicht der Eindruck, es handele sich um eine weitere dieser Neunziger-Jahre-Serien über das Erwachsenwerden – *Wunderbare Jahre*, *Willkommen im Leben* und wie sie alle hießen –, aber *Pete & Pete* war immer etwas Anderes und etwas Besonderes. Sowohl Parodie auf diese Form von Wohlfühlerwachsenwerden mit Problemen, die immer irgendwie gelöst werden können, als auch Ausdruck der Ödnis von Jugend in einem amerikanischen Kleinstadt-Vorort namens Wellsville. Die beiden Brüder Pete und Pete Wrigley sind zu Beginn der ersten Staffel etwa zehn und vierzehn Jahre alt, ihre Namensgleichheit wird niemals aufgeklärt. Der Jüngere besitzt immerhin zwei Tätowierungen, der ältere ist der reflektierende Erzähler der Serie, und gemeinsam haben zwar auch sie mit den üblichen Problemen Pubertierender zu kämpfen, aber genug Absurdität in ihren Rollen, um über die Klischees hinauszuwachsen. Ausgangspunkt der Folgen ist meist ein alltägliches Ereignis, der Schulausflug, Halloween oder die Zeitumstellung, das nach wenigen Minuten ins Surreale kippte und etwas ganz anderes machte, als man es von solchen Serien erwartet. Sei es, dass der jüngere Pete das Haus seiner Eltern verkauft, während diese im Urlaub sind oder mit dem Rasenmähertraktor nach Kanada zu fliehen versucht, um dem Ordnungsfanatismus seines Vaters zu entkommen. Die Eltern lernten sich übrigens kennen, als Don Wrigley, der Vater, mit einem Metalldetektor am Strand entlanggging und dort zwangsläufig auf Joyce traf – sie hat seit einem Unfall eine Metallplatte im Kopf und kann damit den Polizeifunk abhören. Im Hintergrund läuft meist ein Song von den Magnetic Fields oder ähnliches und der wahrscheinlich einzige Superheld mit dicker Hornbrille – Artie, der stärkste Mann der Welt – taucht immer mal wieder auf, um die Kleinstadtidylle noch mehr ins Chaos zu stürzen. Steve Buscemi und Iggy Pop spielten die Nachbarn, Debbie Harry, LL Cool J, Gordon Gano, Michael Stipe und sogar Hunter S. Thomson hatten Gastauftritte.

Zentral ist immer der Kampf der Kinder und Jugendlichen gegen die Welt der Erwachsenen, die Pete und Pete mit ihren Freunden Nona, Ellen, Monica oder, unvergessen, Wayne Pardue zu führen haben. Im Kampf gegen die Internationale Erwachsenenverschwörung, wie der jüngere Pete es nennt, bleibt er in einer Episode elf Tage am Stück wach, um damit gegen die faschistischen Zubettgehzeiten seiner Eltern zu demonstrieren. Alltag also, irgendwie, aber doch nicht mit der scheinbaren Schwere anderer Serien und vor allem ohne Moral. Das Leben ist absurd.

Literatur, Filme und Tonträger

Jean Améry: *Jenseits von Schuld und Sühne. Bewältigungsversuche eines Überwältigten.* Werke Band 2. Stuttgart: Klett-Cotta 2002.

Hannah Arendt: *Die verborgene Tradition.* Frankfurt am Main: Jüdischer Verlag 2000.

Isaak Babel: *Werke.* Berlin: Volk und Welt 1973.

Isaak Babel: *Mein Taubenschlag. Sämtliche Erzählungen.* München: Carl Hanser Verlag 2014.

Hugo Ball: *Die Flucht aus der Zeit.* Sämtliche Werke und Briefe Bd. 3, Hg. und kommentiert von Eckhard Faul und Bernd Wacker. Göttingen: Wallstein 2018.

Christa Baumberger/Nicola Behrmann: *Emmy Hennigs Dada.* Zürich: Scheidegger & Spiess 2015.

Marcie Begleiter: *Eva Hesse.* Deutschland/USA 2016, (DVD) good!movies 2017.

Walter Benjamin: *Das Kunstwerk im Zeitalter seiner technischen Reproduzierbarkeit. Drei Studien zur Kunstsoziologie.* Frankfurt am Main: Suhrkamp 1963.

Walter Benjamin: Über den Begriff der Geschichte. Gesammelte Schriften. Band I.2. Herausgegeben von Rolf Tiedemann und Hermann Schweppenhäuscr. Frankfurt am Main: Suhrkamp 1974.

Nicolas Berg: *Luftmenschen. Zur Geschichte einer Metapher.* Göttingen: Vandenhoeck & Ruprecht 2008.

Klaus Biesenbach (Hg.): *Björk: Archives.* New York: MoMa 2015.

Björk: *Utopia* (LP/CD). One Little Indian 2017.

Ina Boesch (Hg.): *Die Dada. Wie Frauen Dada prägten.* Zürich: Scheidegger & Spiess 2015.

Alexander Braun (Hg.): *George Herrimans »Krazy Kat«. Die kompletten Sonntagsseiten in Farbe 1935–1944.* Köln: Taschen 2019.

Ianthe Brautigan: *Den Tod holen. Erinnerungen einer Tochter.* Deutsch von Robert Nesta. Regensburg: Kartaus 2002.

Richard Brautigan: *Die Abtreibung. Eine historische Romanze 1966.* Deutsch von Günther Ohnemus. Frankfurt am Main 1985.

Richard Brautigan: *Forellenfischen in Amerika.* Deutsch von Günther Ohnemus. Frankfurt am Main 1987.

Richard Brautigan: *In Wassermelonen Zucker.* Deutsch von Günther Ohnemus. Frankfurt am Main 1988.

Brinkmann, Rolf Dieter/Ralf-Rainer Rygulla (Hg.): *ACID. Neue amerikanische Szene.* Reinbek bei Hamburg: Rowohlt 1983.

Zbyněk Brynych: *Als Hitler den Krieg überlebte.* Tschechoslowakei 1968, (DVD) Ostalgica/Media Target Distribution 2018.

Zbyněk Brynych: *Die Weibchen.* Deutschland/Italien/Frankreich 1970, (DVD) Bildstörung 2018.

Irwin Chusid: *Songs in the Key of Z. The Curious Universe of Outsider Music.* Chicago: A Capella Books 2000.

John Coney: *Space is the Place*, USA 1974, (DVD) Rapid Eye Movies 2019.

Dennis Cooper: *Sprung.* Deutsch von Torben Lohmüller. Wien: Passagen 1994.

Dennis Cooper: *Punkt.* Deutsch von Torben Lohmüller. Wien: Passagen 2003.

Dennis Cooper: *God Jr.* Wien: Luftschacht 2017.

Julio Cortázar/Carol Dunlop: *Die Autonauten auf der Kosmobahn. Eine zeitlose Reise Paris – Marseille.* Berlin: Suhrkamp 2014.

Gilles Deleuze/Félix Guattari: *Kafka. Für eine kleine Literatur.* Frankfurt a. M.: Suhrkamp 1976.

Julie Doucet: *Dirty Plotte: The Complete Julie Doucet.* Montreal: Drawn & Quarterly 2018.

Ilja Ehrenburg: *Das bewegte Leben des Lasik Roitschwantz.* Berlin: Die Andere Bibliothek 2016.

Raymond Federman: *Alles oder nichts.* Nördlingen: Greno 1986.

Raymond Federman: *Surfiction: Der Weg der Literatur.* Hamburger Poetik-Lektionen. Frankfurt a. M.: Suhrkamp 1992.

Raymond Federman: *Pssst. Geschichte einer Kindheit.* Bonn: Weidle 2008.

Lars Fiske: *Kurt Schwitters – Jetzt nenne ich mich selbst Merz. Herr Merz.* avant-verlag Berlin 2013.

André Franquin: *Der ganze Gaston.* Reinbek bei Hamburg: Carlsen 2015.

Witold Gombrowicz: *Kronos. Intimes Tagebuch.* München: Hanser 2015.

Witold Gombrowicz: *Gesammelte Werke in 11 Bänden.* Frankfurt am Main: Fischer 1998.

Stefan Grissemann: *Sündenfall. Die Grenzüberschreitungen des Filmemachers Ulrich Seidl.* Wien: Sonderzahl 2007.

Peter Handke (Hg.): *Der gewöhnliche Schrecken.* Salzburg: Residenz 1969.

Thomas Harlan: *Ich selbst und kein Engel.* Berlin: Henschel 1961.

Thomas Harlan: *Heldenfriedhof.* Frankfurt am Main: Eichborn 2006.

Thomas Harlan: *Wundkanal. Hinrichtung für vier Stimmen.* Deutschland 1984, (DVD) Edition Filmmuseum 2009.

Emmy Hennings: *Gefängnis/Das graue Haus/Das Haus im Schatten.* Göttingen: Wallstein 2015.

Langston Hughes: *Schererei mit den Engeln.* Deutsch von Paridam von dem Knesebeck, Sigrid Klotz und Horst Wolf. Leipzig: Reclam Leipzig 1968.

Langston Hughes: *The Big Sea. An Autobiography.* New York: Hill & Wang 1993.

Langston Hughes: *I Wonder as I Wander. An Autobiographical Journey.* New York: Farrar, Straus and Giroux 1993.

Langston Hughes: *Simpel spricht sich aus.* Deutsch von Evelyn Steinthaler. Wien: Milena 2009.

Zora Neale Hurston: *Their Eyes Were Watching God.* London: Virago 1990.

Zora Neale Hurston: *Ich mag mich, wenn ich lache. Autobiographie.* Zürich: Ammann 1990.

Zora Neale Hurston: *Barracoon. Die Geschichte des letzten amerikanischen Sklaven*. Herausgegeben von Deborah G. Plant. Deutsch von Hans-Ulrich Möhring. München: Penguin 2020.

Jandek: *Ready for the House*. (LP/CD) Corwood Industries 1978.

Jandek: *Blue Corpse*. (LP/CD) Corwood Industries 1987.

Jandek: *Maze of the Phantom*. (CD) Corwood Industries 2012.

Tove Jansson: *Mumins. Die gesammelten Comic-Strips von Tove Jansson*. Band 1–5. Berlin: Reprodukt 2008–2012.

Elfriede Jelinek: *Die Kinder der Toten*. Reinbek bei Hamburg: Rowohlt 1997.

Elfriede Jelinek/Nicolas Mahler: *Der fremde! störenfried der ruhe eines sommerabends der ruhe eines friedhofs*. Reinbek bei Hamburg: Carlsen 2018.

Franz Jung: *Das Trottelbuch*. Hamburg: Edition Nautilus 2013.

Grigori Kanowitsch: *Ewiger Sabbat*. Berlin: Die Andere Bibliothek 2014.

Charles King: *Schule der Rebellen. Wie ein Kreis verwegener Anthropologen Race, Sex und Gender erfand*. Deutsch von Nikolaus de Palézieux. München: Hanser 2020.

Danilo Kiš. *Familienzirkus. Die großen Romane und Erzählungen*. München: Hanser 2014.

Felix Klopotek: *how they do it. Free Jazz, Improvisation und Niemandsmusik*. Mainz: Ventil 2002.

Peter Kurzeck: *Das schwarze Buch*. Basel/Frankfurt am Main: Stroemfeld/Roter Stern 1983.

Peter Kurzeck: *Oktober und wer wir selbst sind*. Basel/Frankfurt am Main: Stroemfeld/Roter Stern 2007.

Peter Kurzeck: *Vorabend*. Basel/Frankfurt am Main: Stroemfeld/Roter Stern 2011.

Claude Lanzmann: *Das Grab des göttlichen Tauchers*. Deutsch von Erich Wolfgang Skwara. Reinbek bei Hamburg: Rowohlt 2015.

Claude Lanzmann: *Der Letzte der Ungerechten*. Frankreich/Österreich 2013, (DVD) Absolut Medien 2015.

Nella Larsen: *Seitenwechsel*. Deutsch von Adelheid Dormagen. Zürich: Dörlemann 2011.

Nella Larsen: *Quicksand*. New York: W.W. Norton & Company 2020.

François Le Lionnais: *Leonardo in Dora*. Zürich: Diaphanes 2018.

Jeffrey Lewis: *12 Crass Songs*. (LP/CD) Rough Trade 2007.

Jeffrey Lewis & Los Bolts: *Manhattan*. (LP/CD) Rough Trade 2015.

Jeffrey Lewis and the Deposit Returners: *Works by Tuli Kupferberg (1923–2010)*. (CD) Don Giovanni 2018.

Boris Lurie: *Das Haus von Anita*. Deutsch von Joachim Kalka. Göttingen: Wallstein 2021.

Arno Lustiger: *Rotbuch: Stalin und die Juden. Die tragische Geschichte des Jüdischen Antifaschistischen Komitees und der sowjetischen Juden*. Berlin: Aufbau 1998

The Moldy Peaches: *s/t*. (LP/CD) Rough Trade 2001.

Benjamin Murmelstein: *Theresienstadt. Eichmanns Vorzeige-Ghetto*. Wien: Czernin 2014.

Roy Nathanson & Anthony Coleman: *The Coming Great Millenium…* (CD) Knitting Factory 1992.

Georges Perec: *W oder die Kindheitserinnerung*. Deutsch von Eugen Helmlé. Berlin/Zürich: Diaphanes 2012.

Georges Perec: *Anton Voyls Fortgang*. Berlin: Diaphanes 2013.

Georges Perec: *Das Leben. Gebrauchsanweisung*. Zürich: Diaphanes 2017.

Raymond Queneau: *Hunderttausend Milliarden Gedichte*. Deutsch von Ludwig Harig. Frankfurt am Main: Zweitausendeins 1984.

Dieter Reifarth: *Jean Améry – Die Tortur*. Deutschland 2018, (DVD) absolut Medien 2018.

Marc Ribot: *Yo! I Killed Your God*. (CD) Tzadik 1999.

Mordecai Richler: *Der Traum des Jakob Hersh*. München: Liebeskind 2009.

Mordecai Richler: *Wie Barney es sieht*. München: Liebeskind 2012.

Fran Ross: *Oreo*. Deutsch von Pieke Biermann. München: dtv 2019.

Charlotte Salomon: *Life? Or Theatre?* Amsterdam/Zwolle: Waanders 2006.

Kurt Schwitters: *Das literarische Werk*. Herausgegeben von Friedhelm Lach. Köln: DuMont 1998.

Ulrich Seidl: *Models*. Österreich 1998, (DVD) Alamode Film 2005.

Ulrich Seidl: *Hundstage*. Österreich 2000, (DVD) Alamode Film 2005.

Ulrich Seidl: *Import Export*. Österreich 2007, (DVD) Alamode Film 2008.

Walter Serner: *Letzte Lockerung. Ein Handbrevier für Hochstapler und solche die es werden wollen*. Zürich: Manesse 2007.

George Steiner: *In Blaubarts Burg. Anmerkungen zur Neudefinition der Kultur*. Frankfurt a. M.: Suhrkamp 1972.

Sun Ra and his Myth Science Arkestra: *We Travel the Space Ways*. (LP) Saturn 1967.

Sun Ra and his Myth Science Arkestra: *Cosmic Tones for Mental Therapy*. (LP) Saturn 1967.

Sun Ra: *Space is the Place*. (LP) Blue Thumb Records 1973.

Emil Szittya: *Herr Außerhalb illustriert die Welt*. Berlin: BasisDruck Verlag 2014.

John F. Szwed: *Space is the Place. The Lives and Times of Sun Ra*. Boston: Da Capo Press 1998.

Mark Thompson: *Geburtsurkunde. Die Geschichte von Danilo Kiš*. München: Hanser 2015.

Aglaja Veteranyi: *Wörter statt Möbel*. Luzern: Der gesunde Menschenversand 2018.

Aglaja Veteranyi: *Café Papa*. Luzern: Der gesunde Menschenversand 2018.

Aby Warburg: *Der Bilderatlas. MNEMOSYNE*. Gesammelte Schriften, Studienausgabe. Zweite Abteilung, Band II.1.. Herausgegeben von Martin Warnke und Claudia Brink. Berlin: Akademie Verlag 2000.

Bill Watterson: *Die Calvin und Hobbes Gesamtausgabe*. Reinbek bei Hamburg: Carlsen 2013.

Peter Weiss: *Rapporte*. Frankfurt am Main: Suhrkamp 1968.

Peter Weiss: *Avantgarde Film*. Frankfurt am Main: Suhrkamp 1995.

Peter Weiss: *Filme*. Vorgestellt von Harun Farocki. Schweden 1952–58, (DVD) Absolut Medien 2012.

Mark Wynn: *Singles – But They're Not Really Singles I Just Sent Them To The Screen And Said They Were Singles*. (LP/CD) Harbinger Sound 2016.

Mark Wynn: *A Tenner? I'll Do It Myself*. (7") Beau Travail/In A Car 2016.

John Zorn: *Kristallnacht*. (CD) Tzadik 2001.

Erstveröffentlichung der Texte

Aby Warburg: Jungle World 46/2020 | George Herriman: Jungle World 41/2019 /André Franquin: Neues Deutschland 12.11.2015 | Jandek: Jungle World 51/2012 | Julie Doucet: Jungle World 7/2019 | Kimya Dawson und Adam Green: Neues Deutschland 19.01.2019 | Mark Wynn: Jungle World 11/2017 | Langston Hughes: Jungle World 16/2009 | Zora Neale Hurston: Jungle World 24/2020 | Nella Larsen: Jungle World 49/2011 | Fran Ross: Jungle World 3/2020 | Sun Ra: Jungle World 33/2019 | Franz Jung: Jungle World 3/2013 | Hugo Ball, Emmy Hennings, Walter Serner: Jungle World 8/2016 | Emil Szittya: Jungle World 9/2015 | Kurt Schwitters: Jungle World 27/2013 | Georges Perec, Raymond Queneau, François Le Lionnais: Neues Deutschland 30.06.2018 | Isaak Babel: Jungle World 51/2014 | Ilja Ehrenburg: Jungle World 33/2016 | Witold Gombrowicz: Jungle World 1/2016 | Grigori Kanowitsch: Jungle World 31/2014 | Zbyněk Brynych: Jungle World 12/2018 | Charlotte Salomon: Jungle World 44/2012 | Raymond Federman: Jungle World 51/2008 | Eva Hesse: Jungle World 23/2016 | Boris Lurie: Konkret 6/2021 | Leonard Cohen: Jungle World 46/2016 | Danilo Kiš: Jungle World 16/2015 | Jean Améry: Jungle World 47/2018 | Claude Lanzmann und Benjamin Murmelstein: Jungle World 26/2015 | John Zorn: konkret 5/2011 | Paul Klee und Walter Benjamin: Jungle World 35/2020 | Peter Weiss: Jungle World 20/2012 | Mordecai Richler: Jungle World 41/2012 | Aglaja Veteranyi: Jungle World 44/2018 | Elfriede Jelinek: Jungle World 21/2018 | Thomas Harlan: Jungle World 7/2010 | Ulrich Seidl: Jungle World 23/2008 | Peter Kurzeck: Jungle World 27/2011 | Rolf Dieter Brinkmann vs. Martin Walser: Neues Deutschland 11.10.2018 | Tove Jansson: Jungle World 35/2014 | Zdeněk Miler: Neues Deutschland 26.03.2020 | Richard Brautigan: Jungle World 37/2009 | Julio Cortázar und Carol Dunlop: Jungle World 11/2014 | Dennis Cooper: Jungle World 14/2018 | Bill Watterson: Jungle World 4/2014 | Jeffrey Lewis: Jungle World 15/2018 | Björk: Jungle World 47/2017 | Pete & Pete Wrigley: Jungle World 28/2008

Jonas Engelmann
Wurzellose Kosmopoliten
Von Luftmenschen, Golems und jüdischer Popkultur

Eine Spurensuche durch die Literatur bis zur popkulturellen Gegenwart

Jonas Engelmann
Gerahmter Diskurs
Gesellschaftsbilder im Independent-Comic

Wie das Zusammenspiel von Inhalt und Ästhetik eine Gesellschaftsanalyse und -kritik zum Ausdruck bringt

Heinigk/Herden/ Engelmann/Hoffmann (Hg.)
Nächstes Jahr in
Comics und Episoden des jüdischen Lebens

Jüdische Bildgeschichte aus fünf Jahrhunderten

Katja Peglow / Jonas Engelmann (Hg.)
Riot Grrrl Revisited
Geschichte und Gegenwart einer feministischen Bewegung

Jonas Engelmann (Hg.)
Damaged Goods
150 Einträge in die Punk-Geschichte

40 Jahre keine Zukunft. Wir gratulieren!

Schmidt/Nagel/ Engelmann (Hg.)
Play Gender
Linke Praxis – Feminismus - Kulturarbeit

Aktivistische, (queer-)feministische Ansätze und Interventionen im popkulturellen und im politischen Feld

www.ventil-verlag.de